A JUSTIÇA IGUALITÁRIA E SEUS CRÍTICOS

A JUSTIÇA IGUALITÁRIA E SEUS CRÍTICOS

Álvaro de Vita

wmf **martinsfontes**

Copyright © 2007, Livraria Martins Fontes Editora Ltda.,
São Paulo, para a presente edição.

1ª edição 2000
Editora Unesp
2ª edição 2007

Acompanhamento editorial
Helena Guimarães Bittencourt
Preparação do original
Maria Fernanda Alvares
Revisões gráficas
*Solange Martins
Maria Regina Ribeiro Machado
Luzia Aparecida dos Santos*
Produção gráfica
Geraldo Alves
Paginação/Fotolitos
Studio 3 Desenvolvimento Editorial

Dados Internacionais de Catalogação na Publicação (CIP)
(Câmara Brasileira do Livro, SP, Brasil)

Vita, Álvaro de
  A justiça igualitária e seus críticos / Álvaro de Vita. – 2ª ed.
– São Paulo : WMF Martins Fontes, 2007. – (Coleção justiça e direito)

Bibliografia
ISBN 978-85-60156-14-6

1. Filosofia política 2. Igualdade social 3. Justiça – Teoria 4. Justiça e política 5. Liberalismo 6. Política – História I. Título. II. Série.

06-7461   CDD-320.011

Índices para catálogo sistemático:
1. Justiça igualitária : Teoria política : Ciência política 320.011

Todos os direitos desta edição reservados à
Livraria Martins Fontes Editora Ltda.
*Rua Conselheiro Ramalho, 330 01325-000 São Paulo SP Brasil
Tel. (11) 3241.3677 Fax (11) 3101.1042
e-mail: info@martinsfontes.com.br http://www.martinsfontes.com.br*

SUMÁRIO

Apresentação XI

CAPÍTULO 1 Dois tipos de razões morais 1
Libertarianos, hobbesianos, utilitaristas e igualitários 7

CAPÍTULO 2 O neoliberalismo moral 29
Moralidade neoliberal: faz alguma diferença? 30
O libertarianismo de Nozick 34
O que há de errado com uma concepção deontológica 44
Responsabilidade negativa coletiva 49
Liberdade individual para todos? 54
Liberdade e propriedade 58
Uma teoria "histórica" da justiça 62
O princípio das transferências 65
A cláusula lockiana 69

CAPÍTULO 3 O contratualismo hobbesiano 77
Harsanyi & Gauthier 79
Mercado e moralidade 85
A mão visível da cooperação 93
Concessão relativa minimax 97
O *status quo* inicial 104

Uma teoria do contrato social?........................... 114
Tolos e velhacos... 119
É racional ser moral?.. 129

CAPÍTULO 4 Preferências individuais e justiça social... 143
   O utilitarismo de preferências............................ 146
   A maleabilidade das preferências........................ 150
   O que há de errado com o relativismo moral......... 157
   Concepções objetivas de bem-estar..................... 160
   Preferências e neutralidade liberal...................... 165

CAPÍTULO 5 Pluralismo moral e acordo razoável... 173
   O contratualismo rawlsiano............................... 175
   O argumento da arbitrariedade moral.................. 179
   Duas interpretações da motivação moral............. 184
   Maximin ou utilidade média?............................. 194

CAPÍTULO 6 A justiça igualitária......................... 201
   A prioridade das liberdades fundamentais........... 205
      O valor eqüitativo das liberdades políticas......... 210
      A concepção geral de justiça............................ 215
      Um argumento libertariano............................. 217
      Um argumento comunitarista......................... 221
      Direitos "negativos" e "positivos".................... 228
   Justiça distributiva... 234
      Da liberdade natural à igualdade democrática... 238
      O princípio de diferença................................. 250
      A democracia de cidadãos-proprietários........... 254
      O eu dividido.. 263

CAPÍTULO 7 A tolerância liberal......................... 273
   Acordo unânime e discussão pública.................. 274
   Consenso moral e acordo razoável...................... 282
   Duas concepções de neutralidade....................... 290
   Validade universal... 293

Referências bibliográficas..................................... 297

Para Lenice e Elisa

"Se a miséria dos nossos pobres não é causada por leis da natureza mas por nossas próprias instituições, imenso é o nosso pecado."

Charles Darwin

APRESENTAÇÃO

Este livro, resultado de uma tese de doutorado defendida no Departamento de Ciência Política da USP (Universidade de São Paulo) em abril de 1998, dá seqüência aos esforços de pesquisa que iniciei, no campo da teoria da justiça, em um trabalho anterior (*Justiça liberal: argumentos liberais contra o neoliberalismo*). Desta vez, além de retomar a discussão da teoria da justiça proposta por John Rawls, empenhei-me em dar um tratamento muito mais detalhado a algumas das principais teorias políticas normativas que se propõem como alternativas àquilo que estou denominando aqui "justiça igualitária".

O capítulo 2 é uma versão bastante alterada de um trabalho que apresentei no encontro anual da Anpocs (Associação Nacional de Pós-Graduação e Pesquisa em Ciências Sociais) de 1996. O capítulo 4 é uma versão um pouco modificada de um artigo, com o mesmo título, publicado na *Revista Brasileira de Ciências Sociais*, n.º 29, outubro de 1995. Apresentei um esboço dos capítulos 5 e 7 no Colóquio "Teoría de la justicia: 25 años después", realizado pelo Claeh (Centro Latinoamericano de Economía Humana) em outubro de 1996 em Montevidéu. Beneficiei-me dos comentários que foram feitos a este esboço inicial por Philippe van Parijs e, posteriormente, também por Pablo da Silveira. Uma segunda versão deste texto foi publicada na revista *Lua Nova*, n.º 39, 1997, com o título "Pluralismo moral e acordo razoável". Mantive esse título para o capítulo 5 que, entretanto, só parcialmente coincide com o artigo da *Lua Nova*. Outra parte deste capítulo resulta de um trabalho que apresentei no Simpósio Internacional sobre a Justiça, realizado em agosto de 1997 pelo Núcleo de Estudos em Ética e Filosofia Política da UFSC (Universidade Federal de Santa Catarina). Finalmente, uma parte do capítulo 6 foi publicada, com o título de "Uma concepção liberal-igualitária de justiça distributiva", na *Revista Brasileira de Ciências Sociais*, n.º 39, de fevereiro de 1999.

No decorrer deste trabalho, recebi um precioso apoio de várias instituições e pessoas. Eu não poderia tê-lo desenvolvido se não tivesse contado com uma bolsa do CNPq, pela qual sou muito grato. No Departamento de Ciência Política da USP, no qual ingressei como professor em 1997, encontrei um ambiente muito hospitaleiro à discussão teórica. Espero que este livro represente uma contribuição à área de Teoria Política na qual vários professores do departamento – entre os quais me incluo – estão empenhando seus esforços.

Sou ainda grato aos colegas do Cedec (Centro de Estudos de Cultura Contemporânea) pela convivência enriquecedora que me permitiu conhecer melhor e debater vários temas afins a minha área de pesquisa. Sou especialmente grato a Gabriel Cohn, com quem tive a feliz oportunidade de dividir o trabalho de edição da revista *Lua Nova*, do Cedec, ao longo de quase dez anos. Ainda mais do que a orientação formal deste trabalho, foram muito importantes para mim as muitas conversas informais que tivemos ao preparar os números da revista e nas quais não raro afloravam os temas que fazem parte de nossas preocupações intelectuais comuns.

Procurei levar em conta e na medida do possível responder às objeções que me foram feitas, na ocasião da defesa da tese, pela banca examinadora constituída pelos professores Gabriel Cohn, Fábio Konder Comparato, Ricardo

APRESENTAÇÃO XIII

Terra, Leda Paulani e Maria Hermínia Tavares de Almeida. É claro que continua sendo minha a responsabilidade pelos equívocos ou insuficiências que possam ter permanecido no texto.

Esta é uma nova edição de um livro publicado originalmente em 2000. O texto desta nova edição corresponde essencialmente ao da edição anterior. À parte mudanças de conteúdo bastante pontuais, quase sempre limitadas às notas de rodapé, as alterações se limitaram a aperfeiçoar o texto do ponto de vista estilístico e gramatical.

ÁLVARO DE VITA
Setembro de 2006

Capítulo 1
Dois tipos de razões morais

Este livro tem o propósito de examinar os méritos relativos de algumas das formulações contemporâneas mais importantes, produzidas no mundo anglo-saxão, no campo da teoria política normativa. Digo "algumas" porque um escrutínio exaustivo desse campo – e mesmo das teorias que serão estudadas – está fora de questão. Há inúmeras maneiras de introduzir a discussão. Não reivindico nenhuma originalidade para aquela que escolhi. O que fiz foi procurar um ponto de vista amplo o suficiente para permitir uma visão de conjunto da paisagem normativa que temos diante de nós, sem ter a preocupação, pelo menos inicialmente, de identificar detalhes e contornos nítidos. Acredito que é possível ter essa visão abrangente a partir de uma distinção, proposta por Derek Parfit e Thomas Nagel, entre dois tipos de razões morais para agir: as razões "neutras em relação ao agente" e as razões "relativas ao agente"[1]. Antes de discuti-la, observo que essa distinção deriva das duas proposições mais simples e fundamentais que creio ser possível à razão prática conceber. Elas são as seguintes:

---

1. Nagel, 1986, caps. VIII e IX; 1991, pp. 40, 45-6, 85-6; Parfit, 1991, p. 27, cap. 4, p. 143. Sen, 1982 e 1987, também devota uma considerável atenção a essa distinção.

(1) a vida de todas as pessoas tem valor e um valor igual;
(2) cada pessoa tem sua própria vida para levar[2].

É muito mais fácil escrever essas duas proposições, uma embaixo da outra, do que combiná-las em uma ética política plausível. Passemos à distinção a que fiz menção. As razões morais "neutras em relação ao agente" originam-se de valores comuns e impessoais – e, como ficará evidente, derivam da primeira das duas proposições já enunciadas. Uma razão para o que devemos fazer é dessa natureza quando "é possível dar a ela uma forma geral que não inclua uma referência essencial à pessoa que a tem"[3]. Posso considerar, por exemplo, que é desejável reduzir o número de mortes causadas por desnutrição ou por moléstias que podem ser facilmente prevenidas ou curadas. Essa crença constitui uma razão para agir que independe de meus interesses e de minha perspectiva individual (ou dos interesses e da perspectiva individual de qualquer outro agente). Reconhecemos razões desse tipo quando olhamos para o mundo de um ponto de vista imparcial e desinteressado, isto é, quando nosso julgamento sobre seja lá o que for – uma política governamental ou uma instituição – não é significativamente enviesado pela posição específica que ocupamos na situação avaliada e pelos desejos e interesses que dependem dessa posição. É dessa forma que John Harsanyi caracteriza o ponto de vista a partir do qual proferimos julgamentos qualificados como morais[4].

As razões neutras em relação ao agente são tipicamente as que temos para fazer alguma coisa, porque isso resultará

---

2. Tomo essas duas proposições de Nagel, 1991, p. 44. Harsanyi diz algo semelhante sobre o ponto de partida da ética: "Os seres humanos têm somente duas preocupações básicas – que outros podem, sem que outras explicações se façam necessárias, imediatamente reconhecer como preocupações racionais. Uma delas é seu próprio bem-estar. A outra é o bem-estar de outras pessoas" (Harsanyi, 1994, p. 3).
3. Nagel, 1986, p. 152.
4. Harsanyi, 1977, pp. 48-64.

em um estado de coisas que avaliamos como moralmente superior ao *status quo*. Há dois componentes nessa definição. Um deles, mencionado no parágrafo anterior, é o componente de imparcialidade e de impessoalidade: existem razões para a ação que decorre de uma consideração imparcial que cada um de nós deve ter pelo bem-estar e pelos interesses das outras pessoas. "Há ocasiões", diz Harsanyi, "em que as pessoas fazem, ou pelo menos se espera que façam, um esforço especial para avaliar as situações sociais de um ponto de vista imparcial e impessoal, atribuindo um peso igual aos interesses legítimos de cada participante. Por exemplo, esperamos que os juízes e autoridades públicas se guiem por esse critério imparcial, exercendo suas prerrogativas oficiais como guardiões da justiça equânime e de interesses sociais gerais (isto é, do 'interesse público'). Supõe-se, na verdade, que qualquer pessoa siga esse critério imparcial ao fazer julgamentos de valor moral."[5] O outro é o componente de conseqüencialismo: as ações eticamente acertadas são aquelas que têm por conseqüência estados de coisas em que a exigência de garantir uma consideração igual pelo bem-estar e pelos interesses de todos é mais bem satisfeita. As razões neutras em relação ao agente são, em resumo, de natureza imparcial e conseqüencial. Existem versões de reflexão moral conseqüencialista – o utilitarismo, em particular – para as quais somente os valores impessoais e comuns são valores morais genuínos. Mesmo as versões que não vão tão longe, no entanto, aceitam a idéia de que alguma variante do que Harsanyi denomina "ponto de vista moral" é a fonte da objetividade possível e *apropriada* para a ética. Enfatizo a palavra "apropriada" porque certas objeções céticas à existência de valores (neutros) se baseiam em uma noção de objetividade que não é apropriada para a reflexão prática. Dizer que existem razões para agir, que somos capazes de reconhecer desde que façamos abstração de nossos desejos e interesses particulares, é uma suposição normativa e não uma proposição de natureza causal.

---

5. Ibid., p. 48.

As razões relativas ao agente são aquelas que determinado agente tem para agir quando olha o mundo não de um ponto de vista objetivo e imparcial mas de seu ponto de vista individual. Elas derivam da segunda proposição enunciada no primeiro parágrafo deste capítulo. Nagel e Parfit distinguem três tipos de razão moral desse tipo: as razões de autonomia pessoal; as razões que derivam de obrigações especiais; e as constrições deontológicas.

As razões de autonomia pessoal dizem respeito aos objetivos e projetos que um indivíduo tem motivos, de sua própria perspectiva, para levar adiante. Podemos relacioná-las à capacidade de uma pessoa de desenvolver uma concepção de seu próprio bem e de empenhar-se em realizá-la. Usualmente as interpretamos com base em preferências individuais e no interesse próprio individual. Interesse próprio e razões morais não são coisas antagônicas? Muitas vezes sim. Mas o ponto a enfatizar no momento é que, mesmo quando assumimos um ponto de vista imparcial – sempre lembrando que, na nossa discussão, um "ponto de vista imparcial" tem a ver com consideração igual pelo bem-estar de todos –, podemos reconhecer a capacidade de cada ser de satisfazer suas preferências e de fazer suas próprias escolhas. De uma perspectiva imparcial, podemos valorizar, por exemplo, a capacidade de cada um praticar suas próprias crenças religiosas pacificamente. Mas isso não significa que as opções feitas pelos indivíduos em virtude de suas crenças religiosas (e preferências) tenham um valor imparcial[6]. Para se valer de um exemplo de Amartya Sen, duas pessoas podem se encontrar em um mesmo estado de inanição, mas por razões muito distintas. Enquanto a primeira passa fome porque vive em situação de pobreza extrema, a segunda passa fome porque optou por jejuar por razões religiosas[7]. Atribuímos um valor impessoal à satisfação da necessidade de alimento da primeira – isto é, consideramos a

---
6. Scanlon, 1975.
7. Sen, 1992, p. 52.

satisfação dessa necessidade um valor comum e universal – que não consideramos adequado atribuir à escolha da segunda de fazer jejum. Nos termos da distinção que estamos examinando, a satisfação das necessidades urgentes de pessoas destituídas é um valor neutro em relação ao agente; a escolha de jejuar é uma razão para agir apenas para o agente que a faz – é um valor relativo ao agente.

Jejuar, no exemplo acima, é uma opção do agente. (Em contraste, as circunstâncias de destituição impõem-se à vida de uma pessoa impedindo-a, em um grau significativo, de exercer sua autonomia individual.) Muito do que fazemos na vida, e muito do que faz da vida algo valioso, tem uma natureza opcional. Você e eu podemos reconhecer que, para uma pessoa com as crenças religiosas do jejuador, jejuar não só faz sentido como também é parte daquilo que, para ela, torna a vida digna de ser vivida. Eis por que as razões de autonomia individual, que abrangem o que usualmente se denomina "interesse próprio", não são meramente petições de isenção com respeito às exigências da moralidade. E é por esse motivo que todo ideal político plausível precisa acomodá-las de alguma forma. Mas dizer isso não nos compromete com a idéia distinta de que a satisfação de preferências individuais deve se erigir no fundamento da distribuição interpessoal de direitos, liberdades, recursos e oportunidades. Voltarei a esse ponto na seção seguinte.

Uma segunda categoria de razões morais relativas ao agente diz respeito às nossas obrigações para com as pessoas com as quais temos algum vínculo especial. As obrigações dos pais para com seus filhos, as que decorrem de uma relação de amizade, as que temos para com nossos concidadãos ou membros de uma comunidade da qual façamos parte encontram-se nessa segunda categoria. Cada uma dessas relações pode, em certas circunstâncias, autorizar certa medida de parcialidade em relação à pessoa ou às pessoas a quem o agente esteja ligado por vínculos especiais. O exemplo seguinte, apesar de ser destituído de um significado prático real, é útil pela sua simplicidade: uma pessoa deve escolher entre evitar que um grave dano ocorra à vida de seu filho ou à de um estranho. Nesse caso, nossas intuições morais nos dizem que é mais correto priorizar o bem-estar do próprio filho. A existência de razões que o agente tem para agir que derivam não de uma consideração igual pelo bem-estar de todos mas de compromissos que se impõem de vínculos especiais – que podem ser voluntários ou não-voluntários – é o que dá sentido a essas intuições. De um ponto de vista puramente imparcial, é indiferente em qual dos dois cursos de ação recai a escolha do agente (o estado de coisas resultante será avaliado da mesma forma). Mas o agente tem razões suas para preferir um dos dois cursos e um dos estados de coisas que poderiam resultar de sua ação.

Basta alterar um pouco o exemplo, entretanto, para que nossas intuições se tornem mais hesitantes. Por exemplo, já não é nada claro que as razões relativas ao agente devam prevalecer quando o agente se defronta com a escolha entre evitar que um dano grave ocorra à vida do filho de um estranho e evitar um ferimento mais leve no próprio filho. A questão mais geral que essa segunda categoria de razões relativas ao agente levanta é a seguinte: até que ponto é legítimo dar prioridade ao bem-estar dos "nossos" (filhos, parentes, amigos, clientes, representados, correligionários, irmãos de fé, membros de uma mesma comunidade étnica ou nacional, compatriotas) sobre o bem-estar de estranhos (potencialmente, a humanidade toda)?

Há, finalmente, a deontologia, que, embora seja uma palavra empregada muitas vezes para transmitir idéias diferentes, vou utilizá-la em um sentido bastante especializado. Ao passo que as razões de autonomia dizem respeito àquilo que é (e é desejável que seja) opcional ao agente, as constrições deontológicas são interdições à ação individual ou coletiva. Há maneiras de tratar os outros que são injustas, ainda que isso permita realizar objetivos que consideramos valiosos. A proibição à tortura, por exemplo, hoje pode ser considerada uma constrição deontológica não-excepcionável em nenhuma circunstância. Há outras interdições desse tipo que, a despeito de também carregarem um considerável peso moral, são menos nítidas no que se refere a essa característica não-excepcionável da proscrição da tortura. De modo geral, consideramos injusto que alguém – pessoa privada ou autoridade pública – prive uma pessoa arbitrariamente de sua vida, integridade física, liberdade ou propriedade, ou deixe de cumprir um contrato que com ela foi voluntariamente firmado.

Libertarianos, hobbesianos, utilitaristas e igualitários

Acredito que é possível articular toda a discussão entre as diferentes perspectivas teóricas, no campo da teoria política normativa, em torno dessa distinção entre dois tipos de razões para agir. Ela nos oferece uma visão clara de qual é o problema mais fundamental da ética política. Voltarei a esse segundo ponto adiante. O restante deste capítulo é um misto de esclarecimento sobre como este livro está organizado em seu conjunto e de início de discussão.

Nos dois próximos capítulos, examinarei duas perspectivas normativas para as quais somente razões relativas ao agente podem ser admitidas como fundamento da moralidade política: o libertarianismo e o contratualismo hobbesiano. Para a primeira dessas teorias, a moralidade política resume-se às constrições deontológicas. A concepção de Hayek de justiça é um exemplo disso. As normas de justiça, segundo Hayek, aplicam-se somente à conduta humana (não se aplicam à avaliação de estados de coisas) e consistem em normas de proibição de ações que podem causar danos a outros[8]. Examinarei os problemas de uma teoria deontológica da justiça tendo por foco a teoria proposta por Robert Nozick. O contratualismo hobbesiano, por sua vez, que será estudado tendo por referência central a teoria da "mo-

---

8. Hayek, 1976, v. 2, pp. 35-44.

ralidade por acordo" de David Gauthier, faz toda a força normativa da teoria depender de outra forma de relatividade ao agente: as razões de autonomia individual. A noção mais central para essa perspectiva, da qual, e somente da qual, podemos esperar que derivem constrições morais à conduta dos indivíduos, é a de racionalidade – entendendo-se esta como o empenho dos indivíduos de maximizar a realização de seus próprios objetivos, quaisquer que sejam. Não é impróprio considerar essas duas teorias como variantes de um "neoliberalismo moral", ainda que eu só tenha empregado tal denominação para intitular o capítulo dedicado ao libertarianismo.

Um dos argumentos deste livro é que nenhuma concepção plausível de justiça política pode se fundar exclusivamente em razões relativas ao agente. Não é possível dar sentido às preocupações morais genuínas das duas teorias mencionadas, pelo menos se o que estamos procurando é uma moralidade que possa servir de fundamento à vida coletiva, sem que se admita certa medida de consideração igual pelos interesses de outros. Os capítulos 2 e 3 desenvolvem esse argumento. Os capítulos seguintes enfocam sobretudo duas variantes de reflexão normativa que dão um peso considerável à imparcialidade moral, no sentido aqui especificado: o utilitarismo e o liberalismo igualitário.

A teoria da "justiça como eqüidade", de John Rawls, é a referência central – de modo algum a única – para a discussão do liberalismo igualitário. (Empregarei também as denominações "justiça igualitária" e "contratualismo rawlsiano" para me referir a essa perspectiva.) Não será difícil para o leitor perceber para onde se inclinam as simpatias do autor. Este trabalho pode ser interpretado como uma defesa do que julgo ser as posições centrais do liberalismo igualitário, perante as formulações rivais que também serão discutidas. Faço um parêntese para um esclarecimento importante. Não é o meu propósito fazer exegese dos textos de Rawls. O feito extraordinário de Rawls, sobretudo em *Uma teoria da justiça*, foi ter proposto uma forma de pensar com rigor um problema que muitos supunham estar fora do alcance da reflexão racional: considerando-se que o pluralismo de valores é um traço de todas as sociedades secularizadas do presente, é possível conceber um ideal político praticável em uma sociedade democrática? Em que medida Rawls teve êxito em responder a essa questão, eis o parâmetro adequado para avaliar sua teoria – e não, digamos, até que ponto sua interpretação da teoria moral de Kant é correta[9]. Em uma escala muito mais modesta, a linha de argumentação que julgo ser mais apropriada em favor das posições liberal-igualitárias deve ser avaliada da mesma forma, isto é, segundo seus méritos (ou deméritos) próprios para enfrentar problemas da teoria política normativa. Como se verá nos capítulos 5 e 6, o que denomino "contratualismo rawlsiano" nem sempre corresponde inteiramente à letra dos textos de Rawls ou mesmo à forma como ele interpreta sua própria teoria. A pergunta pertinente, em meu entender, não é: "é essa uma interpretação correta dos textos de Rawls?", e sim: "até que ponto o argumento que está sendo proposto para enfrentar o problema x é válido?". Há dois pontos principais de afastamento em relação a uma interpretação mais canônica da teoria de Rawls. No capítulo 5, argumento que as suposições motivacionais do contratualismo rawlsiano são mais fortes do que o argumento a partir da posição original deixa entrever. Essa é uma divergência que se apresenta em relação à formulação da teoria que aparece em *Uma teoria da justiça*. Na primeira parte do capítulo 6, e também no capítulo 7, tornar-se-á evidente que subscrevo uma interpretação mais cosmopolita do liberalismo igualitário do que o próprio Rawls parece disposto a reconhecer em seus textos mais recentes.

Há dois pontos de nítida divergência entre as duas perspectivas normativas que reservam um lugar bastante gran-

---

9. É claro que essa segunda questão pode ser levantada, mas ela é, a meu ver, bem menos interessante do que a primeira, a não ser que se possa mostrar que a interpretação equivocada de Kant tem um efeito significativo sobre os esforços de Rawls para enfrentar o *seu* problema.

de a valores neutros em relação ao agente, e um terceiro que deixarei em aberto o julgamento sobre até que ponto trata-se ou não de uma divergência genuína. Comento brevemente cada um desses pontos.

O utilitarismo será examinado tendo por referência central as formulações de John Harsanyi no campo da ética[10]. Para o utilitarismo, o espaço moral relevante para a avaliação do bem-estar dos indivíduos é o da utilidade individual – quer ela seja entendida em termos hedonistas ou em termos da satisfação de preferências individuais[11]. No nível mais fundamental da argumentação moral, o utilitarismo e o liberalismo igualitário divergem sobre que valor atribuir à satisfação de preferências individuais. No capítulo 4, argumentarei que a satisfação dessas preferências, embora seja algo valioso da perspectiva individual, não pode constituir o fundamento da distribuição de bens que, como é o caso de direitos, liberdades e oportunidades, são valores neutros em relação ao agente. Essa discussão é prévia – ela se coloca em um espaço normativo mais fundamental – à questão de ser ou não ser possível derivar uma função social de utilidade de utilidades individuais.

O segundo ponto de divergência diz respeito às suposições motivacionais em conexão com a forma pela qual a noção de igualdade entra em uma estrutura moral utilitarista. O utilitarismo não recomenda aos indivíduos que maximizem a realização de seus próprios interesses e objetivos, isto é, sua própria utilidade individual. Não há nenhuma interpretação plausível da ética utilitarista na qual a "relatividade ao agente" ocupe uma posição central. Quando escolhas coletivas estão em questão, exige-se dos indivíduos que ajam de maneira que seja maximizado o total líquido de utilidade (caso do utilitarismo clássico) ou a utilidade *per capita* (uti-

---

10. Hare, 1982, e Arneson, 1990 e 1991, apresentam também trabalhos importantes no campo do utilitarismo filosófico.
11. Ver capítulo 4 para a distinção entre "utilitarismo hedonista" e "utilitarismo de preferências". Harsanyi é o mais articulado defensor contemporâneo do utilitarismo de preferências.

litarismo médio)[12]. A maximização da utilidade total ou média é a tradução utilitarista da exigência da razão prática de que, ao decidirmos entre linhas alternativas de conduta ou entre configurações institucionais distintas, levemos em conta igual e imparcialmente o bem-estar e os interesses de todas as pessoas envolvidas. Nossa escolha deverá recair na linha de conduta que (mais provavelmente) tenha por conseqüência um estado de coisas em que a utilidade total ou média seja maximizada. O utilitarismo atribui esse objetivo – a maximização da utilidade total ou média – a todos os indivíduos; trata-se, portanto, de um objetivo comum. E, quando os interesses individuais conflitam com esse objetivo comum, são os primeiros que devem ceder o passo ao segundo. Em outros termos, os indivíduos devem estar sempre dispostos a abrir mão até mesmo de sua utilidade individual, se isso for necessário, para "fazer o bolo (a utilidade agregada) crescer" – se isso for o melhor, da ótica utilitarista, para a sociedade. A premissa motivacional que há por trás da moralidade utilitarista é muito forte: só é possível justificar as escolhas sociais recomendadas de uma perspectiva utilitarista caso se suponha que objetivos e valores comuns prevaleçam sempre – sempre, pelo menos, que houver conflito – sobre o interesse próprio e os objetivos individuais. Fazer o que seria aprovado de um ponto de vista puramente imparcial e objetivo constitui a única motivação para a agência moral utilitarista.

Apesar de exigente em termos motivacionais, o utilitarismo oferece, entretanto, uma interpretação singularmente restritiva do que é "uma consideração igual pelos interesses de todos". Sobre isso, podemos ressaltar que o utilitarismo não está necessariamente comprometido com uma concep-

---

12. Para a distinção entre o princípio "clássico" de utilidade e o princípio da utilidade "média" (ou *per capita*), ver Rawls, 1971, pp. 161-3. Harsanyi sustenta que um indivíduo racional avaliará diferentes situações sociais, a partir do ponto de vista moral, "de acordo com a *média aritmética* dos níveis de utilidade que os membros individuais da sociedade desfrutariam nessa situação" (Harsanyi, 1977, p. 51).

ção de igualdade distributiva. As considerações agregativas, relacionadas ao critério paretiano de eficiência, normalmente desempenham um papel muito mais importante, na argumentação moral utilitarista, do que as considerações distributivas. Em princípio, o utilitarismo pode considerar justificado que se desconsiderem os interesses dos mais destituídos, se isso for conducente à maximização da soma total de utilidade ou da utilidade média. Isso constitui, como argumentarei no capítulo 5, uma das razões mais fortes para preferir o princípio maximin de justiça social, proposto por Rawls, ao princípio da utilidade média. O casamento de considerações de eficiência agregativa com as de igualdade distributiva só se torna possível quando entra em cena uma hipótese adicional: a de que a utilidade marginal de um recurso x (tipicamente, a renda) é decrescente. Quando a hipótese da utilidade marginal decrescente se confirma, um utilitarista pode sustentar que uma distribuição mais igualitária de x – já que cada unidade suplementar de x gera mais utilidade para quem tem pouco do que para quem tem muito desse recurso – é também a mais recomendada por um critério de otimalidade paretiana[13]. Um dos problemas desse raciocínio está em supor a comparabilidade das utilidades. Mas, mesmo deixando esse problema de lado, se a hipótese da utilidade marginal decrescente não se verifica, por exemplo porque os indivíduos mais privilegiados desenvolvem gostos caros, de tal forma que a utilidade derivada de unidades suplementares de x só decaia muito lentamente, as recomendações utilitaristas discrepam fortemente de considerações igualitárias. O utilitarismo oferece uma interpretação da imparcialidade moral. Imparcialidade e igualdade, no entanto, são conceitos distintos. A teoria da justiça de Rawls reserva um lugar mais claro e direto para a noção de igualdade.

---

13. Ver capítulo 3, seção "Mercado e moralidade", sobre a noção de "otimalidade paretiana".

Há um terceiro ponto sobre o qual não estou certo haver divergência significativa entre o utilitarismo – ou pelo menos uma de suas variantes – e o contratualismo rawlsiano. Uma crítica muitas vezes feita ao utilitarismo é que, em razão do viés de "hiper-objetividade"[14] que impõe à teoria política normativa, não acomoda adequadamente as razões morais "relativas ao agente". O utilitarismo constitui uma modalidade radical de pensamento moral fundado em razões neutras em relação ao agente. É comum se argumentar que é sempre possível invocar considerações agregativas para justificar violações de direitos, liberdades, razões de autonomia individual, obrigações especiais e interdições deontológicas. Uma vez que um conseqüencialismo puro é aceito como a forma mais apropriada de reflexão ética, não há nenhuma atrocidade – tirar a vida de pessoas inocentes, torturar opositores políticos, invadir os direitos das pessoas – que não possa ser justificada com base no estado de coisas, avaliado como benéfico pelos agentes praticantes do ato atroz, que supostamente seria gerado. Mas pensemos em uma situação corriqueira e muito menos dramática do que isso[15]. Uma pessoa pobre tem de decidir o que fazer com respeito a um empréstimo que lhe foi feito por um homem abastado: pagar ou calotear? Caso se recomende à pessoa pobre que aplique de forma direta o critério da maximização da utilidade social, ela se decidiria por não pagar. Considerando-se que a soma de dinheiro emprestada tem uma utilidade marginal maior para a pessoa pobre do que para o homem abastado, conclui-se que essa conduta gera mais utilidade social do que a conduta de pagar o débito. Teríamos de concluir, com o devedor, que calotear é o melhor para a sociedade. Exemplos similares poderiam ser concebidos para não cumprir as próprias promessas e obrigações contra-

---

14. Nagel, 1986, pp. 162-3. A objeção de "hiper-objetividade" aplica-se a toda forma de reflexão moral conseqüencialista para a qual "a única razão para uma pessoa fazer alguma coisa é que isso, considerando o mundo como um todo, seria a melhor coisa a ser feita" (ibid.).

15. O exemplo que vem a seguir é de Harsanyi, 1977, p. 62.

tuais, desrespeitar direitos de propriedade e direitos civis e ignorar interdições deontológicas e obrigações especiais[16]. O argumento utilitarista, entretanto, pode ser sofisticado para dar conta dessa objeção. Os teóricos utilitaristas contemporâneos mais importantes, como Harsanyi e Richard Hare, rejeitam o "utilitarismo de atos" – sumariado no parágrafo anterior – em prol de um "utilitarismo de normas", que recomenda que a avaliação conseqüencial não seja aplicada a atos isolados, mas a práticas morais e instituições. A prática de assumir obrigações por meio de promessas, assim como os efeitos sociais benéficos que a ela estão associados, será destruída se cada um só cumprir suas promessas quando isso maximizar a utilidade social, em cada caso específico. Pagar os próprios débitos é uma forma de preservar uma prática (a de fazer empréstimos) que tem efeitos sociais úteis. Se essa prática não for em geral respeitada, o homem abastado não será motivado a fazer empréstimos à pessoa pobre. O respeito, em atos isolados, à obrigação de pagar os débitos tem efeitos de incentivo e de confiança sem os quais a prática de fazer empréstimos não se manterá. O mesmo vale para cumprir promessas e obrigações contratuais, respeitar direitos de propriedade e assim por diante.

De acordo com o utilitarismo de normas, o conteúdo da moralidade não é especificado pelo princípio de utilidade mas por princípios e normas morais substantivos estabelecendo, por exemplo, que os direitos das pessoas não devem ser desrespeitados, que não se deve punir inocentes, que os próprios acordos e promessas sejam cumpridos. É a adesão generalizada a essas normas que tem o efeito de maximizar o total líquido de felicidade. O princípio de utilidade só desempenha um papel, em um segundo nível da reflexão prá-

---

16. A lista pode ser ampliada. Maria Cecilia de Carvalho acredita que o utilitarismo milliano não acomoda adequadamente garantias jurídicas para evitar a condenação de inocentes, tais como o princípio *in dubio pro reo*, e, se aplicado de modo consistente, poderia justificar, contrariamente aos desejos de Mill, a imposição de penas draconianas. Ver Carvalho, 1998.

tica, quando se trata de escolher entre códigos morais distintos[17]. A questão a ser apresentada, dessa ótica, é algo do tipo: "Se a norma x for em geral cumprida, pelo menos pelas pessoas que têm preocupações genuínas com a moralidade, terá isso o efeito de elevar a utilidade social?" Se a resposta for afirmativa, a norma em questão será recomendada pelo princípio de utilidade. Uma formulação sintética de Austin exprime bem o que está sendo dito: "Nossas normas se conformariam à utilidade; e nossa conduta, a nossas normas."[18]

Não vejo muitas razões para polemizar sobre essa interpretação específica da ética utilitarista. Mas note-se que não deixa de ser tortuosa a forma pela qual os direitos e as liberdades individuais e os valores relativos ao agente encontram seu espaço em uma estrutura moral utilitarista. Há um descompasso entre os motivos que as pessoas têm para conformar sua conduta às normas e aos princípios morais e as razões pelas quais essas normas e princípios são considerados, no segundo nível da reflexão prática, benéficos. O utilitarista atribui um valor meramente instrumental àquilo que as pessoas tomam, ou se supõe que devem tomar, como razões de direito próprio para agir. E somente se elas considerarem dessa forma a obediência aos princípios e normas, isto é, somente se houver um número considerável de pessoas que, exceto em circunstâncias excepcionais, consideram moralmente errado descumprir suas promessas, os efeitos sociais benéficos esperados se produzirão. A valorização instrumental daquilo que se espera que as pessoas aprendam a valorizar de forma não-instrumental deixa sempre a suspeita de que a primeira e a última palavras serão

---

17. Harsanyi, 1994, p. 4. Esse segundo nível, que é o da reflexão normativa propriamente dita, somente é apropriado, diz Hare, aos "momentos de serenidade", em que há um tempo ilimitado para investigar os fatos. Somente se fosse possível dispor de um conhecimento total dos fatos e de uma capacidade sobre-humana de reflexão sobre eles, seria possível dizer o que é mais correto fazer, em cada caso, avaliando suas conseqüências (Hare, 1982, p. 31).

18. Apud Mackie, 1977, p. 136.

concedidas a considerações agregativas. Vale aqui uma observação de Jeremy Waldron sobre a dificuldade da teoria utilitarista de gerar considerações investidas da força moral que atribuímos a direitos: "Não devemos deixar que a sofisticação formal do utilitarismo contemporâneo oculte de nós o fato de que, no nível do conteúdo, os utilitaristas permanecem perfeitamente à vontade com a possibilidade (na verdade, eles estão necessária e profundamente comprometidos com isso) de barganhar os interesses relacionados à vida e à liberdade de um pequeno número de pessoas por uma soma maior de interesses menores de outros."[19]

A questão é: não há uma forma mais direta de acomodar considerações morais relativas ao agente em uma perspectiva normativa na qual a primazia cabe a valores neutros em relação ao agente? Mesmo não podendo, neste estágio da discussão, dar uma idéia mais precisa de tudo o que está envolvido nessa pergunta, sustento que ela toca no problema central da teoria política normativa. O problema mais geral e relevante nessa área da teoria política é conceber um ideal político praticável que faça justiça, na medida apropriada, aos dois tipos de razões para agir que estamos considerando. Ao passo que as duas variantes de "neoliberalismo moral" enviesam-se para o lado da relatividade ao agente, o utilitarismo tem uma irresistível tendência a fazer que a moralidade política se desequilibre na direção oposta. (Entretanto, como foi dito acima, é objeto de discussão até que ponto o utilitarismo oferece uma interpretação aceitável da idéia que o faz enviesar na direção oposta, a de "igual consideração pelo bem-estar de todos".)

Seria muito fácil e confortador sustentar que o liberalismo igualitário oferece uma solução inteiramente satisfatória para esse problema. Não estou certo disso. Prefiro encarar o empenho em chegar a tal solução como uma empreitada teórica em andamento. De momento, limito-me a apontar os componentes da teoria da justiça de Rawls que objetivam

---

19. Waldron, 1985, pp. 18-9.

equilibrar os dois tipos de razões morais. Um deles é a prioridade atribuída às liberdades civis e políticas em face de considerações de igualdade distributiva e de utilidade geral. Esse é um dos componentes que justificam tratarmos a teoria de Rawls como um esforço sistemático de articular uma moralidade política liberal. Discutirei a prioridade das liberdades básicas no capítulo 6, tendo em vista sobretudo a objeção – uma tradicional crítica socialista ao liberalismo – de que a existência de vastas desigualdades socioeconômicas torna formal a garantia dessas liberdades para os mais destituídos.

Do ponto de vista do que estamos discutindo, há uma complicação a ser enfrentada. Seria tentador dizer simplesmente que a prioridade atribuída às liberdades e aos direitos básicos tem o propósito de proteger, de forma mais direta do que no utilitarismo de normas visto acima, valores relativos ao agente de exigências excessivas de imparcialidade moral – isto é, das exigências que se impõem de uma igual consideração pelos interesses de todos. Mas isso não é de todo exato. Há duas formas muito distintas de conceber a força especial que atribuímos a direitos. Estes podem ser entendidos exclusivamente como restrições ou interdições à ação; ou, alternativamente, como interdições a determinadas condutas e como estados de coisas desejáveis, que deveríamos tentar alcançar por meio da ação política. Direitos podem ser entendidos como razões (relativas ao agente) para que você se abstenha de determinadas condutas ou como razões (neutras em relação ao agente) para que determinada estrutura institucional seja preferível a outra. O primeiro entendimento é próprio de uma teoria deontológica da justiça – como são as teorias de Hayek e Nozick. O segundo, próprio de uma teoria normativa que tem um largo componente de conseqüencialismo.

Essa diferença na forma de conceber os direitos indica a existência de um fosso, no nível dos princípios, entre as duas variantes de pensamento liberal que serão confrontadas aqui: o libertarianismo e o liberalismo igualitário. Não vou antecipar a discussão do capítulo 2, mas é conveniente explicitar desde já que, da ótica da distinção proposta neste capítulo, a teoria da justiça de Rawls não é deontológica. Isso pode parecer surpreendente, já que o próprio Rawls contrasta sua teoria com o utilitarismo, caracterizando este como uma teoria "teleológica" e a justiça como eqüidade, como uma teoria "deontológica"[20]. Explico brevemente essa distinção de Rawls. O utilitarismo é uma doutrina ética "teleológica" por dar primazia a uma visão do bem humano – concebido em termos da máxima satisfação possível de desejos e aspirações individuais – sobre princípios de justiça e do direito. Estes são, em uma ética teleológica, instrumentais àquela visão: que princípios devem ser implementados pelas instituições sociais básicas depende de considerações agregativas sobre o total líquido de satisfação de preferências e desejos individuais que pode ser alcançado. Já em uma teoria deontológica, no sentido que Rawls julga pertinente para caracterizar sua própria teoria, os princípios de justiça têm primazia sobre o bem em dois sentidos: porque podem ser defendidos de forma que não pressupõe a validade de nenhuma visão específica do bem; e porque colocam limites às formas pelas quais os cidadãos podem se empenhar em realizar as concepções do bem que julgam ser verdadeiras. Com respeito ao que faz uma doutrina ética ser "teleológica", nenhum problema[21]. Mas, em relação à deontologia, estamos falando de coisas distintas. Acredito que a prioridade da justiça sobre o bem alude a um elemento central de uma concepção igualitária de justiça: o tema da neutralidade ou da tolerância liberal. Essa questão, no entanto, é distinta daquela de que estou tratando no

---

20. Rawls, 1971, p. 30.
21. Essa definição, note-se, não tem nada a ver com determinismo histórico. Uma doutrina é teleológica quando atribui um valor supremo a determinado fim ou concepção da boa vida e subordina tudo o mais que podemos considerar moralmente significativo – princípios de justiça, direitos e deveres – à consecução desse fim. O componente ético do marxismo pode ser considerado uma concepção teleológica nesse sentido, e considerá-lo dessa forma não envolve nenhum compromisso com uma visão determinista da história.

momento. Em termos breves, a idéia de neutralidade pode ser formulada assim. Uma concepção de justiça que tem a pretensão de constituir o fundamento normativo de uma sociedade democrática deve satisfazer a exigência de que seus princípios possam ser justificados, perante todos os cidadãos, de forma que não pressuponha a validade de uma doutrina abrangente (moral, filosófica ou política) específica[22]. Do ponto de vista normativo, a aceitação dessa idéia é um traço ainda mais significativo do que a prioridade das liberdades básicas para caracterizar uma teoria política como "liberal".

Podemos aceitar a primazia da justiça sobre as concepções do bem e, ao mesmo tempo, concebê-la em termos essencialmente conseqüencialistas. Isso se aplica, acredito, à teoria de Rawls. (Como de resto se aplica a toda teoria normativa que abre um espaço considerável a valores neutros em relação ao agente.) O conseqüencialismo é uma decorrência necessária de entender a justiça como "a virtude primeira das instituições sociais"[23]. O objeto da justiça, para Rawls, não é a correção ou a incorreção moral da conduta de agentes individuais (quer se trate de indivíduos, de organizações de todo tipo ou de governos) mas o que Rawls denomina a "estrutura básica da sociedade". Contrariamente ao que diz Hayek na passagem citada, primariamente as normas de justiça aplicam-se à avaliação não da conduta individual mas de arranjos institucionais que incluem a organização política e a distribuição de direitos e liberdades fundamentais, as formas de propriedade e de organização da economia[24]. A teoria de Rawls nos recomenda olhar, an-

---

22. Uma doutrina é "abrangente", diz Rawls, "quando inclui concepções sobre o que é valioso na vida humana e ideais de caráter pessoal, assim como ideais de amizade, de relações familiares e associativas, e muito mais ainda que deve informar nossa conduta, no limite de nossa vida como um todo" (1993a, p. 13).
23. Rawls, 1971, p. 3.
24. Ver capítulo 7 para uma definição mais completa de "estrutura básica da sociedade".

tes de mais nada, para os efeitos ou as conseqüências que configurações institucionais distintas têm para a distribuição de encargos e benefícios na sociedade. Esse enfoque é essencialmente "conseqüencialista-contratual" ou "institucional"[25].

Um exemplo corriqueiro da política brasileira ajuda a entender a diferença de perspectiva entre uma visão deontológica e uma visão institucional. A prática generalizada do clientelismo e mesmo da corrupção pode ser vista como uma incapacidade dos políticos de reconhecer, em sua conduta, os deveres associados ao exercício de prerrogativas públicas. Essa seria a análise deontológica da corrupção. Um tratamento similar àquele que estou sugerindo que o contratualismo rawlsiano propõe para a justiça social consistiria em inquirir se a conduta clientelista e corrupta não é incentivada pela maneira como as instituições políticas estão organizadas.

Há uma qualificação importante a ser feita a essa caracterização conseqüencialista do contratualismo rawlsiano. O foco em princípios para a estrutura básica tem o propósito de desonerar a teoria da justiça de fazer julgamentos sobre transações e distribuições específicas, e também de levar em conta os níveis de satisfação individual. A esperança de Rawls é poder tratar da estrutura básica da sociedade como um caso de "justiça procedimental pura"[26]. A idéia é a seguinte. Vamos supor que a estrutura básica da sociedade realiza, de forma pelo menos aproximada, os princípios de justiça que deveríamos considerar, levando-se tudo em conta, como os mais aceitáveis. Nesse caso, esse complexo institucional poderia ser visto como um procedimento eqüitativo tal que quaisquer resultados por ele produzidos deveriam ser considerados justos. "A grande vantagem da justiça procedimental pura", diz Rawls, "é que já não é necessário, para satisfazer as exigências da justiça, levar em conta a infindável

---
25. Pogge, 1995a.
26. Rawls, 1971, pp. 84-7.

variedade de circunstâncias e as posições relativas cambiantes de pessoas em particular. [...] É um equívoco focalizar as posições relativas variáveis dos indivíduos e exigir que cada alteração, considerada como uma transação única e isoladamente, seja em si mesma justa. É o arranjo da estrutura básica que deve ser avaliado, e deve-se avaliá-lo de um ponto de vista geral."[27] A forma de avaliação conseqüencial pertinente à teoria de Rawls é, portanto, aquela que tem por objeto os efeitos da estrutura básica e não todos os estados de coisas que podem se produzir sob essa estrutura.

Ao colocar a ênfase da análise normativa nos efeitos de arranjos institucionais, o liberalismo igualitário aproxima-se, nesse ponto específico, do utilitarismo de normas[28]. Como disse antes, não é aí que se deve esperar que alguma divergência importante entre as duas perspectivas seja detectada. Para ambas, o estado de coisas produzido por determinada prática ou instituição importa, e muito. Mas, assim como não há apenas uma forma de levar em conta considerações deontológicas, também há mais de uma maneira de incorporar preocupações conseqüencialistas em uma doutrina ética[29]. O utilitarismo (agora sem distinguir entre suas diferentes versões) nos propõe que se avaliem as conseqüências, seja lá do que for – ações, práticas ou instituições –, nos níveis de utilidade produzidos pelo estado de coisas resultante.

Introduzi a distinção entre teorias deontológicas e teorias conseqüencialistas, não para polemizar com o utilitarismo, mas para dar relevo à distância entre duas versões de reflexão prática associadas ao liberalismo. Não é exagero dizer que a posição central que Rawls reservou para a noção de

---

27. Ibid., pp. 87-8.
28. O utilitarismo de normas, no entanto, não dá uma ênfase forte à noção de estrutura básica entendida como o modo pelo qual as instituições sociais se articulam em um sistema único, que determina a distribuição de encargos e benefícios da cooperação social e condiciona as aspirações e perspectivas de vida de cada pessoa. O utilitarismo de normas apenas reconhece que o princípio de utilidade pode ser aplicado à avaliação de instituições e não de atos.
29. Sen, 1987, enfatiza esse ponto.

estrutura básica da sociedade – noção esta para a qual uma teoria deontológica não tem lugar[30] – equivale a uma revolução copernicana na teoria política liberal. O significado dessa contribuição de Rawls é adequadamente realçado por Brian Barry:

> Quando falamos da estrutura básica da sociedade, estamos preocupados com o modo pelo qual as instituições funcionam sistematicamente para beneficiar alguns e prejudicar outros. A incorporação por Rawls dessa noção de estrutura social em sua teoria representa a chegada da filosofia política liberal à era da razão. Pela primeira vez, uma personalidade central de uma tradição em geral individualista levou em conta o legado de Marx e Weber ao reconhecer que as sociedades têm padrões de desigualdade que persistem ao longo do tempo e formas sistemáticas de distribuir as pessoas em suas hierarquias de poder, *status* e dinheiro.[31]

Vou me manter nos limites da discussão proposta neste capítulo. Já argumentei que o foco na estrutura básica da sociedade introduz um forte componente de conseqüencialismo na concepção de justiça de Rawls. Essa concepção é baseada em direitos mas, diversamente do que se passa com uma doutrina deontológica, os direitos são concebidos como valores neutros em relação ao agente[32]. Podemos, agora, recolocar a questão de ordem mais geral: como reconciliar o ponto de vista conseqüencialista-contratual sobre a justiça social com as razões que o agente tem, de seu ponto de vista, para agir? Em tese, não é difícil responder a essa questão. A resposta liberal-igualitária apela à idéia de

---

30. Hayek chega a ponto de tratar uma posição distinta da sua sobre qual deve ser o objeto primeiro da justiça – se normas de conduta ou as instituições básicas da sociedade – como nada mais do que um "erro de categoria" (1976, p. 31). Ver Rawls, 1993a, pp. 262-5, para um comentário sobre a teoria de Nozick desse ponto de vista.
31. Barry, 1995a, p. 214.
32. De modo mais geral, o que Rawls denomina "bens primários" são valores neutros em relação ao agente.

uma "divisão moral do trabalho"³³. Se as instituições básicas da sociedade incorporam uma consideração igual e imparcial pelo bem-estar de todos, então cada um pode se considerar livre, moralmente falando, para viver sua própria vida à sua maneira, empenhar-se em realizar seus próprios planos de vida e concepção do bem e dar o peso necessário às obrigações especiais que deve reconhecer em sua conduta³⁴. Essa é uma idéia importante, e dela farei uso mais de uma vez neste livro.

Trata-se, entretanto, de uma resposta insuficiente. O contratualismo rawlsiano dá um peso muito maior do que o utilitarismo à igualdade na interpretação da imparcialidade moral. O liberalismo igualitário, de acordo com a divisão moral do trabalho mencionada no parágrafo anterior, recomenda que dirijamos nossas preocupações de imparcialidade moral para as instituições sociais. Isso é próprio do enfoque institucional. O problema, no entanto, é que a interpretação liberal-igualitária sobre o que é uma "consideração igual pelo bem-estar de todos" faz exigências muito mais fortes de imparcialidade moral às instituições básicas da sociedade do que aquelas que qualquer uma das sociedades liberais do presente – incluindo os *welfare states* mais desenvolvidos – foi capaz de satisfazer. Uma sociedade liberal bem ordenada, tal como Rawls a concebe, é muito mais igualitária do que qualquer coisa que conhecemos. (Justifico essa afirmação no capítulo 6.)

Da ótica da teoria política normativa, o problema principal a ser enfrentado não é a exeqüibilidade política. Quando discutimos as implicações de nossos ideais, parece razoável suspender os julgamentos de exeqüibilidade política. Sem

---

33. Nagel, 1991, pp. 53-62.
34. As interdições deontológicas, como já foi dito, não são objeto de escolha individual. Aquelas que importam da ótica da moralidade política, de toda forma, normalmente já se encontram traduzidas em deveres legais. É claro que as objeções que mencionei (e vou desenvolver no capítulo 2) se aplicam às doutrinas éticas para as quais o alcance da moralidade política restringe-se *exclusivamente* ao respeito às constrições deontológicas.

isso, nenhuma discussão normativa séria pode se desenvolver. A questão fundamental é outra. Se os princípios liberal-igualitários de justiça aplicam-se primariamente à estrutura básica da sociedade, o problema consiste em saber se é possível conceber instituições substancialmente mais igualitárias do que as que conhecemos hoje e que, ainda assim, não façam exigências motivacionais que não é razoável esperar que os indivíduos possam honrar. O fato de um ideal político enfocar antes configurações institucionais que normas de conduta pessoal não o exime, por assim dizer, de falar aos indivíduos e de levar em conta as motivações que surgem quando olhamos para o mundo do ponto de vista individual. A plausibilidade de princípios de justiça não depende somente de em que medida ou com que propriedade exprimem um ideal de imparcialidade moral e de igualdade; também é preciso saber se as instituições que os realizariam fazem exigências que é razoável supor que os indivíduos possam cumprir. Podemos descartar uma concepção de justiça social (ou um ideal político) como utópica – em um sentido negativo – caso as instituições necessárias para colocá-la em prática só funcionem se os indivíduos forem motivados a agir por razões altruístas ou benevolentes. Como diz Nagel, "o grande problema não-resolvido da teoria política igualitária, da socialdemocracia e da esquerda antiautoritária é projetar instituições que sirvam a um ideal de imparcialidade igualitária sem exigir demasiada imparcialidade dos indivíduos que nelas ocuparão posições instrumentais"[35].

Não tenho, infelizmente, nenhuma contribuição importante a oferecer para a solução desse problema. Ao longo deste livro, manterei uma atitude que beira o agnosticismo com respeito a recomendações institucionais específicas. Mas, por ser esse um problema não-resolvido, não deixo de me sentir incomodado com os rumos do debate teórico sobre o contratualismo de Rawls em anos recentes. A começar do próprio Rawls, a preocupação central deslocou-se, ao

---

35. Nagel, 1991, p. 61.

longo da década de 1980, de questões de igualdade distributiva para questões pertinentes àquilo que denominei anteriormente "ideal de tolerância liberal". Essa mudança de rumo não se deve às democracias liberais contemporâneas terem se tornado mais igualitárias no sentido rawlsiano. Aliás, precisamente o inverso disso é verdadeiro[36]. Por que, então, a mudança de rumo? A causa disso talvez tenha sido a crítica comunitarista ao liberalismo, que costuma recair sobretudo na justificativa teórica e/ou nas implicações práticas da neutralidade liberal[37]. Ou talvez, uma percepção mais clara dos desafios que o multiculturalismo apresenta, até mesmo nos países ocidentais desenvolvidos, aos fundamentos do Estado liberal-democrático[38].

Quaisquer que tenham sido as razões para essa mudança de rumo, elas me parecem mal fundadas. Não que os problemas de tolerância não sejam importantes, mas é incorreto, acredito, tratar deles negligenciando-se as questões de justiça distributiva em sentido estrito. Na primeira das conferências de seu *O liberalismo político*, Rawls afirma que nada mudou no componente igualitário de sua concepção de justiça[39]. Isso não é claro. O princípio de justiça distribu-

---

36. Kuntz, 1995, resume as evidências empíricas disso. Analisarei esse problema no capítulo 6 (na seção "Da liberdade natural à igualdade democrática").
37. Não tratarei aqui, de forma sistemática, das objeções comunitaristas à justiça igualitária. Mas elas poderiam ser facilmente integradas à classificação de teorias normativas que estou propondo; e podem ser consideradas um enfoque normativo que põe em questão – no limite, rejeita – o ponto de vista moral, tal como o entendo, em nome do peso moral que devemos atribuir a uma das três modalidades de relatividade ao agente: as obrigações especiais. As diferentes modalidades de comunitarismo articulam objeções à justiça igualitária que invocam o peso moral da "proximidade" contra os valores neutros em relação ao agente – que, recordemos, só são valores de um ponto de vista despegado de posições e identidades específicas. No capítulo 6 (na seção "Um argumento comunitarista") examino e rejeito um argumento anticosmopolita de Michael Walzer.
38. Sem falar de clivagens mais antigas, o islã, como mostra Therborn (1997, pp. 37-40), tornou-se uma minoria cultural significativa em vários países europeus ocidentais.
39. Rawls, 1993a, p. 7.

tiva proposto em *Uma teoria da justiça* – o "princípio de diferença" – não desempenha nenhum papel relevante no entendimento que Rawls hoje tem de sua teoria como uma variante de "liberalismo político". Pretendo enfatizar que o liberalismo igualitário, caso tenha pretensões de se apresentar como um ideal político plausível, está obrigado a defender suas pretensões nas duas frentes ao mesmo tempo. E o déficit teórico é maior com respeito ao componente igualitário. (Observo que, da mesma forma que o que denomino "componente igualitário" ou "justiça distributiva em sentido estrito", o ideal de neutralidade liberal também está conectado com a idéia normativa mais fundamental de uma igual consideração pelo bem-estar de todos. Um Estado liberal justo deve ser neutro entre as concepções do bem abrangentes afirmadas por seus cidadãos porque essa é, considerando que não há nem pode haver consenso nessa matéria, a única forma de eles serem tratados como iguais pelas instituições sob as quais têm de viver.) Muitos entre aqueles que rejeitam a teoria da neutralidade liberal certamente hesitariam em rejeitar também – pelo menos quando essa idéia é corretamente interpretada – suas implicações institucionais mais importantes: a vigência de procedimentos políticos eqüitativos para a tomada de decisões políticas e a proteção aos direitos civis e políticos (com tudo o que isso supõe em termos de independência do judiciário e vigência do império da lei). Qual é o arranjo institucional necessário (e praticável) para realizar o componente especificamente igualitário da teoria de Rawls permanece, como foi dito anteriormente, uma questão em aberto.

Examinarei o ideal de imparcialidade igualitária do contratualismo rawlsiano nestas duas dimensões: na da igualdade distributiva (capítulo 6) e na da neutralidade liberal (capítulo 7). Discutirei esses dois temas com uma dupla preocupação em mente: precisar as exigências que a justiça igualitária faz às instituições básicas da sociedade; e inquirir se o arranjo institucional que a colocaria em prática pode ser estável em termos motivacionais. Observe-se que há um problema de congruência entre o ponto de vista moral, que esperamos que seja levado em conta nos arranjos institucionais básicos, e o ponto de vista individual nas duas frentes mencionadas. Com respeito ao componente igualitário, a questão fundamental é saber se e como os princípios liberal-igualitários de justiça podem ser justificados sobretudo aos membros mais privilegiados da sociedade. Com respeito ao problema da neutralidade, trata-se de inquirir se esses princípios podem ser justificados a pessoas que professam doutrinas religiosas, filosóficas ou políticas distintas e que terão de restringir a forma como as praticam de acordo com aqueles princípios. Nos dois casos, a justiça igualitária impõe um ônus motivacional considerável.

Seria artificial enquadrar tudo o que está sendo dito em um único argumento. Mas o texto tem, pelo menos essa é a minha expectativa, uma estrutura argumentativa. Apresento-a de uma forma extremamente abstrata. Uma teoria política normativa que tenha a pretensão de apresentar uma visão, a mais plausível que podemos conceber, dos fundamentos éticos de um Estado liberal-democrático não pode se fundar, como o libertarianismo e o contratualismo hobbesiano, exclusivamente em razões morais relativas ao agente. A discussão passa, por isso, para as perspectivas normativas para as quais a ética política supõe que sejamos capazes de avaliar as práticas e as instituições sob as quais vivemos de um ponto de vista de neutralidade em relação ao agente ou de imparcialidade moral. O passo seguinte consiste em mostrar que o liberalismo igualitário tem uma interpretação da imparcialidade moral mais aceitável do que a do utilitarismo de preferências. Restam, entretanto, dúvidas sobre em que medida o largo componente igualitário da visão de imparcialidade moral do primeiro pode se integrar com as razões que um agente tem, de seu ponto de vista individual, para agir.

Capítulo 2
O neoliberalismo moral

Os teóricos liberais associados à perspectiva que vamos examinar neste capítulo podem ser considerados os companheiros de viagem – no terreno da filosofia política e moral – dos defensores mais radicais das políticas públicas que vêm sendo denominadas, em diferentes países, "reformas de mercado": as privatizações de empresas estatais e de considerável parte do sistema de proteção social, a desregulamentação econômica, financeira e da contratação trabalhista, a abertura comercial, a redução dos subsídios públicos a empresas e grupos privados. "Neoliberalismo" é o rótulo comumente associado a qualquer uma dessas políticas ou ao conjunto delas. E, como inevitavelmente ocorre com todo termo excessivamente utilizado no debate político e ideológico, o conteúdo semântico preciso a que o rótulo alude torna-se crescentemente indiscernível.

Ainda que esse não seja o objetivo central de nossa discussão, acredito que uma análise do termo "neoliberalismo" poderá contribuir para esclarecer os conteúdos legitimamente associados a ele. Mas a perspectiva da qual examinarei o neoliberalismo provavelmente não é a mais comum – não, pelo menos, na discussão pública sobre as reformas de mercado. Os economistas e as autoridades governamentais da área econômica costumam se preocupar quase que exclusivamente com um único aspecto dessas reformas: em que medida elas promovem, no curto prazo ou em algum momento futuro, a eficiência, a estabilização e o crescimento econômicos. Os cientistas políticos discutem menos as reformas em si mesmas do que o processo político pelo qual elas foram incorporadas à agenda política e transformadas em política pública. E há os que se preocupam com os efeitos das reformas neoliberais para as políticas sociais e para a justiça social.

Não há dúvida de que é indispensável constituir sólidos julgamentos empíricos sobre os efeitos das reformas de mercado para o desenvolvimento econômico, para a consolidação do regime democrático e para a promoção da justiça social. Mas a via pela qual enveredarei é outra. Em vez de inquirir as *conseqüências* das reformas neoliberais, seja lá para o que for, enfocarei os *princípios* de razão prática que podem ser invocados para justificá-las. Existe uma *moralidade* neoliberal?

Examinarei, a seguir, a vertente "libertariana" do neoliberalismo moral, na formulação filosoficamente mais sofisticada que essa perspectiva recebeu de Robert Nozick[1]. Trata-se da tentativa de fundar a moralidade neoliberal em uma concepção de direito natural. No capítulo 3, analisarei a vertente contratualista-hobbesiana do neoliberalismo moral, que dispensa o recurso ao direito natural e que se empenha em retirar a força normativa das restrições morais que propõe da idéia de contratação racional.

Moralidade neoliberal: faz alguma diferença?

Antes de examinar os elementos constitutivos de uma moralidade neoliberal, vou considerar uma objeção que logo de início poderia ser feita à minha escolha de perspectiva. Por que é importante perceber qual é o componente norma-

---

1. Nagel, 1986, caps. VIII e IX; 1991, pp. 40, 45-6, 85-6; Parfit, 1991, p. 27, cap. 4, p. 143. Sen, 1982 e 1987, também devota uma considerável atenção a essa distinção.

tivo específico do neoliberalismo? Por acaso os proponentes das reformas de mercado preocupam-se minimamente com a justificação moral? A objeção poderia prosseguir mencionando exemplos da experiência latino-americana recente. Líderes governamentais que iniciaram as reformas de mercado em seu país, como Carlos Menem (Argentina), Paz Estenssoro (Bolívia) e Salinas de Gortari (México), o fizeram muito mais por pragmatismo do que por considerações de ordem moral. O receituário neoliberal acabou por se impor como o remédio mais radical, ainda que amargo, para o problema do desequilíbrio macroeconômico, em face do fracasso das tentativas anteriores de estabilização[2]. A aceitação desse receituário pelos governantes latino-americanos, e por seus eleitores, não se deveu tanto aos méritos morais das reformas propostas quanto à percepção de que era preciso alcançar a estabilidade econômica a qualquer preço.

Mas não devemos menosprezar o fato de que é sempre possível mobilizar razões morais independentes para justificar reformas que, à primeira vista, somente responderam a exigências de ordem pragmática. Isso fica mais nítido quando levamos em conta o furor ideológico com que o receituário reformista neoliberal foi defendido, pelo menos até meados dos anos 1990, por economistas norte-americanos e por organismos financeiros multilaterais tais como o FMI e o Banco Mundial. (Diga-se de passagem que as recomendações de política pública do Banco Mundial, invariavelmente na linha de "mais mercado, menos Estado", parecem ignorar os *World Development Reports* preparados anualmente por pesquisadores do próprio banco[3].) É duvi-

---

2. Torre, 1996.
3. Przeworski, Adam. "The Neoliberal Fallacy". *Journal of Democracy*, pp. 45-50, julho de 1992. Emprego aqui a edição brasileira desse texto. Ver Przeworski, 1993, p. 210. Os *Development Reports* do Banco Mundial recomendam um papel muito mais ativo para a intervenção estatal, no combate à pobreza e à desigualdade de gênero, na provisão de serviços de educação e saúde e na promoção do desenvolvimento econômico, do que o defendido oficialmente pelo Banco.

doso que considerações puramente pragmáticas, por exemplo a eficiência e a competitividade econômicas, tivessem sido suficientes para gerar semelhante furor ideológico. Caso se pudesse argumentar de forma persuasiva – e é bem possível que se possa – que considerações de eficiência econômica nem sempre recomendam a adoção do receituário neoliberal estrito, nosso neoliberal convicto ainda poderia retrucar: "Pode até ser verdade que o desenvolvimento econômico seja promovido mediante um grau de intervenção estatal na economia maior do que acreditamos ser recomendável. Mas, para nós, o lema 'mais mercado, menos Estado' exprime um compromisso não só com a eficiência e a competitividade econômicas como também com a ampliação da liberdade individual."[4] É exatamente esse o sentido de uma das declarações de Milton Friedman do início dos anos 1970: "Estamos falando desde o início da liberdade. Ainda que certo número de minhas proposições tenham tido o efeito imediato de melhorar nosso bem-estar econômico, este não é, para falar a verdade, mais do que um objetivo secundário, em comparação à preservação da liberdade individual."[5] Se um argumento desse tipo vem à baila, entretanto, é porque nosso ideólogo neoliberal já abandonou a pretensão de justificar suas recomendações de política pública em nome dos duros fatos da economia. Ao falar em "liberdade individual" – que Friedman julga ser o objetivo fundamental –, quer queira quer não, ele participa de nossa conversação moral.

E não surpreende que, afinal, as coisas se passem dessa forma. Nenhuma reforma de larga escala (como é o caso das reformas de mercado) poderia ser defendida *somente* com

---

4. O argumento poderia se apoiar, por exemplo, em Friedman (1984, p. 21): "como liberais, consideramos a liberdade do indivíduo [...] como o objetivo último das organizações sociais".

5. A declaração aparece em uma entrevista que Friedman deu à revista *Playboy* em 1973, conforme Van Parijs, 1997, p. 189. Naquele momento ainda não estava claro que o capitalismo fosse realmente superior ao socialismo do ponto de vista da eficiência econômica.

base nos efeitos benéficos que supostamente traria – para o crescimento econômico sustentado, para a democracia política ou para seja lá o que for. O conhecimento de que dispomos sobre o mundo social, e isso é algo que os economistas nunca parecem levar suficientemente em conta, é insuficiente para realizar previsões sobre as conseqüências de reformas de larga escala que tenham alguma credibilidade[6].

As razões para o êxito da ideologia neoliberal não devem ser procuradas em sua capacidade de prever com precisão o desempenho econômico de longo prazo que resultaria da adoção das reformas de mercado. Esse êxito deveu-se muito mais, acredito, à hábil combinação de um conjunto de críticas aos padrões de intervenção estatal, que tomaram forma sobretudo no segundo pós-guerra, com um argumento de justiça. De um lado, os partidários do Estado mínimo argumentaram que, quanto maior fosse a presença do Estado na economia, maiores seriam também as oportunidades de captura de recursos e capacidades estatais por parte de interesses privados (o que os economistas norte-americanos da escola da escolha pública denominaram *rent seeking*). De outro, argumentaram – e agora se trata de um argumento de tipo muito distinto – que políticas públicas redistributivas de qualquer tipo, tais como as implementadas pelos *welfare states*, constituíam uma afronta à liberdade.

Repetindo a tese que estou propondo: os ideólogos neoliberais dificilmente teriam tido tanto êxito em passar

---

6. Elster (1990b) e Elster-Moene (1989) desenvolvem um argumento desse tipo para considerar como fadadas ao fracasso as defesas puramente conseqüencialistas de reformas de larga escala que tenham por objetivo implementar alguma alternativa ao capitalismo (o "socialismo de mercado", por exemplo). Para Elster (1990b, p. 114), "as ciências sociais estão a anos-luz de permitir-nos prever os *efeitos do equilíbrio líquido global de longo prazo* das grandes mudanças institucionais". Apesar de as reformas discutidas por Elster-Moene serem diametralmente opostas (no espectro ideológico) às que estou considerando, acredito que o ponto metodológico que enfatizam se aplica também às reformas neoliberais. Curiosamente, essa nota de cautela metodológica de Elster e Moene inspira-se no "anticonstrutivismo" de Hayek (1976, v. 1, cap. 1), um dos precursores do neoliberalismo moral que vou examinar.

uma mesma agenda de reformas a um sem-número de países, fazendo tábula rasa de toda a diversidade de situações e de experiências que há entre eles, se o segundo argumento que mencionei (o de justiça) não tivesse um apelo próprio poderoso. Por isso, os críticos do neoliberalismo fazem bem em devotar um esforço considerável para discernir o componente normativo específico da ideologia neoliberal, e examinar seus títulos morais. Trazendo a lume esse componente normativo, contribuiremos para desvelar uma das camadas de conteúdo espremidas sob o rótulo "neoliberalismo". Melhor ainda se, além disso, formos capazes de mostrar que o neoliberalismo se apóia em uma moralidade deficiente. Se conseguíssemos mostrar que há ponderáveis razões para rejeitar a fundamentação moral do neoliberalismo, isso traria algum reforço teórico para a posição dos que acreditam que as reformas de mercado devem ser avaliadas, uma a uma, somente segundo razões de conveniência, razões estas subordinadas, ademais, a exigências morais provenientes de outras direções.

O libertarianismo de Nozick

É comum considerar a teoria política proposta por Robert Nozick em *Anarquia, Estado e utopia* como uma variante de concepção de justiça fundada em direitos individuais. Coloco em questão esse entendimento, o que talvez cause certa surpresa. O próprio Nozick considera o propósito central de sua concepção de justiça oferecer uma alternativa à moralidade utilitarista que dê devido valor ao respeito aos direitos individuais em nossos argumentos morais. Ele endossa a avaliação de Rawls de que "o utilitarismo não leva a sério a distinção entre as pessoas"[7]. E não o faz, segundo Rawls, porque os moralistas utilitários cedo ou tarde teriam de considerar aceitável (nos termos da moralidade utilita-

---

7. Rawls, 1971, p. 27.

rista) a violação dos direitos de algumas ou mesmo de muitas pessoas em nome de considerações de natureza agregativa. Que cada um tenha uma vida *sua* para levar, distinta de todas as demais, essa é a razão pela qual não se justifica sacrificar os interesses mais fundamentais de algumas pessoas em benefício do total maior de utilidade que seria alcançado (ou da utilidade média maior que seria realizada) caso se ignorassem esses interesses. A preocupação com o caráter único da vida de cada indivíduo certamente não é a preocupação mais proeminente da ética utilitarista. Mas uma das razões que levaram Nozick a escrever *Anarquia, Estado e utopia* foi o julgamento de que tampouco a teoria de Rawls – e o liberalismo igualitário de modo geral – faz justiça à distinção entre as pessoas. O liberalismo igualitário, como o utilitarismo, não levaria os direitos individuais a sério.

Essa objeção tem vários desdobramentos, alguns dos quais serão considerados adiante. Mas de imediato quero argumentar que a teoria de Nozick *não* é fundada em direitos. Ela só poderia ser considerada como tal caso se aceitasse uma visão injustificadamente restritiva de direitos individuais. Sobre sua concepção de direito, Nozick afirma que:

> [O libertariano] pode considerar a não-violação de direitos como uma restrição à ação, em vez de (ou ademais de) embuti-la no estado final a ser realizado. A posição sustentada por esse defensor do Estado ultramínimo será consistente se sua concepção de direitos estabelecer que *forçar* você a contribuir para o bem-estar de outros viola seus direitos, ao passo que alguém deixar de provê-lo de coisas de que você necessita, até mesmo daquelas essenciais à proteção de seus direitos, isso por si só não é uma violação dos direitos que você tem, mesmo que em razão disso [isto é, da omissão mencionada acima] a violação desses seus direitos por alguma outra pessoa não seja dificultada.[8]

---

8. Nozick, 1974, p. 30.

Nozick quer nos convencer de que nossa preocupação com a garantia de direitos individuais pode ser adequadamente interpretada como "restrições à ação" e não como um "estado final a ser realizado". Essa é uma distinção central para entender as divergências entre o libertarianismo e o liberalismo igualitário. Este último será objeto de atenção nos capítulos seguintes. Por enquanto, limito-me a dizer que, para o liberalismo igualitário, somente pode ser justificada moralmente uma estrutura institucional que propicie a todos que a ela estão sujeitos, e sobretudo aos que se encontram em pior situação, os direitos, os recursos e as oportunidades que permitam a cada um empenhar-se em realizar sua própria concepção da boa vida. Estruturas institucionais distintas podem ser comparadas, do ponto de vista da justiça, de acordo com o que cada uma é capaz de garantir efetivamente aos direitos de cada indivíduo. Mas isso significa conceber os direitos não só como constrições à ação mas também como componentes de estados de coisas desejáveis. Do ponto de vista liberal-igualitário, avaliamos moralmente as normas institucionais que distribuem direitos e deveres também por suas *conseqüências* para os "estados finais" resultantes, isto é, para a qualidade de vida daqueles que têm de viver sob essas normas. Dessa perspectiva, pode ser moralmente justificado estabelecer um arranjo institucional que, digamos, restrinja a discricionariedade que cada um tem sobre a renda (bruta) que obtém exercendo seus talentos e capacidades – discricionariedade esta que o libertariano julga ser um "direito" – com o objetivo de produzir um estado de coisas no qual direitos fundamentais de outros sejam garantidos[9].

---

9. Nozick critica esse ponto de vista como uma forma de "utilitarismo de direitos": "as violações de direitos (que se quer *minimizar*) simplesmente entrariam no lugar da felicidade total como o estado final que é pertinente para a estrutura utilitária" (1974, p. 28). Note-se, no entanto, que a divergência central entre libertarianos e liberais igualitários não diz respeito, como Nozick quer dar a entender, à questão de se é lícito, em certas circunstâncias, violar certos direitos de alguns para garantir determinados direitos de outros, mas à questão de que esquema institucional de direitos e deveres deveria ser estabe-

O NEOLIBERALISMO MORAL

Tudo isso parece muito abstrato, mas as implicações políticas dessa distinção são muito importantes. Nozick rejeita inteiramente uma interpretação "conseqüencialista" e institucional-coletiva dos direitos, que julgo ser um componente do liberalismo igualitário, em favor de uma concepção dos direitos como "restrições laterais" (*side-constraints*) à ação[10]. A idéia básica é que os direitos não prescrevem o que devemos fazer coletivamente; eles somente impõem restrições ao leque de escolhas coletivas permissíveis:

> Os direitos não determinam uma ordenação social, mas estabelecem as constrições sob as quais a escolha social deve ser feita [...] Os direitos não determinam a posição de uma alternativa ou a posição relativa de duas alternativas em uma ordenação social; eles *operam sobre* uma ordenação social para limitar a escolha que dela pode resultar.[11]

Os direitos não nos dizem o que devemos fazer, individual ou coletivamente; eles só estabelecem o que *não* devemos fazer. Podemos fazer o que bem entendermos, empenharmo-nos em realizar qualquer concepção individual ou comunitária da boa vida que julguemos ser mais valiosa, desde que para fazer isso não seja preciso violar os direitos de outros à integridade física, à propriedade legitimamente adquirida[12] e ao cumprimento de obrigações voluntariamente contraídas (por exemplo, em contratos). Se violamos as constrições morais que o respeito a esses direitos impõem à nossa conduta, tratamos outras pessoas como meros meios para nossos próprios fins, isto é, não respeitamos sua inviolabilidade pessoal.

---

lecido *em primeiro lugar*. A questão não é se titularidades podem ser violadas para realizar objetivos que os detentores da autoridade pública considerem valiosos, e sim que esquema de titularidades tem mais razões morais a seu favor. Esse ponto é enfatizado por Pogge, 1989, pp. 15-20.
    10. Nozick, 1974, cap. 3.
    11. Ibid., p. 166.
    12. Discutirei mais adiante o que se pode entender por "propriedade legitimamente adquirida" na teoria de Nozick.

Cabe observar que Nozick interpreta a segunda formulação do imperativo categórico kantiano de uma forma particularmente forte. O que Kant diz na *Fundamentação da metafísica dos costumes* é que devemos agir de forma que tratemos a *humanidade*, em nós mesmos ou em outros, não somente como um meio mas sempre também como um fim em si mesmo. O que Nozick não justifica, ao fundamentar sua concepção de inviolabilidade pessoal no imperativo kantiano, é por que devemos considerar *todas* as circunstâncias da vida de uma pessoa – de seus talentos naturais à posse de recursos externos – como atributos de sua humanidade[13]. Sem essa interpretação forte do imperativo, ficaria difícil para Nozick sustentar que privar uma pessoa, mesmo que de uma pequena parte de sua renda, por exemplo mediante taxação redistributiva, equivale a tratá-la como meio para os fins de outros, isto é, equivale a desrespeitar aquilo que em uma pessoa está acima de qualquer preço, sua humanidade. De acordo com a interpretação sugerida por Thomas Hill Jr., o que Kant quer que valorizemos não é a individualidade de cada pessoa mas as disposições racionais – o que, para ele, inclui a capacidade de agir segundo a lei moral e a prudência racional e a capacidade de determinar e perseguir racionalmente os próprios fins – que ela tem *em comum* com outros[14]. Beira o inacreditável sustentar que qualquer redistribuição de recursos materiais, mesmo quando indispensável para que todos tenham oportunidades para desenvolver suas próprias capacidades racionais, possa contar como uma violação ao preceito de Kant.

Aqui é pertinente a interpretação de Jeremy Waldron para a idéia de direitos. Quando o que se propõe envolve sacrificar os interesses de alguns em benefício dos interes-

---

13. Como se verá no capítulo 6 (na seção "Da liberdade natural à igualdade democrática"), a justificação de um princípio de justiça distributiva, na teoria de Rawls, passa ao largo de discussões sobre o que é essencial ou contingente na identidade pessoal.

14. Hill, 1992, cap. 2.

ses de outros, "parece plausível insistir em que devemos pelo menos oferecer razões para nossa ação que em princípio podem ser aceitas pelas pessoas cujos interesses estão em questão. Mas essa exigência tem a implicação de que devemos deixar intactos os interesses centrais à capacidade de cada pessoa de reconhecer e de entender a razão e a argumentação morais (sua liberdade de expressão e de pensamento e talvez certos interesses fundamentais de bem-estar material). De outro modo, estaríamos sinalizando que não levamos a sério a tarefa de justificar nossa ação *para elas*"[15]. Não é preciso nada mais do que isso, quanto à inviolabilidade pessoal, para que o preceito kantiano seja devidamente levado em conta.

É dessa noção específica e controversa de inviolabilidade pessoal que podemos derivar a interpretação de Nozick da neutralidade liberal[16]. Um Estado justo e neutro em relação aos fins perseguidos por seus cidadãos nada mais é do que um Estado que garante o respeito às constrições morais à conduta individual e, acima de tudo, que as respeita no que se refere à sua própria ação. Um Estado que força uma pessoa (mais privilegiada) a contribuir para o bem-estar de outra (mais desafortunada) admite, segundo Nozick, que a primeira seja utilizada como um instrumento para os fins da segunda, e, portanto, é um Estado que não é neutro entre seus cidadãos: "Usar uma pessoa dessa forma não leva suficientemente em conta e não respeita o fato de que ela é uma pessoa separada, que essa é sua única vida. *Ela* não obtém nenhum bem que compense o sacrifício que lhe é exigido, e ninguém tem o direito de forçá-la a isso – muito menos um Estado ou um governo que tem a pretensão de contar com sua fidelidade (pretensão esta que os outros indivíduos não têm) e que, conseqüentemente, deve ser escrupulosamente *neutro* entre seus cidadãos."[17]

---

15. Waldron, 1985, pp. 19-20.
16. Voltarei ao tema da neutralidade liberal no capítulo 7.
17. Nozick, 1974, p. 33.

Um Estado liberal neutro não deve somente levar em conta as constrições morais que se impõem à ação, sobretudo à ação estatal; ele deve respeitá-las de forma *absoluta*. Nenhum objetivo a ser realizado por meios políticos pode justificar, para Nozick, uma violação, por menos importante que seja, às constrições morais propostas por sua teoria. Será esta uma teoria fundada em direitos? À primeira vista sim, já que as constrições morais por ela defendidas derivam de uma preocupação com os direitos individuais e com a inviolabilidade da pessoa. Entretanto, um pouco mais de reflexão nos mostrará que a noção central na teoria de Nozick não é de direitos mas a de *dever*[18].

Ronald Dworkin sugeriu que as teorias políticas normativas podem ser classificadas em três categorias básicas: as teorias baseadas em *objetivos*, as teorias baseadas em *direitos* e as teorias baseadas em *deveres*[19]. As teorias baseadas em objetivos são aquelas para as quais há um objetivo supremo a ser promovido pela ação estatal ou pela ação política, objetivo ao qual a atribuição de direitos e de deveres aos indivíduos deve se subordinar. Esse objetivo pode ser o aumento da utilidade geral ou da utilidade média (utilitarismo); a busca de uma forma de comunidade política comprometida ativamente com a promoção de um ideal de excelência ou de virtude individual (teorias políticas perfeccionistas inspiradas em Aristóteles)[20]; ou ainda dar impulso à realização de uma forma utópica de comunidade em que a parcela dos recursos sociais que caiba à vida de cada um obedeça somente às diferenças de necessidades individuais e de requisitos para a auto-realização individual (marxismo).

Mais relevante para a nossa discussão é a distinção entre as duas outras categorias de teoria normativa. As teorias baseadas em direitos e as teorias baseadas em deveres são

---

18. Ver Waldron, 1985, pp. 15-6, para uma argumentação similar à que desenvolvo a seguir.
19. Dworkin, 1977, pp. 169-73.
20. MacIntyre, 1985, é um exemplo disso.

modalidades de individualismo moral tendo em vista que, para umas e outras, a fonte última de valor é o bem-estar de *indivíduos*[21]. Mas essa preocupação com o bem-estar individual pode ser interpretada tomando-se a noção de direitos ou, alternativamente, a de deveres como a mais central. Pode parecer estranho fazer essa distinção, já que uma forma possível de sustentar a existência de um direito consiste em apresentar um argumento do seguinte tipo: um indivíduo A tem um direito a X (à liberdade de expressão, digamos) se, e somente se, é possível plausivelmente sustentar que há um aspecto do bem-estar de A (sua capacidade de exprimir-se, no caso) que consideramos tão importante eticamente a ponto de fundamentar a imposição de um dever a um indivíduo B (o de não impedir A de exercer essa sua capacidade).

Note-se, entretanto, que nessa definição a noção de dever é meramente derivativa de algo mais fundamental moralmente. Para as teorias baseadas em direitos, o princípio normativo que deriva da preocupação com o bem-estar de cada indivíduo é que o Estado deve empenhar-se em proteger e promover determinados interesses de *todos* os indivíduos. O ideal é aproximar-se tanto quanto possível de um estado de coisas em que todos os cidadãos encontrem condições propícias para o exercício de seus direitos individuais. Dessa perspectiva, as normas de conduta ou os deveres não são valorizados em si mesmos, mas somente como instrumentos para a proteção de interesses indivi-

---

21. Os dois tipos de teoria normativa rejeitam a idéia de que valores associados a alguma mítica superindividualidade coletiva – o poderio do Estado, a identidade étnica de dada comunidade ou a grandeza da Nação – possam ser considerados últimos e interpretados como um fundamento aceitável para a imposição de quaisquer sacrifícios aos indivíduos. Entes coletivos como o Estado, a Comunidade ou a Nação não dispõem de um núcleo de consciência individual, de um eu capaz de buscar sua felicidade ou sua auto-realização e de sofrer privações e frustrações. Por isso, de uma perspectiva individualista-moral, é absurdo falar, por exemplo, no "bem-estar da Nação". (Ver também a nota 51 do capítulo 3.)

duais aos quais se atribui um significado moral[22]. O que importa, acima de tudo, não é a conformidade individual a normas de conduta, e sim a existência de condições que permitam a cada um se empenhar ativamente na realização daquilo que julga ser valioso na vida.

As teorias baseadas em deveres, por sua vez, interpretam a preocupação com o bem-estar individual em termos da observância não-excepcionável a determinadas normas de conduta. O que agora está em questão não é em que medida os direitos de cada indivíduo são ou poderiam ser efetivamente protegidos – nos termos de Nozick, isso equivaleria a considerar que os direitos "determinam uma ordenação social". A preocupação central dessa perspectiva restringe-se à não-violação de deveres morais – por indivíduos ou pelo Estado – quaisquer *que sejam as conseqüências disso, inclusive para a proteção de direitos individuais*. Isso vale até mesmo para a proteção dos direitos prezados pelos próprios teóricos libertarianos. Se, entretanto, estamos mais preocupados com direitos do que com a observância estrita de deveres, não temos uma razão de princípio para descartar um curso de ação que limita ou mesmo viola um direito menor de uma pessoa (ou de algumas pessoas) com o propósito de impedir que um direito mais fundamental de outra (ou de outras) seja desrespeitado[23].

Se a preocupação com os direitos individuais deriva da importância moral que atribuímos aos interesses das *vítimas* das violações de direitos, nossa perspectiva normativa assumirá uma feição mais coletiva e, nos termos da distinção proposta no capítulo 1, mais conseqüencialista. É dessa forma que a preocupação com os direitos entra em uma perspectiva normativa liberal-igualitária. Só há individualismo nessa forma de se preocupar com os direitos individuais no sentido especificado na nota 21 deste capítulo.

---

22. Dworkin, 1977, p. 172.
23. Ver exemplo analisado na seção "Liberdade individual para todos?", adiante.

Mas normalmente é muito diferente o que se quer dizer com o termo "individualismo": trata-se da preocupação exclusiva com os próprios interesses, ou então, nos termos da teoria de Nozick, com o cumprimento dos próprios deveres deontológicos, pouco importando se outros têm até mesmo os seus interesses mais fundamentais violados e pouco importando se outros não são capazes (por exemplo, porque vivem em condições de pobreza extrema) de cumprir seus deveres adequadamente. A perspectiva liberal-igualitária não é individualista neste último sentido. Se consideramos desejável atingir um estado de coisas em que os direitos de todos sejam protegidos, é porque não valorizamos somente a realização de nossos próprios interesses mas também atribuímos um peso moral aos interesses mais fundamentais de outros. Da ótica libertariana, em contraste, não são os interesses das vítimas das violações de direitos que contam; importa somente a conformidade da conduta do agente aos deveres morais reconhecidos pela teoria moral libertariana. Um agente libertariano diria: "Para mim, somente importa fazer valer meus próprios interesses e realizar minha concepção da boa vida, desde que para isso eu não cause danos a outros. Aliás, cumpro religiosamente as restrições morais que cada um está obrigado a reconhecer em sua conduta. Mas, se outros têm seus direitos fundamentais violados, ou se são incapazes de cumprir a contento com seus deveres porque lhes faltam os recursos necessários para tanto, isso não me diz respeito. Nenhum Estado tem o direito de interferir nas transações voluntárias das quais escolho participar com o objetivo de produzir um estado de coisas em que os direitos desses outros sejam mais bem protegidos. Se o fizer, esse Estado violará ele próprio as restrições morais que escrupulosamente observo em minha conduta."

Há outra maneira de caracterizar essa perspectiva que faz uso da distinção, discutida no capítulo 1, entre razões morais "neutras em relação ao agente" e razões morais "relativas ao agente".

O que há de errado com uma concepção deontológica

Como é próprio de teorias fundadas em deveres, uma forma de relatividade ao agente ocupa todo o espaço da moralidade libertariana[24]. Um Estado liberal justo, para Nozick, limita-se a dar, quando isso é possível, uma expressão institucional adequada a um conjunto de interdições ou de constrições deontológicas. Mas por que essas interdições devem ser entendidas como razões morais relativas ao agente? Se como regra geral as constrições deontológicas são obedecidas, se em geral não se atenta contra a vida ou a propriedade alheia e cumprem-se os contratos livremente firmados, não há nisso um elevado valor impessoal? Afinal, as constrições deontológicas não podem ser interpretadas como valores para todos os agentes, isto é, como valores neutros em relação ao agente? A resposta para esta pergunta é "não", e entender por que nos ajuda a perceber a natureza e as limitações da moralidade libertariana.

As restrições deontológicas são razões para que *você* não mate, não roube, não viole seus contratos, mas elas não exigem que você se empenhe em evitar que essas coisas ocorram no mundo. A preocupação que o agente deve ter de não praticar determinados atos é distinta da preocupação de evitar que eventos similares ocorram à sua volta. Somente a primeira preocupação é abarcada pelas constrições deontológicas. Nagel nos dá alguns exemplos de intuições morais deontológicas:

---

24. E também do que podemos denominar "moralidade de senso comum". Caso se perguntasse às pessoas o que entendem por "normas morais", provavelmente a maioria (deixando-se de lado as inevitáveis referências a preceitos de conduta sexual) apresentaria uma lista de mandamentos (ou de constrições deontológicas) similar à que acabei de mencionar: não matar, não roubar, não violar os contratos ou a palavra empenhada. Evidentemente essa proximidade com a moralidade de senso comum é uma vantagem para os teóricos libertarianos, mas não conta como um argumento em favor da moralidade que defendem.

Ao que parece, você não deve quebrar uma promessa ou dizer uma mentira para obter algum benefício, mesmo quando não se exija que você abra mão de um benefício comparável para impedir outra pessoa de quebrar uma promessa ou dizer uma mentira. E parece que você não deve torcer o braço de uma criancinha para forçar sua avó a fazer alguma coisa, e mesmo algo importante a ponto de que não se exija de você que abra mão de um benefício comparável para impedir outra pessoa de torcer o braço de uma criança. E parece que você não deve praticar certos tipos de tratamento discriminatório injusto (no exercício de uma função pública, por exemplo) mesmo que seja para produzir um resultado de tal forma bom que não se exija que você abra mão dele para impedir uma iniqüidade similar praticada por outros.[25]

E como se traduziria institucionalmente, da ótica libertariana, essa distinção entre abster-se de praticar determinados atos e não se empenhar para impedir que esses atos ocorram? As constrições deontológicas não exigem que *nós*, por meio de nossas instituições comuns, nos empenhemos em produzir um estado de coisas em que violações a elas não ocorram ou só ocorram de forma infreqüente. O Estado libertariano neutro se limitaria a converter em deveres legalmente exigíveis os deveres deontológicos que cada um – cidadãos privados e sobretudo autoridades públicas – está obrigado a respeitar em sua conduta individual. Mas esse Estado não teria nenhum compromisso com a produção de um estado de coisas em que todos tivessem os meios e as condições para desincumbir-se adequadamente de seus deveres, ou com a produção de um estado de coisas em que se reduzissem ao mínimo as violações às constrições deontológicas. Note-se que estamos falando dos deveres que os teóricos libertarianos reconhecem e não de deveres morais reconhecidos por outras perspectivas normativas.

---

25. Nagel, 1986, p. 177.

É claro que o teórico libertariano – assim como você e eu – preferiria viver em um mundo em que as restrições determinadas por sua própria teoria fossem em geral obedecidas. Mas ele nada tem a dizer sobre como podemos chegar lá. Ele só nos diz, como já vimos, o que *não* podemos fazer para chegar lá. (Lembre-se da frase de Nozick mencionada acima: "Os direitos não determinam uma ordenação social." Uma vez que a teoria de Nozick, como venho argumentando, não é baseada em direitos, melhor seria se dissesse: "As restrições deontológicas não determinam uma ordenação social.") A obediência geral aos deveres morais, mesmo que se aceite que só existem os deveres especificados pela teoria libertariana, pode ser interpretada como um bem público. Se em dada sociedade existe uma disposição geral ao cumprimento dos deveres, cada um dos membros dessa sociedade pode cumprir mais deveres seus e melhor. Se o dever de respeitar a integridade física alheia é obedecido por todos, eu também posso respeitá-lo mais do que se o contrário fosse verdadeiro (não necessitarei recorrer a esquemas para garantir minha segurança pessoal que põem em risco a vida de outros). Se os comerciantes de modo geral recolhem os impostos que incidem sobre os produtos que vendem, não precisarei sonegá-los para garantir a competitividade de minha empresa. Se os contratos e as promessas são via de regra cumpridos, encontro-me em melhores condições para cumprir os meus contratos e promessas do que se as fraudes e a esperteza forem freqüentes. A capacidade de cada um cumprir seus próprios deveres depende do que os outros façam. De modo geral, estarei em condições de cumprir *meus* deveres se me dispuser (e os demais igualmente se dispuserem) a contribuir para gerar um estado de coisas em que *todos* têm como desempenhar seus deveres. Mas, considerando-se as restrições deontológicas de Nozick que só estabelecem o que não podemos fazer, não há, de uma perspectiva libertariana, como dar este último passo.

O confinamento às razões morais relativas ao agente coloca o libertariano diante de situações similares a um Di-

O NEOLIBERALISMO MORAL 47

lema do Prisioneiro[26]. Podemos ressaltar que essas situações se produziriam precisamente se os agentes seguissem as recomendações libertarianas: cada um deve cumprir seus próprios deveres e ninguém está obrigado a contribuir para que outros possam cumprir os seus. Considere o seguinte exemplo. Vamos supor que você e eu somos comerciantes cônscios de nossos próprios deveres. Gostaríamos de não ter de violar nenhuma constrição deontológica nas transações voluntárias de que participamos. A situação é tal que, se um sonega seus impostos e o outro não, o não-sonegador pode se ver impossibilitado (por sofrer uma perda de competitividade) de honrar seus outros compromissos – digamos que o não-sonegador se veja obrigado a descumprir seus contratos, não cumprir suas promessas, e assim por diante, e que cada um veja isso como ainda pior, quanto à violação de seus próprios deveres, do que a sonegação[27]. Supondo-se ainda que não podemos nos comunicar, cada um pode escolher uma dessas duas condutas: 1) preocupar-se somente com o cumprimento dos próprios deveres, mesmo tendo de violar o dever de não-sonegação, ou 2) contribuir para que o outro possa cumprir todos os seus deveres (no exemplo, não sonegando). Os resultados são os seguintes:

---

26. Parfit, 1991, p. 98.
27. Para o exemplo manter sua "coerência deontológica", a conduta sonegadora é adotada por ser a que permite ao agente cumprir pelo menos alguns de seus deveres, e não por ser a que maximiza seu interesse próprio (se acreditamos que constrições deontológicas existem, então também acreditamos que elas devem limitar a maximização do próprio benefício). Um deontologista mais religioso poderia argumentar que, se a tributação considerada no exemplo é moralmente legítima (e digamos que o seja até mesmo para um libertariano), então a conduta sonegadora não se justifica em nenhuma circunstância, quaisquer que sejam as conseqüências da conduta de não-sonegação, inclusive, como estou supondo, para a capacidade de cada um cumprir seus outros deveres. Essa objeção ao meu exemplo em nada reforçaria o argumento em favor de uma moralidade baseada unicamente em interdições deontológicas. Se cada uma dessas interdições deve ser vista como não-excepcionável pelo agente, então, se seguimos uma moralidade desse tipo, as situações do "Dilema do Deontologista" (Parfit, 1991) descrita se multiplicarão.

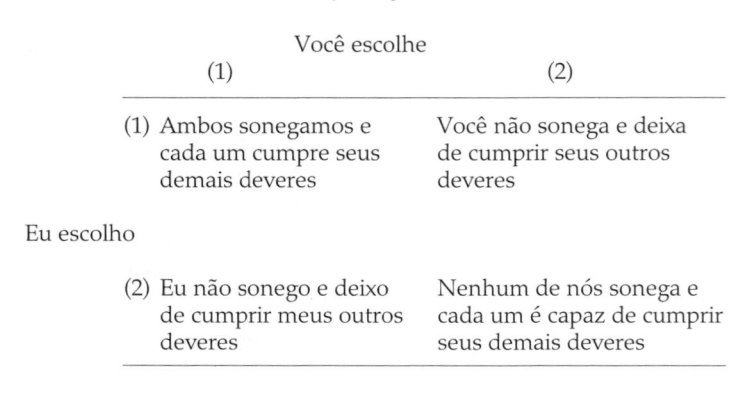

	Você escolhe	
	(1)	(2)
	(1) Ambos sonegamos e cada um cumpre seus demais deveres	Você não sonega e deixa de cumprir seus outros deveres
Eu escolho		
	(2) Eu não sonego e deixo de cumprir meus outros deveres	Nenhum de nós sonega e cada um é capaz de cumprir seus demais deveres

Uma moralidade deontológica, como argumentei acima, nos recomendaria optar pela alternativa 1. E, seguindo essa recomendação, o resultado é que cada um de nós teria um desempenho pior, em relação ao cumprimento dos *seus próprios* deveres, do que se ambos seguíssemos a recomendação de outra perspectiva normativa. Uma moralidade puramente deontológica, como diz Parfit, derrota seus próprios propósitos *coletivamente*. Há muitas situações em que, se todos fizermos o que o libertarismo diz que devemos fazer ("cuide de cumprir seus deveres; até que ponto os outros estão capacitados a fazer o mesmo, não é um problema seu"), cada um terá um desempenho pior, em termos estritamente libertarianos, do que de outro modo se verificaria.

Acredito que essa é uma forte objeção à teoria política libertariana. Se queremos pelo menos nos aproximar de uma "sociedade libertariana bem ordenada", isto é, de uma sociedade em que cada um se empenha em realizar sua própria concepção do bem sem deixar de observar as restrições morais prescritas pela teoria libertariana, não podemos nos limitar a fazer o que essa teoria nos recomenda. Para isso, não será suficiente um Estado que reconheça como fundamento normativo de sua ação somente a conversão de constrições deontológicas em deveres legais. Necessitaremos, nesse caso, de um Estado que se empenhe positivamente em capacitar todos os seus membros a respeitarem os deveres que lhes forem atribuídos. Mas, se admitimos isso, já extrapolamos o âmbito das razões morais relativas ao agente das quais o libertarianismo não quer se afastar. Como procurei mostrar no exemplo anterior, cada um ampliará sua capacidade de respeitar integralmente seus próprios deveres se todos nos dispusermos a contribuir para que outros possam fazer o mesmo. Ainda que cada um se limite ao seu próprio ponto de vista individual (-deontológico) – "só me preocupo com a realização dos meus objetivos, desde que para isso eu não tenha de desrespeitar as restrições morais que se impõem à minha ação" –, será melhor para cada um se todos dermos algum peso aos interesses de outros. Nenhuma moralidade pública plausível pode se basear somente em razões morais relativas ao agente[28]. Para evitar os "Dilemas do Deontologista", nossa perspectiva normativa deverá incorporar, em alguma medida, uma consideração imparcial pelo bem de todos. Em que medida? Essa pergunta, evidentemente, não é fácil de ser respondida. Mas, se quisermos respondê-la, é melhor deixar o libertarianismo de lado e nos voltarmos para as teorias normativas que valorizam explicitamente uma consideração igual pelos interesses de todos: o utilitarismo e o liberalismo igualitário.

Responsabilidade negativa coletiva

Examinemos uma vez mais a distinção entre abster-se de ser o autor de determinados atos danosos e nada fazer para evitar que eventos similares ocorram no mundo. Para

---

28. É essencialmente esta mesma objeção, como veremos no próximo capítulo, que pode ser apresentada ao contratualismo hobbesiano. As teorias relativas ao agente são, de acordo com a terminologia de Parfit, de forma direta, coletivamente *self-defeating*. Uma teoria T é direta e coletivamente *self-defeating* "quando é certo que, se todos seguirmos T com êxito, dessa forma faremos que os objetivos *de cada um* derivados de T venham a ser mais mal realizados do que o seriam se nenhum de nós tivesse seguido T com êxito" (Parfit, 1991, p. 55).

a visão libertariana, não somos obrigados a reconhecer, em nossa conduta pessoal ou nas instituições e decisões coletivas das quais participamos, nenhuma *responsabilidade negativa* pelas circunstâncias desfavoráveis da vida de outras pessoas[29]. De acordo com esse ponto de vista, não somos responsáveis pelos danos ou privações que outros sofrem porque deixamos de fazer o que estava ao nosso alcance para evitar esse dano ou diminuir esse sofrimento. Se não causamos diretamente as privações alheias – isto é, se não somos positivamente responsáveis por elas –, podemos ignorá-las e nada pode justificar as interferências da sociedade em nossas preferências e escolhas. Essa linha de argumentação normativa leva a uma diferenciação nítida entre os deveres negativos (nossas já conhecidas constrições deontológicas) e os (supostos) "deveres positivos", isto é, os deveres de prestar auxílio a outras pessoas quando elas se encontram necessitadas ou em situação de risco. Somente os primeiros são deveres em sentido forte para o libertarianismo. Quanto aos segundos, ainda que cumpri-los seja sempre meritório, são moralmente opcionais – o que significa dizer que não são deveres genuínos.

O liberalismo igualitário compartilha em parte da preocupação libertariana de estabelecer limites às exigências que a vida e o bem-estar de outros fazem às escolhas pessoais de cada um. Não queremos viver sob o peso da idéia de que somos individualmente responsáveis pelos sofrimentos de outros se não fazemos tudo aquilo que estaria ao nosso alcance (ao alcance de cada um de nós) fazer para minorar esse sofrimento. É certo que você e eu poderíamos fazer individualmente muita coisa para diminuir os terríveis sofrimentos a que estão submetidas pessoas miseráveis do Vale do Jequitinhonha, em Minas Gerais. No limite, poderíamos empregar todos os nossos recursos e esforços para tirar, di-

---

29. Para a noção de responsabilidade negativa no sentido em que estou utilizando aqui, ver Nagel, 1991, pp. 83-4. Os parágrafos seguintes são uma adaptação de Vita, 1995, pp. 172-3.

gamos, vinte pessoas da situação de miséria absoluta em que se encontram. Mas, nesse caso, já não restaria uma vida que cada um de nós reconheceria como *sua* – com seus próprios objetivos, vínculos e afeições – para ser vivida. Nenhum espaço restaria para as razões para agir que antes designamos razões "relativas ao agente" de autonomia pessoal. Passaríamos a viver uma vida preenchida inteiramente pelas exigências ditadas pela consideração imparcial pelo bem-estar de outros. Essa é a vida que Madre Teresa de Calcutá – para quem "não basta dar aos pobres o que é supérfluo; é preciso ajudar os pobres até que isso nos doa" – escolheu viver. Mas é uma vida de "super-rogação", e a justiça não trata de atos super-rogatórios mas da determinação de direitos e deveres[30]. Além disso, para retomar um ponto mencionado antes, as razões "relativas ao agente" de autonomia pessoal não são meras petições de isenção em relação às exigências da moralidade; elas têm um valor moral genuíno[31].

Podemos aceitar a distinção moral entre o dever de não causar danos diretamente a outros e o dever positivo de

---

30. "Super-rogação" é a tradução que emprego para *supererogation*, termo que designa a conduta de fazer muito mais do que aquilo que é exigido pelo cumprimento do dever moral (não me ocorre nenhuma palavra da língua portuguesa que transmita esse sentido). Os atos "super-rogatórios" são dignos da admiração de todos justamente porque são atos *opcionais* que vão muito além do estrito cumprimento do dever. E o que é opcional não faz parte do escopo de uma teoria da justiça social. Apesar disso, não é claro até que ponto a realização de uma concepção utilitarista de justiça não exigiria converter uma forma de super-rogação em dever moral.

31. Como argumenta Derek Parfit, se fôssemos todos "fazedores do bem" puros, motivados unicamente por uma preocupação benevolente de aumentar a felicidade existente no mundo, isso teria o efeito de reduzir a soma total de felicidade. Para nos tornarmos puros fazedores do bem, teríamos de suprimir desejos e disposições que estão associados, em qualquer concepção plausível de felicidade, aos vínculos, às afeições e aos objetivos que cada um desenvolve em sua própria vida. Se todos nos tornássemos pessoas puramente benevolentes, "é provável que isso reduziria drasticamente a soma de felicidade" (Parfit, 1991, pp. 27-8). No limite, um conseqüencialismo puro, a doutrina segundo a qual devemos praticar atos cujos resultados maximizarão o total de bem do universo, derrota seus próprios propósitos.

prestar auxílio, mas restringir sua aplicação ao domínio da moralidade individual. Do ponto de vista da conduta individual, de fato há uma diferença moralmente relevante entre não praticar determinado ato – por exemplo, assassinar uma pessoa – e nada fazer para evitar que determinado ato seja praticado – não evitar, supondo-se que isso estivesse ao alcance do agente, que alguém seja assassinado[32]. Há uma diferença entre eu reduzir uma pessoa à miséria destruindo sua propriedade e não fazer o que estaria ao meu alcance para tirar da miséria uma pessoa que teve sua propriedade destruída. Mas o liberalismo igualitário não aceita todas as implicações dessa distinção *quando a estrutura básica da sociedade está em questão*. Ainda que não tenhamos, em termos individuais, um dever positivo de ajudar quem quer que necessite de auxílio no mundo, temos um dever de não contribuir para a vigência de um arranjo institucional que constitui a causa primeira de danos e privações que muitos sofrem. Se for possível argumentar que essas privações resultam não de escolhas individuais dos que a elas estão sujeitos, mas da forma como as instituições sociais lidam com circunstâncias naturais ou sociais que estão fora do alcance da escolha individual, então é preciso admitir que um dever desse tipo existe. E trata-se de um dever *negativo*, cujo reconhecimento implica reformular a noção de responsabilidade negativa.

A solução liberal-igualitária, em contraste com a libertariana, consiste em transferir o peso da responsabilidade negativa, do qual queremos nos ver livres em nossas escolhas pessoais, para as instituições básicas da sociedade. A idéia é que o reconhecimento *coletivo* da responsabilidade negativa é a condição para poder ignorá-la na conduta pessoal. Coletivamente, somos responsáveis pelas privações (digamos, a fome endêmica) a que muitos entre nós estão sujeitos, se for possível apontar uma estrutura institucional

---

32. Um juiz certamente levará em conta essa distinção quando for preciso, por exemplo, apurar as responsabilidades pessoais em um caso de homicídio.

distinta e praticável sob a qual esses danos e privações seriam eliminados ou muito mitigados. Se há uma alternativa desse tipo, e nada fazemos para colocá-la em prática, então *somos positivamente* responsáveis pelas privações que ocorrem sob o *status quo*, ainda que essas privações não resultem de atos intencionais de ninguém em particular. Uma vez que essa responsabilidade negativa coletiva tenha sido suficientemente reconhecida pelas instituições sob as quais vivemos, então (e só então) podemos reclamar o direito de viver nossas vidas pessoais de acordo com uma moralidade libertariana de não-interferência. Empenhamo-nos, nesse caso, em realizar nossas preferências sem permitir que seu valor intrínseco (até que ponto elas são moralmente meritórias ou puramente egoístas) seja colocado em questão por quem quer que seja. Thomas Nagel dá uma formulação mais técnica a essa idéia: "A condição da aceitabilidade moral de estabelecer limites estreitos à responsabilidade negativa nas normas de conduta pessoal é a existência de uma estrutura social aceitável de distribuição de responsabilidades negativas interpessoais."[33] A responsabilidade negativa tem um papel na teoria política que não tem na ética da conduta pessoal.

O ponto importante da noção de responsabilidade negativa coletiva é o de que o *status quo* deixa de ser visto como a referência para avaliar a justiça de instituições, decisões coletivas e políticas públicas. Que *status quo* é apropriado para avaliar, do ponto de vista da justiça, o que as autoridades públicas fazem em nosso nome *e também* aquilo que as instituições sob as quais vivemos não são capazes de evitar que ocorra, esse é um dos principais pontos de controvérsia entre libertarianos e liberais igualitários.

Um dos truques da moralidade libertariana consiste em tomar a distribuição de benefícios produzida por uma sociedade capitalista de mercado como dada, e somente colocar sob suspeição as injustiças pelas quais o Estado pode ser

---

33. Nagel, 1991, p. 84.

considerado diretamente responsável: a matança indiscriminada de civis pela polícia nas grandes cidades brasileiras; ou então, o que evidentemente só constitui uma "injustiça" da ótica libertariana, a taxação redistributiva estabelecida para financiar as transferências e políticas sociais. Para ser mais preciso, o *status quo* que os teóricos libertarianos (e também, como veremos, Gauthier) tomam como dado, para fins de avaliação moral, é um estado de natureza lockiano no qual já há uma sociedade de mercado ainda mais autorregulada do que a imaginada por Locke. Antes de passar ao exame dessa situação inicial, cabe ressaltar as limitações da moralidade libertariana no que se refere a seu valor central: a liberdade.

Liberdade individual para todos?

É comum criticar o lugar muito modesto reservado à igualdade na teoria política libertariana. De fato, a única forma de igualdade que é possível detectar no libertarianismo diz respeito à exigência, a que todos estão igualmente submetidos, de agir em conformidade com as restrições morais (convertidas em deveres legais pelo Estado mínimo libertariano) que se impõem à conduta de cada um. Mas o que dizer da *liberdade individual*? A preocupação com a liberdade individual parece tão central aos libertarianos a ponto de originar a própria denominação da perspectiva normativa que defendem. Teóricos como Nozick dirão: "A preocupação central da teoria que propomos é garantir que cada um possa fazer o que quiser com aquilo que possui legitimamente, com a condição de que as restrições morais que essa teoria especifica não sejam violadas. O objetivo é assegurar um âmbito de não-interferência (por parte de outros e sobretudo por parte da autoridade política) aos indivíduos, no qual cada um deve poder realizar seus objetivos segundo sua própria escala de valores e de preferências. É com a liberdade individual, em suma, que estamos preocupados."

De fato. Mas é interessante explicitar até que ponto essa preocupação com a liberdade individual é restrita. Consideremos, por exemplo, duas situações em que um indivíduo *A* está a ponto de infligir um sério dano (espancando, violentando etc.) à integridade física de um indivíduo *B* e em que há um indivíduo *C* que só pode impedir a agressão se, por sua vez, violar algum direito menor de um indivíduo *D* (digamos que, para conseguir avisar a polícia, *C* não tenha outra opção que não violar o direito à privacidade ou algum direito de propriedade de *D*)³⁴. O que *C* deve fazer? Na situação 1, *C* nada faz para impedir a agressão a *B*. Na situação 2, *C* opta por violar um ou mais direitos menos fundamentais de *D* para impedir que a agressão se concretize.

A teoria de Nozick tem de considerar a situação 1 como eticamente superior à situação 2. Em primeiro lugar, *C* não tem o *dever* de fazer o possível para impedir que a agressão a *B* ocorra. Essa agressão representa uma violação às constrições morais que *A* deveria ter observado em sua conduta, mas isso não torna *C* co-responsável pelo dano infligido ao bem-estar de *B*. Em segundo lugar, e esse é o ponto mais importante, para impedir que a agressão a *B* se concretize, *C* não pode, porque tem o dever de obedecer às constrições morais colocadas a sua própria conduta, violar *nenhum* direito de outra pessoa não diretamente envolvida na situação (no caso, *D*). *C* está obrigado a observar essas constrições (isto é, deveres), ainda que fazê-lo tenha por conseqüência um estado de coisas em que mais direitos, ou direitos mais fundamentais, são violados. Como vimos anteriormente, a teoria de Nozick (e as que a ela são assemelhadas) não é baseada em direitos. Podemos complementar essa conclusão dizendo que o libertarianismo, a despeito de sua própria denominação, não tem por objetivo promover a liberdade individual *de todos* ou assegurar que mais liberdade individual exista no mundo. No exemplo apresentado, a liberdade

---

34. Aqui estou me valendo de exemplos e das análises de Sen (1982; 1987, pp. 70-3).

negativa de todos encontra-se mais bem protegida na situação 2 do que na situação 1 (à qual as recomendações libertarianas nos levariam).

Philippe Van Parijs vem se notabilizando pela defesa de uma alternativa ao capitalismo de *welfare state*, que consiste em assegurar renda básica mais elevada a todos incondicionalmente. Não vou discuti-la agora. Mas há um aspecto (relativamente secundário) da argumentação ética de Van Parijs em favor de sua proposta que está relacionado com o que foi visto acima. Ele acredita ser apropriado denominar sua posição "real-libertarianismo". A idéia é voltar contra o libertarianismo seus próprios compromissos normativos. Assim como a posição libertariana, o real-libertarianismo "atribui uma importância exclusiva à liberdade de todos. Mas, contra a primeira, sustenta energicamente que é da liberdade real que se deve tratar e, especialmente – já que [os libertarianos] dizem se preocupar com a liberdade de todos –, da liberdade real que cabe àquele que menos a tem"[35].

Van Parijs argumenta que, se estamos genuinamente preocupados com a liberdade de todos, temos de nos preocupar não só com a dimensão negativa da liberdade – que consiste em não ser impedido arbitrariamente de fazer o que se deseja e se é capaz de fazer – mas também com sua dimensão positiva – aqui entendida como acesso aos meios e recursos que capacitam uma pessoa a "fazer de sua vida o que ela deseja"[36]. De uma ótica liberal-igualitária nada há a objetar a esse argumento. Essa é, em síntese, a forma como o liberalismo igualitário interpreta a liberdade como um valor[37].

---

35. Van Parijs, 1997, p. 191.
36. Ibid.
37. Faço um comentário lateral a esta discussão. Note-se que a crítica de Isaiah Berlin não se aplica a essa concepção específica de liberdade positiva. Propiciar os meios e os recursos para que cada pessoa possa se empenhar na realização daquilo que, a seu ver, torna a vida digna de ser vivida, não abre lugar para o tipo de manipulação que Berlin temia em concepções que justificam uma autoridade exercer controle sobre os indivíduos em nome de garantir às pessoas a forma de liberdade que seus (supostos) "eus verdadeiros" reconheceriam como a única forma de vida digna de ser vivida (Berlin, 1981, pp. 133-75).

O NEOLIBERALISMO MORAL

O libertariano não entraria nessa discussão de liberdade negativa *versus* liberdade positiva. Ele diria (ou melhor, teria de dizer; o argumento nem sempre é tão explícito) a Van Parijs: "De fato, [nós, os libertarianos] rejeitamos sua concepção de 'liberdade real'. Mas, antes disso, ao contrário do que você afirma, nós simplesmente não estamos preocupados com a liberdade de todos – *positiva ou negativa*. Você está entendendo de forma equivocada a natureza da moralidade que defendemos. A ênfase na liberdade de todos envolve interpretar a liberdade como um valor neutro em relação ao agente e em termos conseqüencialistas. O valor que você atribui à 'liberdade de todos' deriva de uma consideração igual pelo bem-estar de todos. Mas nós não aceitamos que direitos e deveres possam ser atribuídos às pessoas com base em uma consideração imparcial pelo bem-estar de todos. Nossa moralidade é puramente 'relativa ao agente'. Em uma moralidade dessa natureza, não existem objetivos coletivos de espécie alguma, nem mesmo a liberdade individual. Tudo o que queremos (como foi visto antes) é que cada um, desde que não viole as constrições deontológicas que acreditamos que devem ser reconhecidas, possa dispor livremente daquilo que é legitimamente seu. É isso que temos em mente quando dizemos que é preciso levar a sério a distinção (*separateness*) entre as pessoas. E, ademais, somente será possível alcançar um estado de coisas em que a 'liberdade de todos' (nos seus – de Van Parijs – termos) seja garantida, violando-se algumas dessas constrições (por exemplo, por meio de taxação redistributiva que interfere em direitos de propriedade legítimos), o que consideramos moralmente inaceitável."

O libertarianismo não é, como Van Parijs parece supor, uma doutrina internamente incoerente[38]. Criticá-la em nome

---

38. Dizer que a aplicação estrita de uma teoria acaba por frustrar seus propósitos explícitos, como argumentei antes em relação ao libertarianismo, não é a mesma coisa que considerar que essa teoria seja contraditória em seus próprios termos. Argumentei antes que o libertarianismo frustra seus próprios propósitos quando procuramos imaginar o que ocorreria se *todos nós* tentásse-

de seus próprios compromissos normativos não nos leva muito longe. Se acreditamos que a garantia de liberdade individual de todos é um dos componentes centrais de uma sociedade justa, é melhor exprimir essa preocupação por meio de uma teoria normativa que reconhece compromissos mais amplos do que os aceitos por uma moralidade estritamente relativa ao agente.

Liberdade e propriedade

Há mais ainda a ser dito sobre o lugar que o valor da liberdade individual ocupa, retórica à parte, em uma teoria política libertariana. A conclusão da seção anterior – que o compromisso normativo do libertarianismo com a liberdade individual é muito menos significativo do que muitas vezes se supõe – pode parecer surpreendente. Afinal, estamos acostumados a pensar nos teóricos do neoliberalismo, entre os quais Hayek, Friedman e Nozick, e eles próprios gostam de se conceber dessa maneira, como paladinos da liberdade. O debate normativo entre o neoliberalismo e seus críticos, entretanto, é muito mais complexo do que alguns teóricos neoliberais gostariam que fosse: nada mais do que um embate entre os campeões da liberdade individual e os defensores de alguma concepção mais substancial de igualdade de condições (e os defensores de alguma concepção mais substancial de comunidade). Note-se que para criticar o libertarianismo não foi preciso, até aqui, invocar nenhuma concepção mais robusta de igualdade de condições. Só recorri a uma noção fraca de igualdade que pode ser assim formulada: se a liberdade individual é um valor central para nós, então, em uma sociedade justa, deveríamos garanti-la igualmente a todos. E mostrei que a idéia de liberdade igual

---

mos seguir as recomendações libertarianas. Mas isso não torna a teoria contraditória em si mesma. O libertariano se limitaria a retrucar que sua teoria estabelece normas para avaliar a conduta individual e não para avaliar estados de coisas.

para todos – e ainda que a interpretemos somente como liberdade negativa – não faz parte de uma moralidade que rejeita totalmente a atribuição de direitos e de deveres que derivam da exigência de uma consideração imparcial pela vida e pelo bem-estar de todos.

Podemos agora analisar outro componente do neoliberalismo moral que também ajuda a esclarecer o porquê do lugar relativamente modesto ocupado pelo valor da liberdade individual. Trata-se simplesmente do seguinte. A tese central da filosofia política libertariana não diz respeito, diretamente, à liberdade, e sim à *propriedade*. Seu propósito primeiro consiste em evidenciar a legitimidade *moral* de um sistema de titularidades semelhante àquele que seria produzido por um capitalismo de *laissez-faire*. O valor da liberdade individual é meramente derivativo do valor moral atribuído à propriedade adquirida em conformidade com os princípios de aquisição e transferência. Não há nada na teoria de Nozick que nos autorize a supor que o caminho trilhado seja o inverso: de uma reflexão sobre por que deveríamos prezar a liberdade individual para a definição do sistema de titularidades que melhor se ajusta à concepção de liberdade especificada.

É inegável, entretanto, que a proposição central da teoria libertariana tem um poderoso apelo intuitivo. Podemos formulá-la da seguinte forma: 1) todo indivíduo é o proprietário moralmente legítimo de si próprio (de seu corpo e de seus talentos e capacidades); 2) todo indivíduo é o proprietário moralmente legítimo de tudo aquilo que obtém empregando seus próprios talentos e capacidades e/ou por meio da cooperação de outros, ou ainda, por meio de transações voluntárias e de contratos válidos com outros, também proprietários legítimos de si mesmos. Se as titularidades existentes emergem de um processo em que as premissas 1 e 2 são satisfeitas, então pode-se afirmar que cada pessoa tem um direito *moral* às possessões (de recursos externos[39]) de

---

39. "Recursos externos" em contraste com "recursos internos", isto é, os talentos e capacidades de cada um.

que dispõe. E dizer que cada pessoa tem um direito moral àquilo que possui tem uma implicação normativa muito forte: ainda que a desigualdade de condição que resulta de um processo em que 1 e 2 são satisfeitas seja gigantesca, ninguém, em particular a autoridade política, está (moralmente) autorizado a interferir nesse direito. Fazer isso – por exemplo, por meio de taxação redistributiva, de transferências e de políticas públicas voltadas para reduzir a desigualdade de condição – significa cometer uma injustiça[40].

A preocupação primeira de Nozick, portanto, não é com a liberdade individual mas com a inviolabilidade do direito moral de propriedade de si próprio e dos recursos externos obtidos por meios permissíveis. A liberdade é meramente derivativa da não-violação desse direito mais fundamental: consiste em cada um poder fazer, sem sofrer interferências, o que desejar com os recursos (internos e externos) dos quais se é o proprietário (moralmente) legítimo. Esse direito deve ser garantido de forma absoluta por um Estado liberal justo, por mais desastrosas que possam ser as conseqüências que resultem disso. É claro que já de início se poderia objetar, por exemplo, que uma moralidade que não admite a imposição nem mesmo de modestos sacrifícios àqueles que possuem a maior parte dos recursos sociais escassos, ainda que isso permitisse reduzir em muito o sofrimento de muitos outros que são destituídos desses recursos, simplesmente não é plausível. (O que Nozick quer refutar é a suposição de que a transferência de uma parte, ainda que modesta, das possessões dos mais privilegiados para os mais destituídos possa ser justificada como uma questão de *justiça*. Recusar-se a contribuir para minorar o sofrimento de

---

40. Note-se como o neoliberalismo moral difere das formas mais usuais – e as complementa – de neoliberalismo econômico. Não se está dizendo que a taxação redistributiva seja ruim porque a interferência nos direitos de propriedade tem efeitos negativos sobre os incentivos econômicos, gera *deadweight losses* ou afugenta os investidores externos. O argumento primeiro dos libertarianos é que a taxação redistributiva é injusta porque viola direitos morais (que podem facilmente ser traduzidos em termos das constrições deontológicas examinadas antes).

pessoas que vivem em um estado de privação atroz pode não ser meritório para os mais abastados, mas isso, para Nozick, não autoriza – em termos morais – o Estado a obrigá-los a isso.)

Nosso libertariano, entretanto, não se daria por vencido. Ele poderia retrucar: "Vamos supor que se permita ao Estado redistribuir uma parcela (modesta) das titularidades dos mais privilegiados, que da ótica de nossa teoria deveriam ser consideradas moralmente legítimas, para minorar a privação extrema a que os mais destituídos estão sujeitos. Mas então, seguindo-se a mesma lógica, por que não autorizar o Estado a extrair um dos rins de uma pessoa saudável e transplantá-lo para o organismo de uma pessoa cujos dois rins não funcionam, considerando-se que o sacrifício imposto ao bem-estar da primeira não a impediria de continuar vivendo sua vida e que o beneficiário dessa 'doação' morreria se não recebesse o transplante?"

Esse exemplo provavelmente não seria suficiente para alterar a intuição, mencionada nos dois parágrafos anteriores, de que a moralidade libertariana é profundamente implausível. Mas poderia causar certa inquietação. Afinal, se pode haver um direito moral à propriedade de recursos externos, com base em que poderíamos estabelecer uma distinção nítida entre a violação desse direito e a violação do direito moral de propriedade que cada um tem sobre seu próprio corpo? De fato, Nozick quer nos convencer de que, se aceitamos a existência de um direito moral sobre si próprio, então temos de admitir que titularidades igualmente fortes de recursos externos podem ser geradas.

O liberalismo igualitário rejeita a existência – que, para os libertarianos, deveríamos reconhecer apelando à intuição moral – de um direito de propriedade *absoluto* sobre si próprio. Não vou discutir este ponto agora[41]. Mas vamos

---

41. Para o liberalismo igualitário, a titularidade de cada um de seu próprio corpo, talentos e capacidades não se estende, com a mesma força moral, a todas as vantagens e benefícios sociais que cada um é capaz de obter exercendo esses talentos e capacidades. Deixo essa discussão para o capítulo 6.

admitir que um direito assim existe. Partindo-se dessa premissa, será mesmo possível, como quer Nozick, justificar a existência de um direito igualmente inviolável a quinhões desiguais (e mesmo imensamente desiguais) de recursos externos? Essa é a questão que pretendo examinar. Antes disso, porém, apresento a teoria da titularidade de Nozick em suas linhas gerais.

Uma teoria "histórica" da justiça

Podemos resumir a teoria da justiça de Nozick da seguinte forma. Tudo o que necessitamos, sob a rubrica da justiça, são três princípios: 1) um princípio de aquisição original de possessões; 2) um princípio de transferências de possessões; e 3) um princípio de retificação de possessões obtidas por meios que violam 1) ou 2) ou ambos[42]. Nozick gosta de denominar sua teoria "histórica", em contraste com princípios "estruturais" de justiça. Esclareço brevemente essa distinção[43].

Os princípios estruturais (ou *end-state*), tal como Nozick os interpreta, são aqueles que objetivam avaliar a justiça de uma distribuição de vantagens sociais independentemente de como ela foi gerada. Um utilitarista, por exemplo, julgará injusta dada distribuição, independentemente de como se chegou até ela, se houver uma distribuição alternativa em que a utilidade total ou média seja maior – ou se houver uma distribuição alternativa, caso nosso utilitarista acredite ser preciso combinar considerações agregativas de utilidade com considerações de igualdade distributiva, em que tanto a utilidade agregada quanto a igualdade possam ser maximizadas. Um liberal-igualitário, *à la* Rawls, considerará dada distribuição injusta se houver uma distribuição alternativa em que os benefícios sociais garantidos aos mais

---

42. Nozick, 1974, pp. 150-3.
43. Ibid., pp. 153-60.

destituídos sejam maiores do que os benefícios sociais garantidos a estes sob a distribuição vigente. Nos termos da distinção entre razões morais examinadas anteriormente, essas duas teorias têm um forte componente conseqüencialista, isto é, os princípios de justiça que propõem têm por objeto discernir *estados de coisas* que possamos considerar mais justos.

Já vimos que a moralidade neoliberal só se aplica à conduta dos agentes, e não à avaliação de estados de coisas. O que uma teoria "histórica" (ou "genealógica") de justiça coloca em questão não é a distribuição de encargos e benefícios sob o estado de coisas vigente mas o *pedigree* moral das possessões de cada um sob a distribuição vigente. Como – por meio de que condutas, transações e operações – a presente distribuição de titularidades foi alcançada? Aqui Nozick se preocupa em distinguir sua própria teoria de uma subclasse de princípios "históricos" que ele denomina "padronizados" (*patterned*)[44]. São padronizados os princípios que avaliam o *pedigree* moral de dada distribuição de possessões segundo sua maior ou menor conformidade a um padrão do tipo "a cada um segundo seu mérito moral", "a cada um segundo sua contribuição" ou "a cada um segundo suas necessidades".

A objeção de Nozick às concepções padronizadas é essencialmente a mesma que ele dirige às teorias estruturais da justiça. Deixemos que ele próprio a formule:

> Supor que a tarefa de uma teoria da justiça distributiva consiste em preencher a lacuna em "a cada um segundo seu (sua) _____" é predispor-se a procurar um padrão; e o tratamento diferenciado "de cada um segundo seu (sua) _____" significa considerar a produção e a distribuição como independentes e separadas. Em uma teoria baseada em titularidades, elas *não* são distintas. Quem quer que produza algum bem, tendo comprado ou contratado todos os

---

44. Nozick, 1974, pp. 155-60.

demais recursos utilizados para produzi-lo [...], tem direito a possuí-lo. A situação *não* é a de uma coisa ser produzida e permanecer em aberto quem deve ficar com ela. *As coisas vêm ao mundo já vinculadas a pessoas que têm titularidades sobre elas.*[45]

Esta última frase é crucial. Tanto as teorias "estruturais" quanto as "padronizadas" ignorariam as titularidades e tratariam os recursos existentes como se viessem do nada – como o maná que cai do céu – e pudessem ser distribuídos à vontade, seja para alcançar um estado de coisas considerado mais desejável, seja para realizar o princípio padronizado considerado mais correto. Já a teoria "histórica" de Nozick (segundo o que nos é dito) é a única em que as titularidades são levadas a sério: se foram geradas por um processo de aquisição original ao qual ninguém pode objetar, e por transferências de posses realizadas por meios permissíveis (transações voluntárias de mercado, herança ou doações), então elas estão moralmente insuladas de interferências[46]. Apoiando-se em um argumento de Hayek contra a distribuição de acordo com o mérito moral, Nozick sustenta que só há um padrão distributivo, se é que se pode chamar assim, que não é incompatível com a perspectiva das titularidades: "Em uma sociedade livre, a distribuição será de acordo com o valor e não com o mérito moral, isto é, de acordo com o valor que as ações e serviços de uma pessoa mostram ter para outros."[47] Evidentemente há apenas um mecanismo que permite que a distribuição de recursos se faça de acordo com o valor que outros percebem nas ações e serviços de uma pessoa: o mercado. (Nozick ressalva que em uma "economia capitalista livre" há transferências de titularidades, como as doações, as heranças e a caridade, que

---

45. Ibid., pp. 159-60 (grifo meu).
46. Nos termos da discussão anterior, os agentes – pessoas privadas ou a autoridade pública – que nelas interferem violam as constrições deontológicas não-excepcionáveis que todos estão obrigados a respeitar em sua conduta.
47. Nozick, 1974, p. 158.

não obedecem a essa noção de "valor percebido"[48].) Temos um direito àquilo que obtemos, empregando nisso os recursos aos quais estamos titulados para prover outros de bens e serviços que eles valorizam, em transações não-coercitivas no mercado.

Tudo o que foi dito até agora sobre a perspectiva "histórica" de Nozick diz respeito ao princípio 2. Se os indivíduos têm títulos legítimos a todos os recursos existentes, então, em uma "economia capitalista livre", nada há a objetar a que a distribuição de parcelas desses recursos a cada um se faça em transações não-coercitivas de mercado e segundo os ditames do valor percebido. A crítica mais forte à teoria das titularidades, como procurarei mostrar adiante, incide sobre o princípio 1, que diz respeito à apropriação original. Mas será o princípio 2 tão isento de objeções morais quanto supõem os libertarianos?

O princípio das transferências

A plausibilidade do princípio 2 parece residir na não-coercitividade das transações de mercado. Mas a teoria das titularidades não nos oferece nenhum critério nítido para distinguir que formas de coerção são aceitáveis em uma "sociedade livre"[49]. Que usos posso dar aos recursos dos quais sou o legítimo proprietário, sem que ninguém tenha o direito de me impedir de fazê-lo, e que usos desses recursos (incluindo a propriedade de si mesmo) envolvem coagir outros a fazer o que é de meu interesse ou causam danos a outros pelos quais eu deveria ser responsabilizado? Não há nenhum critério derivado da teoria de Nozick que nos permita distinguir *a priori* entre esses dois casos – a não ser no que se refere às ações (roubo, atentado à integridade física de outro, fraude etc.) que de forma mais óbvia são excluídas pelas constrições deontológicas especificadas pela teoria.

---

48. Ibid.
49. De Gregori, 1979, pp. 22-6.

O próprio Nozick nos fornece exemplos esclarecedores dessa dificuldade. Ele acredita que as transações realizadas em virtude de ameaças chantagistas não deveriam ser incluídas entre as transações não-coercitivas, que são aquelas, como vimos, das quais o princípio 2 retira sua plausibilidade. Vamos supor – os exemplos são de Nozick – que alguém ameace publicar um livro contendo informações comprometedoras a respeito de outra pessoa com o único propósito de arrancar dinheiro desta para não o fazer; ou que alguém ameace erguer uma estrutura horrorosa no terreno que possui, e que desagradará profundamente a seus vizinhos, com o único propósito de levá-los a oferecer-lhe uma compensação para deixar de fazê-lo[50]. Transações desse tipo são, diz Nozick, claramente coercitivas e "improdutivas". (As transações "produtivas" são "aquelas que levam os compradores a uma posição melhor do que a que se encontrariam caso o vendedor não tivesse *absolutamente nada* a ver com eles"[51]. Uma transação envolvendo chantagem é improdutiva porque os compradores do silêncio do chantagista estariam melhor se este não existisse.) Mas basta uma pequena alteração para que Nozick deixe de considerar os exemplos citados como casos de transação coercitiva e improdutiva. Assim, se alguém obtém uma informação igualmente comprometedora sobre outra pessoa, e que pode ser utilizada em um livro com o propósito de fazê-lo vender mais, o primeiro "pode exigir um pagamento daquela outra, que deseja que essa informação seja mantida em segredo [...] para deixar de incluí-la no livro. Ele pode cobrar uma quantia de dinheiro equivalente à diferença, em termos dos direitos autorais que espera receber, entre o livro contendo a informação e o livro sem ela"[52].

Em que esse último tipo de transação difere da chantagem explícita? Simplesmente no seguinte: na intenção do

---

50. Nozick, 1974, pp. 84-6.
51. Ibid., p. 84.
52. Ibid., p. 85.

agente! Aqui nos defrontamos novamente com os becos sem saída a que uma moralidade rigidamente deontológica nos conduz. Se uma pessoa ameaça publicar uma informação com a intenção de me extorquir, então, supostamente, sua conduta envolve a violação de uma interdição deontológica. Mas, se sua intenção é fazer seu livro vender mais, e eu me disponho a pagar para que ela mantenha a informação em segredo (porque para mim isso é benéfico), então, supostamente, ela está apenas maximizando sua própria utilidade sem violar nenhuma interdição deontológica. Mas, do ponto de vista da vítima, faz alguma diferença saber qual é a intenção do agente que pode lhe causar um dano? Como diz De Gregori: "O benefício que eu obtenho do segredo é o mesmo, quer a informação seja vantajosa para ele, quer ele tenha um prazer sádico em divulgá-la, quer isso lhe seja indiferente mas esteja utilizando a informação somente para arrancar dinheiro de mim."[53] O critério pelo qual Nozick quer distinguir entre uma transação realizada sob chantagem, que deveria ser avaliada de acordo com o sistema libertariano de interdições deontológicas, e uma transação voluntária, que só é avaliada pelas próprias partes envolvidas de acordo com o "valor percebido", é puramente subjetivo (depende de se saber qual é a intenção do agente) e moralmente irrelevante (do ponto de vista daqueles que sofrem um dano com a transação, importa pouco saber qual é a intenção do agente causador do dano)[54]. Melhor é admitir logo, como faz Murray Rothbard, que, em uma "sociedade livre" (em que a distribuição de recursos é re-

---

53. De Gregori, 1979, p. 26.
54. Os teóricos que se empenham em dotar as transações de mercado de fundamentos normativos parecem acreditar, como observou Brian Barry (1989, p. 68), que há uma distinção moral entre um dano ser causado pela busca não-estratégica do interesse próprio (como no caso em que a divulgação da informação comprometedora visa aumentar as vendas de um livro) e o mesmo dano ser causado pela busca estratégica do interesse próprio (a divulgação da informação tem por objetivo primeiro me coagir a aceitar uma posição inicial de barganha desfavorável). Volto a este ponto quando tratar de Gauthier.

gida pelo princípio hayekiano do valor percebido), não há como excluir as transações realizadas sob chantagem[55].

Poder-se-ia argumentar que as formas permissíveis de exercício dos direitos de propriedade são determinadas pelas disposições institucionais vigentes em dada sociedade. Esse é um bom argumento, mas não serve à teoria política libertariana. Não serve porque esvazia em uma medida considerável as transações de mercado do conteúdo normativo que os libertarianos querem enxergar nelas. Ao contrário do que diz Nozick, as coisas *não* "vêm ao mundo já vinculadas a pessoas que têm titularidades sobre elas". As transações de mercado fazem intercâmbios de titularidades dadas, mas não geram o *sistema* de titularidades. Admitindo-se isso, nossa atenção desloca-se dessas transações para a estrutura institucional vigente[56]. Em vez de nos deixarmos seduzir pela suposta "não-coercitividade" das transações de mercado, perguntaremos (do ângulo da teoria normativa), então, pelos fundamentos normativos dos arranjos institucionais que definem a distribuição e os usos admissíveis dos direitos de propriedade. Mais ainda, nos daremos conta de que esses arranjos são produzidos não por transações de mercado, mas por decisão coletiva. E, se são produzidos por decisão coletiva, também são passíveis de alteração por decisão coletiva. Admitir isso, para Nozick, significa admitir que sua teoria fracassou. (Lembre-se de que o objetivo central da teoria de Nozick é estabelecer um direito *moral* de propriedade de si mesmo e dos recursos externos obtidos em conformidade com os princípios 1 e 2 mencionados anteriormente. E, se um direito é moral, é anterior aos arranjos institucionais estabelecidos e está moralmente insulado de interferências – sobretudo por decisão coletiva. A pers-

---

55. Em uma passagem citada pelo próprio Nozick, Rothbard afirma que "a chantagem não seria ilegal em uma sociedade livre. Já que a chantagem consiste no recebimento de dinheiro em troca do serviço de não publicar determinada informação sobre a outra pessoa. Não há nisso nenhuma violência, ou ameaça de violência, à pessoa ou à propriedade". Apud Nozick, 1974, p. 86.
56. De Gregori, 1979, pp. 25-6.

pectiva libertariana, como a de Hayek ou a de Gauthier, não tem nenhuma afinidade com o positivismo legal[57].

Passo, a seguir, ao exame do princípio 1 da teoria de Nozick.

A cláusula lockiana

A afirmação de que "as coisas vêm ao mundo já vinculadas a pessoas que têm titularidades sobre elas" não é verdadeira tampouco em outro sentido. É preciso especificar um ponto em que o processo de geração de títulos de propriedade por meio de transações voluntárias no mercado pode ter início. Mesmo que existam direitos de propriedade sobre todos os recursos externos, as coisas que são hoje produzidas com esses recursos foram feitas com coisas, que foram feitas com coisas, e assim por diante, que um dia não eram de propriedade de ninguém. Em algum momento, recursos que não eram possuídos por ninguém foram apropriados. Para que o princípio 2, de transferências de titularidades, possa pelo menos pretender se revestir de todo o peso moral que Nozick quer lhe atribuir, primeiro é preciso mostrar que essas titularidades derivam de uma apropriação original de recursos previamente não-possuídos à qual ninguém, nem mesmo os que são destituídos de titularidades, teria razões para objetar moralmente.

Nozick quer mostrar que as desigualdades de recursos internos e externos que caracterizam as condições e as oportunidades de vida dos membros das sociedades capitalistas do presente *poderiam* ter emergido de transações voluntárias a partir de uma apropriação original moralmente justificável. E isso ele faz oferecendo uma interpretação da

---

57. Se os arranjos institucionais de dada sociedade, por exemplo um país de *welfare state* desenvolvido, distribuem direitos legais que interferem em titularidades geradas em conformidade com os princípios 1 e 2, esses arranjos e os correspondentes direitos legais que definem serão considerados, pela teoria de Nozick, como *injustos*.

célebre cláusula de Locke à apropriação justa. O recurso a uma cláusula desse tipo equivale, conceitualmente, à introdução de uma estrutura de direitos de propriedade e de direitos pessoais ainda no estado de natureza – um expediente que, em teorias como a de Locke e de Nozick, não tem como ser justificado a não ser por intuição moral. Segundo Locke, um indivíduo torna-se proprietário de alguma coisa que era previamente de uso comum "misturando nela seu trabalho" – o trabalho é a atividade que transmite a propriedade que cada um tem de si próprio para recursos externos, gerando direitos exclusivos sobre o que antes pertencia ao estoque de coisas que Deus oferecera "à Humanidade em comum"; mas esses direitos exclusivos só poderiam ser aceitos – esta é a cláusula – "se restar o bastante e igualmente de boa qualidade em comum para os outros"[58].

A parte relevante da teoria de Locke da apropriação original está nessa cláusula, argumenta Nozick, porque ela enfoca como os atos de apropriação por parte de uma pessoa afetam a situação de outros: "um objeto que cai sob a propriedade de uma pessoa altera a situação de todas as demais. Ao passo que anteriormente elas estavam livres ... para utilizar o objeto, agora já não mais o estão. Essa mudança na situação das outras pessoas (privando-as da licença que tinham para agir sobre um objeto que antes não era de propriedade de ninguém) não necessariamente piora sua situação"[59]. Esta última frase resume a cláusula lockiana tal como interpretada por Nozick: para que uma apropriação seja moralmente legítima, é suficiente que ela não piore a situação de outros; e uma apropriação que de outro modo violaria a cláusula pode mesmo assim dar origem a títulos legítimos de propriedade se o apropriador compensar os que ficaram impedidos de utilizar o recurso apropriado[60]. Outro ponto relevante é o seguinte: "a cláusula lockiana não é um

---

58. Locke, *Segundo tratado sobre o governo*, cap. V, § 27.
59. Nozick, 1974, p. 175.
60. Ibid., p. 178.

'princípio *end-state*': ela focaliza a forma específica pela qual as ações de apropriação afetam outros, e não a estrutura da situação que se produz"[61].

Argumentarei a seguir que as cláusulas lockianas (como as do próprio Locke e a de Nozick) são inúteis para avaliar os arranjos socioeconômicos do ponto de vista da justiça; e que, quando parecem fundamentar uma avaliação, só é possível torná-las operativas recorrendo exatamente àquilo a que elas se apresentam como uma alternativa, isto é, uma concepção "estrutural" (*end-state*) de justiça distributiva.

As cláusulas de Locke e de Nozick são inúteis para avaliar a justiça de dada distribuição de recursos porque não há nenhum sistema econômico, existente ou proposto como alternativa, capaz de satisfazê-las. Com base em que Nozick afirma que a apropriação privada (sob uma economia capitalista de mercado) de recursos que em algum momento foram de uso comum não piora a situação de ninguém? Aqui o argumento apela a uma variedade de "considerações familiares em favor da propriedade privada": ela aumenta a produtividade "colocando os meios de produção nas mãos daqueles que são capazes de utilizá-los mais eficientemente"; promove a experimentação; permite às pessoas escolherem os riscos que querem correr; oferece alternativas de ocupação a pessoas impopulares; e se presta até mesmo – acredite! – à proteção do meio ambiente, "ao levar algumas pessoas a poupar recursos do consumo corrente para os mercados futuros"[62]. Apelando a essas considerações, Nozick quer nos persuadir de que os que são destituídos de propriedade sob a organização capitalista hoje vigente pelo menos não estão em pior situação do que estariam em um hipotético estado de natureza em que todos os recursos seriam de uso comum.

---

61. Ibid., p. 181.
62. Ibid., p. 177. Essa forma de conceber a proteção do meio ambiente em uma sociedade nozickiana é um dos pontos que confirma a avaliação contundente de Brian Barry (1995a, p. xi), para quem a teoria de Nozick se apóia em premissas "idioticamente individualistas".

Mas a questão que se apresenta, então, é a seguinte: por que deveríamos atribuir essa posição de superioridade ao *status quo* – no caso, aos arranjos socioeconômicos das sociedades capitalistas de hoje – em uma argumentação que se pretende essencialmente *moral*? (Tenha sempre em mente que estamos examinando os títulos morais do direito capitalista de propriedade porque esse é o terreno em que a teoria de Nozick apresenta suas proposições específicas.) Por que seria moralmente legítimo considerar que a justiça da apropriação privada deve ser avaliada comparando-se somente duas alternativas: ou bem um estado de natureza em que os recursos não são propriedade de ninguém, mas em que a produtividade é baixa, não há incentivo à experimentação e à invenção e assim por diante, ou bem a forma capitalista de produção e distribuição de bens econômicos?[63] Por que não ampliar o leque de alternativas e comparar o *free-for-all* do estado de natureza com um sistema de propriedade coletiva ou cooperativa dos recursos produtivos, ou ainda, com um sistema que autoriza (moralmente falando) a apropriação privada de recursos produtivos desde que os que são impedidos de utilizar esses recursos sejam compensados com uma parcela eqüitativa de tudo o que foi produzido com recursos naturais?[64]

O que quer que pensemos dessas outras alternativas, uma coisa é certa: o juízo sobre o que significa uma apropriação "não piorar a situação de outros" tem de levar em conta os arranjos institucionais que não podem ser excluídos arbitrariamente de consideração. E, se não excluímos arbitrariamente nenhuma alternativa de consideração, a cláusula lockiana não serve para nada no que diz respeito à avaliação

---

63. Cohen (1985) desenvolve em detalhes a objeção de que Nozick restringiu ilegitimamente o rol de alternativas que teriam de ser levadas em conta em um argumento de natureza normativa.

64. Van Parijs, 1992, pp. 9-17, argumenta que se poderia justificar desta forma – isto é, como uma forma de compensação à violação da cláusula lockiana que a apropriação privada de recursos naturais necessariamente implica – o direito de todos a uma renda básica universal.

normativa de arranjos socioeconômicos[65]. Como sustenta Cohen, "uma vez que [...] uma cláusula lockiana justificadamente forte à formação e à preservação de sistemas econômicos terá de estabelecer que ninguém deve se encontrar em pior situação em dado sistema econômico do que se encontraria em alguma alternativa não ignorável, é quase certo que não somente o capitalismo mas qualquer outro sistema econômico fracassará em satisfazer uma cláusula lockiana defensivelmente forte; portanto é preciso abandonar a forma lockiana de testar a legitimidade dos sistemas econômicos"[66].

Ampliando-se o leque de alternativas a serem comparadas com o estado de natureza, é forçoso concluir que a propriedade e o controle capitalista dos meios de produção violam a cláusula lockiana. Essa conclusão, a que chegamos por meio de uma argumentação puramente normativa, é corroborada por montanhas de evidências históricas. Até mesmo um colegial sabe que a propriedade capitalista não surgiu de nenhum processo lockiano virtuoso mas da expropriação violenta e da privatização de recursos que previamente eram de uso comum, da proletarização forçada de camponeses e artesãos, da colonização e da escravização de africanos e de indígenas americanos, entre outros eventos "idílicos" que poderiam ser mencionados. "Na história real", como diz Marx em sua análise da "acumulação primitiva do capital", "a conquista, a subjugação, o assassínio para roubar, em suma, a violência, desempenham o papel principal."[67]

---

65. John Mackie descarta a aplicabilidade da cláusula de Locke argumentando que os recursos relevantes são e sempre foram objeto de competição. E mesmo que um estado mítico de ausência completa de escassez pudesse ter existido, com base em que é legítimo supor que a cláusula só tivesse de ser satisfeita uma única vez e para sempre? "Com base nos princípios de Locke", diz Mackie (1977, p. 176), "é preciso supor que Deus ofereça *em qualquer tempo dado* a Terra toda em comum para todos os homens que nela se encontrem *nesse tempo*. Por essa razão, quando a cláusula vital deixa de ser satisfeita, os bens que uma vez foram legitimamente adquiridos já não podem ser mantidos em possessão exclusiva e devem reverter à propriedade coletiva."

66. Cohen, 1985, p. 101.

67. Marx, 1984, p. 262.

De acordo com a teoria "histórica" de Nozick, se a estrutura atual dos direitos de propriedade de alguma forma incorporou violações aos dois primeiros princípios de justiça (os princípios de apropriação original e de transferências), então é preciso que o terceiro princípio, de retificação de injustiças passadas, entre em cena. Admitamos, como o próprio Nozick está disposto a admitir, que é plausível supor que aqueles que se encontram na pior situação sob a estrutura institucional vigente são vítimas ou descendem das vítimas de injustiças passadas. Nesse caso, "uma regra prática aproximativa para a retificação de injustiças pode ser a seguinte: organize-se a sociedade de forma que eleve ao máximo a posição de qualquer grupo que nela acabe por se encontrar na situação mais desvantajosa"[68]. Essa é, precisamente, uma formulação possível para o princípio de diferença de Rawls – que, para Nozick, constitui um exemplo nítido de princípio *end result* de justiça que negligenciaria as titularidades existentes. Uma vez que é impossível voltar, no processo de geração e transferências de titularidades, a um ponto de partida não maculado por injustiças, Nozick admite que o melhor substituto para isso consiste em criar as condições para a igualdade – tal como interpretada, por exemplo, pelo princípio de diferença de Rawls ou por alguma outra concepção "estrutural" de justiça distributiva.

"Ainda que introduzir o socialismo como uma punição por nossos pecados passados seja ir longe demais", diz Nozick na frase que encerra sua análise sobre a justiça distributiva, "as injustiças passadas podem ser tão grandes a ponto de que por algum tempo um Estado mais extenso torne-se necessário para retificá-las."[69] Podemos colocar em questão até mesmo a vaga condicionalidade enunciada nesta frase, "por algum tempo". Vamos supor que se corrijam as injustiças passadas colocando-se em prática uma concepção rawlsiana de justiça distributiva. Restaria ainda o problema

---

68. Nozick, 1974, p. 231.
69. Ibid.

apontado por Thomas de Gregori. Para poder funcionar somente com base nos princípios da teoria da titularidade, uma sociedade libertariana bem ordenada – a Utopia de Nozick – depende da perfectibilidade humana. (Fiz uma objeção similar anteriormente, ao discutir os impasses de uma moralidade fundada exclusivamente em interdições deontológicas, que, como vimos, são interpretadas em termos puramente "relativos ao agente".) Imaginemos que em algum momento, nessa sociedade, violações às interdições deontológicas ocorram em uma escala significativa. Os princípios de aquisição e de transferência de titularidades seriam violados e, novamente, o princípio de retificação teria de entrar em cena. E, uma vez mais, essa retificação teria de ocorrer com base em princípios outros que não os especificados pela teoria da titularidade. Como diz De Gregori, "a teoria de Nozick, no melhor dos casos, só pode ser empregada como complemento de alguma teoria da justiça que seja operacional"[70].

---

70. De Gregori, 1979, p. 22.

Capítulo 3
O contratualismo hobbesiano

Neste capítulo examinarei aquela que me parece ser a mais importante entre as formulações teóricas alternativas à justiça igualitária hoje presentes na reflexão normativa. Tal como o libertarianismo, o contratualismo hobbesiano recusa a idéia, compartilhada por liberais igualitários e utilitaristas, de que o ponto de partida para a justificação dos princípios de justiça para as instituições básicas da sociedade está na idéia de uma consideração igual pela vida e pelos interesses de todos que terão de viver sob essas instituições. Todo o peso da teoria política libertariana, como vimos, recai em interdições deontológicas que, como os direitos naturais, deveríamos considerar evidentes por si mesmas. Agora vamos estudar uma perspectiva normativa que focaliza – de acordo com a distinção que foi proposta no capítulo 1 – outra forma de "relatividade ao agente": as razões para agir que têm a ver com o interesse próprio e com os objetivos individuais. Toda concepção plausível de justiça política está obrigada a propor, como sustentei no capítulo 1, uma forma de acomodar as razões para agir que só são razões da perspectiva individual do agente. O ponto controverso não está aí mas na suposição de que somente razões desse tipo podem ser tomadas como ponto de partida apropriado para a reflexão normativa.

Vou me concentrar sobretudo na teoria da "moralidade por acordo" proposta por David Gauthier[1]. Gauthier é prova-

---

1. Gauthier, 1986, 1990 e 1991.

velmente o mais importante filósofo moral "hobbesiano" da atualidade. Minha expectativa é evidenciar as dificuldades do argumento de Gauthier que também seriam enfrentadas por qualquer teorização que adotasse o mesmo ponto de partida e as mesmas premissas. As premissas são as seguintes. A teoria política normativa "hobbesiana" aceita inteiramente três concepções tomadas da economia: 1) uma concepção subjetivista de bem-estar individual, segundo a qual valor é o mesmo que utilidade – sendo esta interpretada como uma medida de preferências individuais; 2) uma concepção maximizadora de razão, segundo a qual um indivíduo age racionalmente quando se empenha em elevar ao máximo sua utilidade individual; e 3) uma concepção de indiferença mútua entre os indivíduos (o que não é necessariamente o mesmo que egoísmo; supõe-se que, para as finalidades da teoria, "os indivíduos não têm interesse pelos interesses dos demais"[2]).

Gauthier sustenta que esses três "dogmas da economia" estão presentes (não, evidentemente, de forma tão explícita) na filosofia *moral* de Hobbes[3]. Mas não é tanto a interpretação de Hobbes que me interessa no momento. Cabe enfatizar a natureza do empreendimento teórico de Gauthier: é possível conceber uma teoria aceitável da moralidade que acomode as três premissas apresentadas? De um lado, Gau-

---

2. Esta é uma das formulações de Rawls (1971, p. 13) que Gauthier gosta de citar de forma um pouco astuciosa. Para Rawls, a "indiferença mútua" caracteriza as partes situadas na "posição original", às quais cabe selecionar os princípios de justiça para uma "sociedade bem ordenada". Na teoria da justiça de Rawls, entretanto, uma interpretação distinta dos motivos da conduta individual (em especial a capacidade de se colocar no lugar de outros e de dar um peso ao interesse de outros na forma como se concebe o próprio interesse) está pressuposta na caracterização do *status quo* a partir do qual os princípios de justiça devem ser escolhidos (a posição original) e no argumento em favor da estabilidade dos princípios escolhidos. Para recorrer a uma distinção que propus em outro texto (Vita, 1993a), ao passo que a teoria de Rawls é uma modalidade de "liberalismo kantiano", a de Gauthier talvez seja o exemplo mais acabado de "liberalismo hobbesiano" na teoria política normativa contemporânea.
3. Gauthier, 1990, pp. 11-23.

thier aceita a concepção de racionalidade que a concebe como a maximização do bem-estar individual (interpretando-o em termos de utilidade individual, e esta, por sua vez, como uma medida de preferências individuais) por indivíduos mutuamente indiferentes. De outro, Gauthier abraça uma concepção de moralidade que a interpreta como restrições razoáveis à conduta individual maximizadora. As duas coisas – razão e princípios morais – são compatíveis? É possível justificar *racionalmente* a aceitação de restrições morais à conduta individual maximizadora? Gauthier resume assim sua hipótese central:

> Nossa suposição é a de que, em certas situações envolvendo interação com outros, um indivíduo escolhe racionalmente somente na medida em que restringe o empenho por seu próprio interesse ou benefício, de forma que o conforme a princípios que exprimem a imparcialidade característica da moralidade. Para escolher racionalmente, é preciso escolher moralmente. Essa é uma suposição forte. A moralidade, argumentaremos, pode ser gerada como uma restrição racional a partir das premissas não-morais da escolha racional.[4]

Uma análise mais substancial desse argumento será feita nas três últimas seções deste capítulo. À parte uma ou outra observação crítica, as seções seguintes têm natureza mais expositiva.

Harsanyi & Gauthier

A interpretação de Gauthier sobre qual é a forma apropriada de relacionar razão e moralidade pode ser contraposta, de maneira esclarecedora, à forma como Harsanyi pensa o mesmo problema. Para Harsanyi, uma teoria geral do comportamento racional abrange dois ramos: a teoria da conduta racional *individual* (que inclui a teoria da escolha

---

4. Gauthier, 1990, p. 4.

racional (1) em condições de certeza, (2) em condições de risco e (3) sob incerteza) e a teoria da conduta racional em um contexto *social*, que se subdivide na teoria dos jogos e na ética[5]. A teoria dos jogos "é uma teoria da interação racional entre dois ou mais indivíduos, cada um deles empenhando-se racionalmente por seus próprios objetivos contra o(s) outro(s) indivíduo(s) que se empenha(m) racionalmente por seus próprios objetivos"[6]. A teoria da negociação racional, em particular, sobre a qual terei algo a dizer adiante, limita-se a prever com que ganhos de utilidade terminarão dois ou mais indivíduos maximizadores de utilidade interagindo entre si. Até que ponto o resultado de uma barganha racional pode ser aprovado de um ponto de vista moral, isso constitui uma questão separada e externa à teoria dos jogos. A ética, finalmente, "é a teoria da conduta racional a serviço dos interesses comuns da sociedade como um todo"[7].

E o que constitui a racionalidade no campo específico da ética? A conduta racional, no caso, é aquela que pode ser aprovada de um ponto de vista moral ou imparcial. Harsanyi sustenta que o ponto de vista moral apropriado é o de um "observador empático imparcial" (a expressão é de Adam Smith). Para julgar do ponto de vista moral demandas conflitantes por determinado recurso social escasso, ou então, para decidir qual entre dois estados de coisas é eticamente mais desejável, um observador empático imparcial pode levar em conta informações de todo tipo sobre os demandantes (suas funções de utilidade, capacidades e crenças) ou sobre os estados de coisas a respeito dos quais deverá emitir um julgamento ético. Mas sua decisão deverá ser tomada por trás de um "véu de ignorância" fino (em comparação com aquele que é imposto à deliberação na posição original de Rawls). Para decidir que parcelas de um recurso escasso X é moralmente recomendável distribuir a um indivíduo A

---

5. Harsanyi, 1982, p. 43.
6. Ibid.
7. Ibid.

e a um indivíduo B (supondo-se que as demandas de A e B por X conflitam), um observador empático imparcial não sabe qual é a probabilidade de que ele próprio seja A ou B – ou melhor, ele considera que há uma igual probabilidade de que, levantado o véu de ignorância, ele seja A ou B. Ou então, para julgar qual entre dois estados de coisas é moralmente preferível – digamos que se trate de escolher entre os sistemas socioeconômicos C (capitalismo) e S (socialismo) –, um árbitro imparcial não pode levar em conta sua própria posição social (mais favorável ou mais desfavorável) em C ou em S.

O problema de escolha racional enfrentado pelo observador empático imparcial, nessa posição original proposta por Harsanyi, não pertence ao território da teoria dos jogos mas ao território da teoria da decisão (pode-se considerar o problema como uma decisão racional sob incerteza)[8]. A escolha racional deverá recair, segundo Harsanyi, na alternativa que maximizaria a utilidade esperada do árbitro imparcial, isto é, na alternativa que maximiza "a quantidade representando a média aritmética de todos os níveis individuais de utilidade da sociedade"[9]. Não é preciso detalhar a forma como Harsanyi chega a essa solução. O que importa ressaltar agora é o seguinte. Um julgamento que exibe a imparcialidade, que é característica da moralidade, seria realizado por um ou mais indivíduos maximizadores de utilidade deliberando por trás de um véu de ignorância que proíbe os deliberantes de levar em conta suas posições sociais e características específicas. Os julgamentos realizados nessas condições, argumenta Harsanyi, estarão sempre de acordo

---

8. A escolha do árbitro imparcial é "paramétrica", isto é, aquela em que o escolhedor racional toma a conduta de todos os demais como fixas (como "parâmetros") e sua própria conduta como a única variável. A racionalidade própria à teoria dos jogos é "estratégica". A escolha racional, nesse segundo caso, leva em conta as expectativas do agente quanto às escolhas de outros, ao mesmo tempo que as escolhas destes também se fazem com base em expectativas similares.

9. Harsanyi, 1982, p. 46. Ver também Harsanyi, 1977, pp. 48-61.

com um princípio de maximização do nível médio de utilidade esperada de todos os indivíduos afetados. (O que tem por implicação que, uma vez levantado o véu de ignorância, alguns dos que se colocaram na posição do observador empático imparcial poderão descobrir que outro resultado lhes teria sido mais vantajoso.) Razão e moralidade harmonizam-se nas escolhas que têm por objetivo elevar a utilidade média. Mas só se harmonizam porque o recurso ao observador empático imparcial já envolve situar a escolha racional em uma estrutura de deliberação moral.

É essa forma de conceber a relação entre razão e moralidade que Gauthier rejeita. Sobre isso, há um esclarecimento a ser feito. A aceitação dos três dogmas da economia mencionados acima não compromete ninguém com a aceitação de uma moralidade utilitarista. Posso considerar a maximização da utilidade individual como a motivação fundamental da conduta dos indivíduos e, sem incorrer em nenhuma inconsistência, rejeitar a proposição de que se deve (em nome de exigências morais) maximizar a utilidade média de todos os indivíduos da sociedade. Em termos dos compromissos morais substantivos de sua teoria, Gauthier está muito mais próximo do libertarianismo de Nozick do que do utilitarismo de Harsanyi. Como sugerido na frase entre parênteses do parágrafo anterior, a maximização da utilidade média pode selecionar um resultado que, para alguns indivíduos, é pior do que aquele que obteriam em uma barganha racional[10].

Mas o ponto mais importante da rejeição de Gauthier à forma como Harsanyi equaciona moralidade e racionalidade é o seguinte. Gauthier quer justificar racionalmente determinadas restrições morais à conduta maximizadora de utilidade individual, mas não quer fazê-lo com base na interpretação da imparcialidade proposta por Harsanyi. A teo-

---

10. Esse esclarecimento se deve ao fato de perspectivas aparentadas à de Gauthier, como a de James Buchanan, serem às vezes denominadas, incorretamente a meu ver, "neo-utilitaristas".

ria ética de Harsanyi nos diz qual é a escolha racional uma vez que assumimos a ótica do observador empático imparcial, mas não diz por que é racional aceitar essa estrutura de deliberação moral *em primeiro lugar*. Um cético moral apontaria o dedo para essa escolha primeira e a consideraria desprovida de fundamentação. A ambição de Gauthier é desenvolver um argumento tal em favor das restrições morais propostas por sua teoria que, para o cético rejeitá-lo, seria preciso que investisse não só contra uma noção de identificação empática com os interesses de outros, mas também contra uma noção muito mais fraca de racionalidade *individual*. Não é uma ambição pequena. Se um argumento desse tipo fosse bem-sucedido, o cético se veria na posição incômoda de ter de sustentar que a escolha racional, e não somente a escolha moral, é arbitrária. E é mais difícil sustentar que a escolha racional é injustificada porque, diversamente da escolha moral, ela não tem nenhuma dimensão intersubjetiva; o critério de racionalidade em questão só impõe certas condições formais de consistência à conduta de escolha, tais como a suposição de que, se um agente escolhe a alternativa *A* quando *B* também se encontra disponível, é porque *A* é a opção que maximiza a satisfação das preferências desse agente[11].

A concepção de restrições (*constraints*) morais de Gauthier é similar à de Nozick[12]. As exigências de natureza moral somente limitam as formas pelas quais é legítimo em-

---

11. Esta é a idéia central da "teoria da preferência revelada" (Binmore, 1994, pp. 50-1 e 104-6) adotada pelos economistas neoclássicos. A suposição não é que a opção A seja escolhida porque a utilidade de A excede a de B, o que exigiria a possibilidade de mensurar algum atributo de natureza psicológica (por exemplo, o total líquido de prazer produzido) que pudesse servir de explicação à conduta de escolha. Ao contrário, atribui-se uma utilidade maior a A porque a conduta de escolha do agente mostrou que ele prefere A a B. A relação de preferência é inferida da conduta de escolha. Da conduta dos políticos, por exemplo, inferimos que eles preferem ganhar a perder eleições e que, portanto, maximizar votos é o que maximiza sua utilidade. Inversamente, um agente age de forma irracional somente se não é possível dar uma interpretação maximizadora a suas escolhas.
12. Ver capítulo 2.

penhar-se na realização de objetivos quaisquer, mas por si mesmas não estabelecem objetivos *coletivos* de nenhum tipo (tais como a maximização da utilidade média). Gauthier, portanto, rejeita a definição de Harsanyi da ética como "a teoria da conduta racional a serviço dos interesses comuns da sociedade como um todo".

Se a ética tem a ver com restrições à conduta individual maximizadora, e não com objetivos coletivos de qualquer tipo, então é preciso eliminar o último nível da teoria da conduta racional tal como concebida por Harsanyi. E, se mesmo assim ainda se quer – como é o caso de Gauthier – justificar racionalmente certas restrições morais, é preciso mostrar como uma *constraint* à conduta maximizadora pode emergir no âmbito da barganha racional; e mostrar por que devemos considerar que essa *constraint* satisfaz às exigências de imparcialidade próprias da moralidade.

Gauthier sustenta que essa é a única forma de chegar à imparcialidade moral consistente com os três dogmas da economia mencionados. Se realmente queremos conciliar razão e moralidade, temos de proceder por dentro, por assim dizer, de uma estrutura interativa constituída de indivíduos racionais, e mostrar que o reconhecimento de restrições morais lhes é racional. Qualquer outra forma de derivar restrições desse tipo embutiria suposições morais prévias, e, por isso, não poderia ser justificada a indivíduos racionais[13]. As restrições à conduta individual que derivam do princípio de maximização da utilidade média só podem ser justificadas racionalmente para aqueles que estão previamente de acordo com a interpretação da imparcialidade moral proposta por Harsanyi. Isso de fato é assim, mas é duvidoso, como espero demonstrar neste capítulo, que a teoria da "moralidade por acordo" não embuta suposições morais prévias.

---

13. Gauthier está inteiramente certo quando afirma que as implicações dos princípios de justiça de Rawls para a conduta individual podem ser consideradas restrições razoáveis, "mas o que é razoável consiste [para Rawls] em uma questão moral substantiva que ultrapassa as fronteiras da escolha racional" (Gauthier, 1986, p. 5).

Mas voltemos ao problema que nos importa no momento. A relação entre razão e moralidade que a Gauthier parece ser a mais apropriada o leva a conceber a justiça como uma questão que pode ser pensada no contexto da negociação racional. Mas, antes de examinar o núcleo central da teoria da "moralidade por acordo", há um ponto a ser esclarecido: por que, para Gauthier, é preciso haver restrições morais à conduta individual maximizadora?

Mercado e moralidade

A opção primeira do contratualismo hobbesiano contemporâneo (estamos examinando a versão de Gauthier, mas ele não está sozinho nisso) recairia, se isso fosse possível, em um mundo em que a justiça distributiva, qualquer que seja o entendimento que se tenha disso, seria supérflua. A economia neoclássica nos forneceu um elegante modelo de um mundo que tem essa pretensão: o mercado competitivo perfeito[14]. Sua característica mais notável é a seguinte. Preocupando-se com nada mais do que com os seus próprios interesses, os agentes que habitam esse modelo são levados, graças a uma estrutura de interação humana voluntária, a gerar e a manter continuamente um estado de coisas que é benéfico para todos. O resultado da interação é coletivamente vantajoso, ainda que tal resultado (o bem coletivo), como disse Adam Smith, não fizesse parte das intenções de nenhum de seus participantes. E ninguém teria razões para se queixar desse resultado em nome da justiça: cada um é livre para empregar seus talentos e recursos de acordo com as suas próprias preferências e é recompensado exatamente na medida de sua contribuição à oferta de bens e serviços que outros participantes da interação valorizam e que, por

---

14. Aqui a referência é à "teoria do equilíbrio geral" desenvolvida nos anos 1950 por Arrow e Debreu. Ver Stiglitz, 1994, caps. 3 e 4, para uma discussão crítica acessível do modelo de Arrow e Debreu.

isso, estão dispostos a ceder parte de seus recursos para adquiri-los. Supõe-se que, nessa interação, o princípio "a cada um segundo sua contribuição" funcione à perfeição. O esforço produtivo de cada um é recompensado exatamente na medida de sua contribuição marginal à oferta global de bens e serviços. Sustentar que essa equação entre contribuição produtiva e benefício tem validade nas condições do mercado perfeito é indispensável para mostrar que, em tais circunstâncias, o resultado da interação entre os participantes satisfaz a critérios de imparcialidade e de eqüidade, sem que seja preciso supor que eles ajam com base em normas de imparcialidade e eqüidade.

Gauthier quer nos fazer crer que, se uma estrutura de interação semelhante ao mercado perfeito pudesse existir, ela prescindiria da moralidade. "A primeira concepção central de nossa teoria", diz ele, "é a de uma zona moralmente livre, um contexto no qual as restrições da moralidade não teriam lugar. Essa zona livre se mostra ser aquele hábitat que é familiar aos economistas, o mercado perfeitamente competitivo."[15] É difícil entender o que Gauthier quer dizer com uma "zona moralmente livre", uma vez que sua própria teoria considera que as transações de mercado *pressupõem*, como veremos adiante, que os participantes dessas transações aceitem restringir sua conduta pela estrutura de direitos pessoais e de propriedade determinados pela cláusula lockiana à apropriação justa. Nenhuma transação de mercado pode ter início sem que esses direitos sejam reconhecidos. Deixemos, porém, passar esse ponto como um excesso retórico.

O mercado perfeito, observa Gauthier, é o avesso exato do Dilema do Prisioneiro[16]. O Dilema do Prisioneiro formaliza uma situação que só pode ser considerada uma modalidade de interação humana em um sentido muito limitado. Para exemplificar, suponhamos que a Secretaria Estadual do

---
15. Gauthier, 1986, p. 13.
16. Ibid., p. 83.

Meio Ambiente, procurando atenuar a deterioração de um recurso de uso comum (o ar que respiramos), faça um apelo para que todos os proprietários de carros, em um sistema de rodízio, deixem seu carro na garagem em determinado dia da semana. Suponhamos ainda que não se imponham sanções de espécie alguma (legais ou morais) para os que desobedecerem ao apelo. Minha melhor estratégia (isto é, a mais apropriada à maximização de meu próprio benefício), independentemente do que os outros façam, será sempre não aderir ao rodízio. Se os outros não aderirem (ou se um grande número deles não o fizer), é mais racional que eu também não o faça. Se coopero unilateralmente, assumo um encargo sem ter nenhum benefício como contrapartida (nesse caso, escolho uma estratégia que me propicia uma utilidade inferior que eu teria no ponto de não-cooperação universal, o que é claramente irracional). Se os outros aderirem (ou se pelo menos um grande número de pessoas o fizer), continua sendo mais racional para mim não aderir. Ademais de respirar um ar de melhor qualidade, posso fazer isso sem assumir o ônus de ter de utilizar um transporte coletivo desconfortável e superlotado (sem falar no benefício extra de guiar meu carro por ruas menos congestionadas). Se todos forem racionais como eu, ninguém participará do rodízio, e, conseqüentemente, o ar continuará ruim para todos[17]. Cada jogador tem um incentivo forte para jogar sua estratégia dominante, independentemente de quais sejam as escolhas dos outros. O resultado dessa estrutura de interação tem duas características: 1) é um equilíbrio de Nash produzido por estratégias dominantes (cada jogador tem uma estratégia que domina todas as demais e nenhum jogador tem um incentivo para abandonar sua estratégia dominante)[18]; e 2)

---

17. Aqui não vem ao caso discutir a eficácia do rodízio para melhorar o ar. Se substituíssemos o bem público a ser provido por "melhorar o trânsito", a estrutura interativa descrita seria idêntica.

18. Estou me baseando nas definições de Morrow (1994, pp. 73-81) de "estratégia dominante", "equilíbrio de Nash" e "equilíbrio de Nash produzido por estratégias dominantes". A conduta cooperativa, no contexto do Dile-

é subótimo, tendo em vista que há outro resultado que assegura a todos os jogadores uma utilidade maior do que aquela que cada um obtém nas condições de não-cooperação universal do Dilema do Prisioneiro[19].

Note-se que a otimalidade paretiana pode ser considerada um critério de racionalidade conjunta, mas isso não deve ser entendido como a realização de algum bem ou interesse coletivo. A teoria da escolha racional não reconhece a existência de valores coletivos que, por si mesmos, tenham força suficiente para se impor às escolhas individuais. A suposição de que o resultado Pareto-superior (cooperação, cooperação) é mais racional simplesmente por ser aquele que maximiza a realização do bem comum seria vista, pelos teóricos de jogos, como uma "falácia rousseauniana". Um resultado *A* de determinada interação é Pareto-superior a um resultado *B* se *A* permite *a cada um* dos participantes maximizar a realização de *seus* próprios interesses (ou, pelo menos, se isso é verdade para no mínimo um dos participantes sem que a situação dos demais se altere para pior). O problema, na situação do Dilema do Prisioneiro, está em que o resultado Pareto-superior (cooperação, cooperação) simplesmente não faz parte do conjunto de alternativas possíveis (esse resultado não é um equilíbrio de Nash). As escolhas individuais não podem ser coordenadas em torno da estratégia

---

ma do Prisioneiro, é uma "estratégia fortemente dominada", isto é, sempre leva a resultados inferiores, para o jogador que a escolhe, do que a conduta não-cooperativa. Por isso, na análise desse tipo de jogo, o critério de escolha racional consiste simplesmente na proibição da escolha de estratégias fortemente dominadas.

19. Sen (1992, p. 136) denomina "otimalidade paretiana forte" o critério segundo o qual um resultado é superior a outro se o primeiro permite elevar a utilidade de pelo menos um indivíduo sem reduzir a utilidade de nenhum outro. Morrow (1994, p. 95) formaliza assim essa versão da otimalidade: "Um resultado x é *Pareto-superior* a um resultado y se para todos os jogadores i, $u_i(x) \approx u_i(y)$, e para um jogador j, $u_j(x) > u_j(y)$." A interpretação da otimalidade paretiana que estou utilizando estabelece que um resultado *x* é superior a um resultado *y* se *x* propicia uma utilidade maior a *todos* os indivíduos. Na formulação de Morrow: "O resultado x é *estritamente superior* ao resultado y se para todos os jogadores $u_i(x) > u_i(y)$."

conjunta mutuamente benéfica. Só é possível evitar o problema sustentando-se que fazer o que a Vontade Geral exige constitui a motivação mais forte para a conduta de escolha dos indivíduos, impondo-se sempre, pelo menos sempre que houver conflito entre o bem comum e o interesse individual, à motivação que cada um tem para fazer o que é melhor para si próprio[20]. Para a teoria da escolha racional, em contraste, trata-se de saber como a utilidade conjunta pode ser maximizada por agentes racionais que só se empenham em fazer o que é melhor para si próprios individualmente. Nenhuma força motivacional própria é atribuída à utilidade conjunta, isto é, ao "bem comum".

O mercado perfeito é a antítese do Dilema do Prisioneiro porque assevera que, sob certas condições (bastante restritivas), e apesar de as decisões dos agentes serem – como no Dilema do Prisioneiro – independentes, um equilíbrio ótimo será continuamente gerado e preservado. Sob o modelo neoclássico de mercado perfeito, cada um emprega a melhor resposta de que dispõe às escolhas dos demais (por isso o resultado do mercado perfeito é um equilíbrio), considerando-se dada distribuição de preferências, de talentos e capacidades e de fatores de produção entre os indivíduos. Cada indivíduo só visa seus próprios ganhos de utilidade, buscando a relação custo–benefício mais favorável entre seu esforço produtivo (o que cada um acrescenta à produção de bens e serviços) e seu consumo de bens e serviços produzidos por outros; e o resultado produzido por essa interação é Pareto-ótimo porque propicia ganhos de utilidade iguais para todos.

Vários problemas poderiam ser apontados neste ponto da exposição. Dois deles não são reconhecidos pela teoria

---

20. Não se trata apenas de um problema de interpretação do pensamento de Rousseau. O individualismo metodológico rejeita a suposição motivacional do contratualismo rousseauniano, isto é, a suposição de que realizar o que é desejável de um ponto de vista coletivo possa constituir uma motivação suficiente para a conduta individual – para cada um se dispor a fazer sua parte no empreendimento coletivo.

de Gauthier, ao passo que um terceiro é crucial para as proposições específicas que ele quer sustentar. Comento os dois primeiros problemas brevemente. Um deles diz respeito àquilo que Gauthier toma sem críticas dos economistas neoclássicos. Trata-se da suposição de que o mercado competitivo é um mecanismo que distribui o excedente social de acordo com a contribuição que cada um fez para gerá-lo. É duvidoso que se possa entender essa suposição de alguma outra forma, como diz Barry, "que não no sentido tautológico de que o mercado dá alguma coisa às pessoas que, se assim o desejarmos, podemos denominar a contribuição que cada um faz"[21]. Mas concedamos que um mercado perfeito possa fazer essa mágica de distribuir as recompensas de forma exatamente proporcional às contribuições de cada um para gerar o produto social. Podemos concordar com Gauthier que nessas condições ninguém teria razões de justiça para se queixar do quinhão que lhe coube? Acredito que não. Mesmo um mercado perfeito deixaria fora da distribuição de recompensas sociais as pessoas que não têm capacidade produtiva ou têm uma capacidade produtiva muito baixa[22]. Seriam elas deixadas com aquilo que obtivessem com seus próprios esforços, ou seja, nada, caso nenhum esquema de cooperação com outros fosse criado? Esse ponto presta-se para esclarecer quão peculiar é uma concepção que restringe o escopo da justiça à distribuição eqüitativa do excedente gerado pela cooperação. Os que não dispõem de dotações comerciáveis – os que estão em situação mais vulnerável – estão fora da proteção oferecida pela moralidade!

Mas retomemos o encadeamento da argumentação. Se ninguém tem queixas razoáveis a fazer à distribuição operada por um mercado perfeitamente competitivo, então a justiça só entra em cena quando essa distribuição sofre dis-

---

21. Barry, 1989, p. 253. Ver também a nota 25.
22. Como observou Leda Paulani, comentando essa passagem do texto, entre as condições restritivas do modelo de Arrow-Debreu está a suposição de uma distribuição de recursos. As observações de Leda Paulani me ajudaram a eliminar imprecisões nas referências à Teoria do Equilíbrio Geral.

O CONTRATUALISMO HOBBESIANO 91

torções. E é esse o problema que Gauthier está ansioso por reconhecer. O círculo virtuoso entre equilíbrio e otimização só se estabelece sob certas condições que não se aplicam aos mercados "realmente existentes". Menciono-as apenas para poder dar seqüência à nossa discussão. No modelo do mercado perfeito, há informação perfeita e sobretudo não há desigualdade de informação entre os participantes[23]; todos os bens são de consumo privado (não há bens de consumo coletivo, tais como ruas e praças públicas e a manutenção da ordem pública, por isso tampouco problema de saber quem irá contribuir para provê-los); todos os recursos e fatores de produção são de propriedade privada (não há recursos de uso ou de propriedade comum, tais como os oceanos e a atmosfera, as florestas tropicais ou, em outra escala, todo e qualquer sistema de recursos que dá sustentação à atividade econômica de determinado grupo, por isso tampouco o problema de saber quem assumirá o ônus de fazer o que é preciso para evitar que sejam degradados). Em resumo, nenhuma transação impõe custos para quem dela não participa nem se beneficia (as "externalidades negativas", como no clássico exemplo da indústria poluente que não embute no preço de seus produtos o custo de equipamentos antipoluição, transferindo o custo do combate à poluição à coletividade); e nenhuma transação gera benefícios para quem dela não toma parte (as "externalidades positivas", tais como as que são geradas por um sistema público de educação que, ao elevar a qualificação dos trabalhadores, traz benefícios às

---

23. A eficiência com que os preços transmitem informações dos produtores para os consumidores e vice-versa depende, no modelo de Arrow-Debreu, de uma condição informacional muito forte. Toda a informação necessária para determinado produtor se resumiria a saber os preços de seus *inputs* e os preços de seus produtos. Pode-se formular essa condição afirmando-se que no mercado perfeito não há custos de transação, que, em mercados reais, decorrem sobretudo da assimetria de informação entre os participantes (North, 1992). Obter informação é algo custoso e as empresas tiram partido disso para obter certo poder de mercado. Um exemplo simples é o seguinte: quando uma empresa eleva seus preços, representa um ônus para os seus clientes descobrir se os competidores fizeram o mesmo ou não.

empresas privadas quer tenham elas contribuído para a provisão desse benefício quer não)[24].

Nenhuma dessas suposições é realista para os mercados tais como existem. Nestes, há assimetria de informação, economias de escala[25], bens públicos e recursos de uso ou de propriedade comum. E o empenho na maximização da utilidade individual, nessas condições mais realistas, gera dois tipos de conduta que envolvem tirar proveito do esforço alheio: a conduta do "carona" que se beneficia de um bem público sem ter contribuído para provê-lo – por exemplo, o trabalhador que faz "corpo mole", deixando para seus companheiros de equipe o encargo de alcançar as metas de produtividade estabelecidas pela empresa; e a conduta do "parasita", que passa para outros uma parte dos custos de benefícios que só ele próprio usufrui – digamos, a conduta de tirar proveito de um recurso de uso ou propriedade comum sem se dispor a contribuir para sua conservação (e, em alguns casos, para sua provisão) permanente. Podemos considerar ambas as condutas como manifestações distin-

---

24. Joseph Stiglitz vem se empenhando em demonstrar que as imperfeições do mercado são muito mais disseminadas e, por assim dizer, mais capilares, do que as imperfeições facilmente identificáveis – e, em princípio, passíveis de serem enfrentadas por meio de políticas governamentais definidas – que antes eram associadas a bens públicos e externalidades de poluição (1994, pp. 27-44).

25. Na presença de ganhos crescentes ou decrescentes de escala, como observa Elster, a máxima "a cada um segundo sua contribuição" pode fazer sentido na margem, para determinar a remuneração de um trabalhador individual de acordo com sua produtividade marginal, mas não faz sentido para a distribuição do produto final como um todo. Não há, nesse caso, um método segundo o qual se possa determinar que porção do produto final pode ser causalmente atribuída aos vários fatores de produção. Os fatores de produção interagem de forma não-aditiva para gerar o produto final, de modo que "deixa de ser verdade que o produto corresponde exatamente às 'contribuições' totais dos fatores (entendendo-se isso como as produções marginais). Com ganhos crescentes de escala, a soma total das 'contribuições' excederá o produto final; com ganhos decrescentes, essa soma ficará aquém do produto" (1983, pp. 39-40). Gauthier não teria resposta a essa crítica, já que "a cada um segundo sua contribuição" é o único princípio que ele reconhece para a distribuição do excedente cooperativo.

tas de um mesmo problema de externalidades: nos dois casos, é externo ao cálculo da decisão a ser tomada pelo agente individual o fato de que essa decisão gere benefícios ou custos para outros. E em um e outro caso distorce-se a equação entre benefício e contribuição que, como vimos, é o que garante a imparcialidade distributiva nas condições do mercado perfeito.

A mão visível da cooperação

Que restrições morais à conduta individual Gauthier está disposto a admitir? A idéia geral é a de que deveríamos aceitar as restrições que nos levem para tão perto quanto possível do ideal de interação voluntária caracterizada pela otimização e pela imparcialidade que o modelo do mercado perfeito procura captar.

Como disse na seção anterior, o que há de específico ao empreendimento teórico de Gauthier é a tentativa de mostrar como restrições desse tipo podem e têm de ser aceitas por indivíduos maximizadores de seu benefício individual. Lembremos que esse é o ponto crucial da conciliação entre razão (dogma 2) e moralidade. Essa conciliação passa a ser concebível quando se leva em conta que as pragas do caronismo e do parasitismo ameaçam tornar a racionalidade maximizadora inútil à própria maximização do benefício individual. Se todos os indivíduos forem racionais, todos acabarão encerrados na armadilha do equilíbrio subótimo do Dilema do Prisioneiro. Em face da existência de externalidades, se os indivíduos quiserem aproveitar as oportunidades para obter todos os ganhos de utilidade que estão a seu alcance, eles terão de substituir a "mão invisível" do mercado perfeito pela "mão visível" da cooperação[26]. É nesse ponto

---

26. Gauthier, 1986, p. 113. Os mercados não são arranjos cooperativos no sentido técnico que Gauthier atribui à idéia de "cooperação racional". Nas transações de mercado, os agentes escolhem estratégias *individuais* maximamente eficientes, ao passo que só há cooperação quando as partes envolvidas

que o tipo de contratualismo que estamos examinando vai além da teoria normativa libertariana. As recomendações libertarianas restringem-se à defesa de um capitalismo de *laissez-faire* limitado unicamente pela estrutura de direitos – ou melhor, de interdições – que está embutida na cláusula lockiana. Gauthier acredita que é preciso, ademais disso, formular uma teoria da cooperação racional e voluntária cujo objeto são as "iniqüidades" distributivas geradas pelas imperfeições do mercado. As restrições morais que Gauthier quer justificar têm por objetivo garantir a integridade e a autonomia pessoais, os direitos de propriedade e a provisão dos bens públicos que o mercado fornece de forma subótima. A moralidade, dessa ótica, pode oferecer uma contribuição específica para as duas únicas funções que os economistas conservadores acreditam que o Estado deve desempenhar: fazer que externalidades sejam internalizadas e prover bens públicos.

Gauthier argumenta que são racionalmente justificáveis as restrições à conduta maximizadora que os participantes de uma barganha estariam dispostos a reconhecer se quisessem se assegurar, para cada um individualmente, dos benefícios que só um esquema cooperativo é capaz de oferecer. Primeiro é preciso estabelecer os termos de um esquema cooperativo que indivíduos racionais considerariam mutuamente benéfico. É o acordo em torno desses termos que permite aos barganhistas se moverem do ponto de não-cooperação universal para determinado ponto localizado na "fronteira paretiana" – que abrange o conjunto dos resultados possíveis da barganha que contém a utilidade máxima agregada que os participantes da barganha podem gerar cooperando entre si.

Consideremos o exemplo simples de uma quantia de dinheiro, digamos cem reais, que dois indivíduos podem divi-

---

aceitam restringir suas escolhas individuais por uma estratégia *conjunta* escolhida de comum acordo (isto é, um contrato). Neste último caso, nos termos de Gauthier, a escolha racional seria maximizadora de "otimalidade" não de utilidade.

dir entre si com a condição de que ambos estejam de acordo sobre a forma de fazer a partilha. Se não conseguirem chegar a um acordo (porque cada um insiste no resultado que lhe assegura a utilidade máxima possível), os dois terminarão o jogo com um ganho de utilidade igual a zero. Se conseguirem chegar a um acordo que divida os cem reais integralmente (e não, digamos, somente noventa), qualquer que seja a fórmula de divisão adotada, o resultado da negociação se localizará na fronteira paretiana (a soma dos ganhos de utilidade propiciados pelo resultado equivale à utilidade agregada máxima que a negociação poderia produzir). O critério de otimização paretiana, entretanto, não seleciona nenhuma distribuição específica de quinhões, apenas estabelece que um resultado que distribui o benefício máximo possível de ser gerado pela cooperação é superior a qualquer resultado que distribua menos do que isso. Ainda falta, portanto, algum método que permita selecionar um resultado específico localizado na fronteira paretiana, e que também seja mutuamente aceitável aos barganhistas (ou, em outros termos, o ponto localizado na fronteira paretiana que também tenha a propriedade de ser um equilíbrio de Nash). Da ótica da teoria da negociação racional, todo o problema se resumiria à questão de saber se há uma forma de chegar a esse resultado, isto é, de prever a *solução* da barganha.

    Mas Gauthier quer mais do que isso. Tenhamos sempre em mente que ele não está interessado na teoria dos jogos em si mesma mas na contribuição que ela pode oferecer à justificação racional de princípios morais. Essa justificação só entra em cena no momento em que um acordo sobre os termos de um esquema cooperativo mutuamente vantajoso já foi alcançado. Gauthier pretende mostrar que a obediência a determinados princípios morais – com o princípio que ordena o cumprimento das promessas e acordos encabeçando a lista – é o que permite a indivíduos racionais ajustarem suas condutas às estratégias que são requeridas de cada um para dar uma existência continuada ao esquema cooperativo acordado[27]. Os princípios morais determinam as mesmas restrições à conduta individual maximizadora necessárias à preservação do esquema cooperativo – e à preservação, em conseqüência, das vantagens que esse esquema propicia a cada um[28]. Obedecê-los, por isso, é do interesse próprio de cada um. Essa é a tese mais forte que Gauthier defende.

Podemos, agora, apontar os problemas mais importantes que se apresentam ao tipo de empreendimento teórico que estamos estudando.

Em primeiro lugar, há o problema da especificação de uma posição inicial de barganha. Isso diz respeito àquilo que os barganhistas trazem para a negociação e não ao que dela retiram. O segundo problema é chegar a uma fórmula de distribuição do excedente gerado pela cooperação, conforme os barganhistas se movem de seu nível de reserva para um resultado localizado na fronteira paretiana. No exemplo da divisão de cem reais, tudo se passa como se os barganhistas escolhessem de comum acordo um árbitro encarregado de propor uma fórmula racional de distribuição do excedente cooperativo, com a condição de que cada um aceite os resultados, quaisquer que sejam, da aplicação da fórmula. O terceiro problema já foi mencionado. Uma vez que uma solução racional para o problema da barganha é alcançada, ainda resta mostrar por que é racional para os participantes aceitarem restringir sua conduta de forma que a conformem ao resultado acordado.

---

27. O exemplo da divisão de cem reais não é adequado para ilustrar esse segundo momento do contrato social de Gauthier porque nele não se apresenta o problema da obediência continuada aos termos do acordo. É esse o problema crucial, no entanto, em todos os casos que têm relevância prática.

28. Não há por que supor, nem Gauthier supõe isso, que as restrições morais se apliquem somente ao interesse próprio concebido de forma estreita. Elas se aplicam a todos os interesses que os indivíduos se empenham em realizar no grau máximo possível, quer se trate de preferências estritamente pessoais, quer de concepções da boa vida que só podem ser praticadas com o concurso de outros.

As quatro seções seguintes são dedicadas ao tratamento que Gauthier dá a cada um desses problemas, começando pela sua proposta de solução para o problema da negociação racional. O objetivo será examinar a teoria de Gauthier em seus próprios termos, isto é, verificar até que ponto é bem-sucedida sua tentativa de estabelecer uma "conexão profunda" entre a moralidade e a racionalidade, ou seja, mostrar que há uma concepção de justiça passível de justificação racional, adotando-se o cânone de racionalidade da economia neoclássica. Uma vez que a idéia mais original de Gauthier aparece em seu argumento sobre a obediência aos termos da cooperação estabelecidos por um acordo racional, é no exame desse ponto que me deterei mais.

Concessão relativa minimax

A situação de barganha que estamos considerando é tal que, se houver cooperação, todos os participantes ganham com isso, mas não ganham igualmente. Que distribuição do excedente gerado pela cooperação ("excedente cooperativo", para encurtar) deveria ser aceita por barganhistas racionais? Gauthier propõe sua própria fórmula como uma alternativa àquela que é mais aceita pelo *mainstream* da teoria dos jogos: a solução de Nash[29]. A discussão que vem a seguir sobre as duas soluções deixa a desejar do ponto de vista técnico, mas rogo ao leitor levar em conta que só a desenvolverei para o entendimento do princípio de justiça proposto por Gauthier[30].

Uma solução ao problema da negociação só pode ser alcançada, na teoria cooperativa dos jogos, fazendo-se abs-

---

29. A solução de Nash (1950) para barganhas representa a contribuição pioneira para o desenvolvimento dessa área da teoria dos jogos. Sobre a solução de Nash ver, entre outros, Harsanyi, 1977, pp. 143-9; Morrow, 1994, pp. 112-6; Barry, 1989, cap. 1; e Gaertner e Klemisch-Ahlert, 1991.

30. Não tenho como deixar de admitir que esta seção será considerada árida para os que não têm familiaridade com a teoria dos jogos e insuficientemente precisa para aqueles que a utilizam de forma mais rigorosa.

tração dos fatores que no mundo real costumam determinar os resultados de barganhas. Idealiza-se uma situação de negociação em que "os dois indivíduos são altamente racionais, em que cada um é capaz de comparar acuradamente seus desejos por coisas diversas, em que ambos são iguais em capacidade de barganhar e em que cada um tem pleno conhecimento dos gostos e das preferências do outro"[31]. Em particular, parte-se do suposto de que seja possível atribuir valores numéricos às preferências que cada uma das partes tem pelos resultados da negociação[32]. Supondo-se que tudo isso seja possível, o problema pode pelo menos ser colocado. Determinam-se o par de utilidades na posição inicial de barganha – a utilidade de cada um caso não seja alcançado nenhum acordo, o que corresponde ao "nível de reserva" de

---

31. Nash, 1950, p. 155.
32. Uma forma de fazer isso, bastante popular entre os teóricos de jogos, consiste em especificar funções cardinais de utilidade de Von Neumann-Morgenstern para cada um dos jogadores. As utilidades de Von Neumann-Morgenstern são definidas de acordo com a ortodoxia econômica da teoria da preferência revelada, já que a idéia é determinar a força das preferências individuais, isto é, as utilidades individuais, da "observação" do comportamento de escolha. Em situações de escolha sob risco, as utilidades individuais são definidas em termos de escolhas que têm por objeto loterias hipotéticas. Limito-me a esclarecer a idéia geral recorrendo a um exemplo. Vamos supor que se queira ordenar de forma cardinal os resultados, para determinado indivíduo, de um conjunto cujo pior resultado é 0 real e cujo melhor resultado é 100 reais. Atribui-se arbitrariamente utilidade 0 a obter 0 real e utilidade 1 a obter 100 reais. Digamos que se queira saber que valor numérico exprime a utilidade que o agente atribui a obter 25 reais. Pede-se a ele, então, para escolher entre receber 25 reais com certeza e jogar numa loteria na qual ele pode obter 100 reais (1 unidade de utilidade) com uma probabilidade p e 0 real (0 de utilidade) com uma probalidade $1-p$. Se p for suficientemente próximo de 1, muito provavelmente a loteria será preferida. Conforme p diminui, haverá um ponto em que a pessoa será indiferente entre receber os 25 reais com certeza ou arriscar-se na loteria. Digamos que esse ponto seja aquele em que $p = 0,5$, isto é, a loteria na qual há uma probabilidade igual (de 50%) de obter 100 reais ou nada. Como a utilidade *esperada* dessa loteria é 0,5 (que é obtida multiplicando-se a utilidade do resultado mais desejado pela probabilidade de sua ocorrência, 1 x 0,5 = 0,5), chega-se à utilidade 0,5 para obter 25 reais. Ver Luce e Raiffa, 1957, pp. 21-2. Introduzindo-se suposições adicionais de consistência das preferências (de "totalidade" e de "transitividade"), torna-se possível afirmar que um indivíduo racional age como se procurasse maximizar o valor esperado de sua função de utilidade de Von Neumann-Morgenstern.

cada jogador – e os pares de utilidades dos resultados que se situam na fronteira paretiana, isto é, que asseguram a ambos os jogadores ganhos de utilidade em relação ao que cada um tinha na posição inicial. Qual desses resultados deve ser selecionado por barganhistas racionais? Nash propôs que há uma única solução que satisfaz estas condições:

1 racionalidade conjunta: qualquer possível solução situa-se na fronteira paretiana;
2 simetria: qualquer solução deve ser simétrica em relação aos dois jogadores, isto é, deve propiciar ganhos de utilidades iguais para ambos os jogadores. Isso porque nenhum dos jogadores poderia racionalmente esperar que o outro lhe oferecesse termos de acordo melhores do que aqueles que ele próprio está disposto a oferecer;
3 invariância linear: a solução deve ser invariante com respeito à unidade segundo a qual as utilidades são medidas e com respeito ao ponto zero escolhido para as funções de utilidade de cada jogador. A escolha desses parâmetros, como esclarece Harsanyi, não tem nenhuma influência sobre o resultado em termos "reais"[33]. Se esses parâmetros forem alterados para a função de utilidade de um jogador, mas não para o outro, a solução não se alterará[34];

---

33. Harsanyi, 1977, p. 145. Os próprios Von Neumann e Morgenstern explicaram essa condição fazendo uma analogia entre a unidade que inventaram para medir utilidades, *"utils"*, com as unidades utilizadas para medir a temperatura. Quaisquer que sejam o ponto zero da escala e a unidade de medida empregada, a temperatura aferida será sempre a mesma (uma temperatura não se altera por ser medida em graus Celsius ou em graus Fahrenheit). Apud Binmore, 1994, p. 275.

34. O sentido disso, novamente seguindo Harsanyi, está em excluir comparações interpessoais de utilidade entre os jogadores. A função cardinal de utilidade de Von Neumann-Morgenstern só permite comparações *intrapessoais* de utilidade. Como, para Harsanyi, as comparações interpessoais de utilidade desempenham um papel importante em julgamentos éticos, "estamos concebendo uma situação de barganha na qual as considerações éticas não desempenham nenhum papel essencial" (1977, p. 145).

4 independência das alternativas irrelevantes: se o espaço de resultados possíveis for restringido, mantendo-se a solução e o ponto de conflito, a solução não deve se alterar[35].

Nash mostrou que há uma única solução que satisfaz esses quatro postulados: o ponto x da fronteira paretiana que maximiza os ganhos de utilidade dos dois jogadores. Se c (c_1, c_2) é o ponto de conflito, a solução é dada por aquele ponto x (x_1, x_2) do espaço de resultados possíveis que maximiza [($x_1 - c_1$) · ($x_2 - c_2$)]. A estrutura de negociação pressuposta na solução de Nash foi depois explicitada por Harsanyi, com base em um modelo de negociação que o economista dinamarquês Frederik Zeuthen desenvolveu para explicar as negociações coletivas no mercado de trabalho[36]. Harsanyi mostrou que a solução de Nash resulta de um processo de negociação em que a parte que tem mais a perder, caso a negociação seja interrompida, faz uma pequena concessão ao outro lado, e essas ofertas e contra-ofertas prosseguem até que um acordo final seja alcançado.

Para Gauthier, um barganhista racional pondera da seguinte forma. Suponhamos que:

(1) a posição inicial de barganha c propicie uma utilidade c_1 para o jogador 1 e c_2 para o jogador 2;

(2) sob as melhores circunstâncias possíveis para si próprio, o jogador 1 obtém uma utilidade x_1', e o jogador 2 obtém uma utilidade x_2';

(3) ambos os jogadores aceitam um resultado x que corresponde ao par de utilidades (x_1, x_2).

---

35. Essa é, conforme esclarece Harsanyi, uma suposição de natureza "institucional". Esse postulado "corresponde ao fato institucional de que a barganha, por sua própria natureza, consiste em uma redução gradual do conjunto de alternativas sob consideração para subconjuntos cada vez menores do conjunto original" (1977, p. 146).
36. Harsanyi, 1977, pp. 149-53.

A novidade da solução defendida por Gauthier, em relação à de Nash, é uma decorrência da suposição 2^{37}. Cada barganhista, de acordo com essa suposição, começa pleiteando o resultado que lhe seria maximamente favorável. Em uma barganha de duas pessoas, isso corresponde a todo o excedente cooperativo. Evidentemente, o resultado (x_1', x_2') não é um contrato possível[38]. Se querem chegar a um acordo, ambos os jogadores terão de se dispor a fazer uma concessão. Cada um só se dispõe a fazer a concessão mínima suficiente para que um acordo seja alcançado. A magnitude absoluta da concessão do jogador 1 é $x_1' - x_1$ (a diferença entre a utilidade do resultado que lhe seria maximamente favorável e aquela do resultado aceito); e a magnitude total de sua concessão é $x_1' - c_1$ (a diferença entre a utilidade do resultado mais favorável e a utilidade do ponto de não-acordo). A magnitude *relativa* de sua concessão é dada pelo quociente $x_1' - x_1/x_1' - c_1$. Esse quociente exprime a proporção do ganho máximo de utilidade que o jogador 1 aceitou ceder para tornar viável um contrato. O mesmo vale para o jogador 2. A solução da barganha é dada pelo ponto x (x_1, x_2) em que a magnitude da concessão relativa de um jogador não é maior do que a do outro. Podemos formulá-la da seguinte forma: "escolha o ponto x da fronteira paretiana no qual a concessão relativa máxima de cada um é minimizada". Essa solução, para Gauthier, oferece o único princípio de justiça distributiva capaz de ganhar o consentimento unânime de barganhistas racionais: um "princípio de concessão relativa minimax"[39]. A idéia é que ninguém racional-

---

37. Na verdade, Gauthier adota a solução que foi formalizada por E. Kalai e M. Smorodinsky (solução Kalai–Smorodinsky).
38. Cada jogador, no entanto, avalia sua concessão por referência à utilidade que obteria nesse resultado impossível. Isso implica rejeitar o postulado da independência das alternativas irrelevantes de Nash e a estrutura de negociação passo a passo proposta por Harsanyi.
39. Minimizar a concessão relativa máxima, como observa Gauthier, é a mesma coisa que maximizar o benefício relativo que cada um pode ter a expectativa de receber sem levar a outra parte a desistir do acordo. Trata-se, portanto, de maximizar o ganho relativo *mínimo*, idéia essa que pode ser ex-

mente aceitaria participar de um empreendimento cooperativo que lhe desse uma parcela do excedente cooperativo inferior àquela que a aplicação desse princípio lhe concederia.

A solução de Nash não é concebida como uma solução "ética" para o problema da barganha racional[40]. O resultado (x_1, x_2) é simplesmente aquele que seria acordado por dois espécimes de *Homo economicus* que estivessem barganhando uma forma de dividir entre si o produto de sua cooperação. E quanto à solução defendida por Gauthier? Em princípio, ela deveria ser interpretada da mesma forma. Mas Gauthier quer dizer algo mais do que isso. Se o excedente cooperativo é distribuído de acordo com o princípio da concessão relativa minimax, cada participante retira do arranjo cooperativo um benefício que é proporcional a sua própria contribuição para gerar esse excedente. E, uma vez que esse princípio distribui "eqüitativamente"[41] os ganhos da cooperação, ele se qualifica como o fundamento de uma *constraint* imparcial à conduta individual maximizadora. Voltarei adiante à forma como Gauthier concebe a relação entre seu princípio de justiça distributiva e princípios morais estabelecidos.

Colocarei em questão somente um ponto da lógica que leva à solução. Como vimos acima, a solução só se torna possível porque cada jogador, depois de reivindicar inicialmente o resultado que lhe é maximamente favorável, se dispõe a fazer, de uma só vez, a concessão mínima necessária para levar a outra parte a aceitar um acordo. Gauthier trata essa disposição de fazer concessões como uma condição de racionalidade. A justificativa apresentada para isso é muito breve: "Uma vez que cada pessoa, como maximizadora de

---

pressa por um "princípio do ganho relativo maximin". Gauthier, 1986, pp. 154-5. Não é por acaso que a terminologia de Gauthier lembra a de Rawls. Como veremos adiante, alterando-se as suposições de Gauthier sobre a posição inicial de barganha, seu princípio de concessão relativa minimax seria equivalente ao "princípio de diferença", ou princípio "maximin", de Rawls.

40. Ver nota 34.

41. Desde que se aceite, é claro, a máxima "a cada um segundo sua contribuição" como um princípio de eqüidade.

utilidade, procura minimizar sua concessão, então ninguém pode esperar que qualquer outra pessoa racional se disponha a fazer uma concessão sem também se dispor a fazer uma concessão similar"[42]. Essa justificativa é equívoca. Um jogador não faz concessões porque, sendo racional, está obrigado a fazer suas escolhas pressupondo uma racionalidade igual da parte dos outros. Um barganhista racional faz ou não concessões de acordo com sua capacidade de insistir no resultado que lhe é mais favorável, levando em conta o risco de levar a negociação ao fracasso e, conseqüentemente, terminar com a utilidade do ponto de não-acordo. E essa capacidade, por sua vez, não tem nada a ver com a racionalidade mas com o poder de barganha e com a preferência temporal dos barganhistas[43]. O barganhista que mais desesperadamente necessitar que algum acordo seja alcançado, cederá mais. Isso vale tanto para a estrutura de negociação passo a passo de Zeuthen-Harsanyi quanto para a concessão única suposta pela solução de Gauthier.

A máxima "a cada um segundo o seu poder de barganha" não parece se qualificar como um princípio de *justiça*. Do ponto de vista de uma teoria do contrato social, equilíbrios que meramente espelham as posições relativas de barganha são inerentemente instáveis. Se uma das partes melhora sua posição relativa, ela terá um incentivo para propor termos de acordo que lhe sejam mais favoráveis. A parte mais forte poderá sempre se valer de um argumento contratualista-hobbesiano para justificar essa alteração à parte mais fraca: "do ponto de vista do seu interesse próprio", dirá a primeira a esta última, "é melhor aceitar a redefinição que estou propondo do que ficar com nada ou ir ao conflito". Sen recorre a um exemplo familiar para comentar a solução de Nash (o mesmo vale para a de Gauthier): "Em um mercado de trabalho com desemprego, os trabalhadores podem ser levados a concordar com salários subumanos e condições

---

42. Gauthier, 1986, pp. 43-4.
43. Weikard, 1994, p. 70.

ruins de trabalho, uma vez que na ausência de um contrato eles podem passar fome, mas isso não torna essa solução um resultado desejável em nenhum sentido."[44] Este é só o primeiro dos desencontros produzidos pela tentativa de casar a teoria da justiça com uma teoria da negociação racional. Não há nenhuma diferença entre as duas soluções comparadas no parágrafo anterior que tenha uma real relevância normativa. Teremos de inspecionar outros componentes da teoria da "moralidade por acordo" para encontrar seu conteúdo ético.

O *status quo* inicial

Como disse antes, a definição de uma posição inicial eqüitativa não é uma questão problematizada pela teoria dos jogos. Em um jogo de dois participantes, define-se a posição inicial de barganha simplesmente pelo par de utilidades de Von Neumann-Morgenstern associadas ao ponto de não-acordo. Mas a questão é relevante para uma teoria da justiça como a de Gauthier. Como a lógica da derivação da solução da barganha só obedece (ou só deveria obedecer) ao padrão da racionalidade maximizadora, uma parte considerável do conteúdo ético da teoria de Gauthier recai na definição da posição inicial. Aqui Gauthier aceita, fazendo-a valer também para a cooperação racional, uma observação de David Winch sobre o mercado perfeito: "o sistema perfeitamente competitivo depende da propriedade privada dos fatores de produção", de modo que "a essência do sistema está em ser a justiça distributiva um atributo dos *inputs* do sistema, e não de seus *outputs*"[45]. Se a distribuição inicial dos fatores de produção é justa, então os resultados do mercado serão justos – desde que o mecanismo de "mão invisível", sempre que arranjos cooperativos se fizerem necessários para sanar

---

44. Sen, 1970, p. 121.
45. Apud Gauthier, 1986, pp. 94-5.

as imperfeições do mercado, seja suplementado pela aplicação do princípio de concessão relativa minimax. E o que é uma distribuição inicial justa? Que não se imagine nada de muito igualitário. Gauthier especifica a posição inicial recorrendo à condição lockiana para a apropriação justa no estado de natureza, interpretando-a exatamente como Nozick. Já examinamos essa interpretação no capítulo 2. A posição inicial de barganha (o estado de natureza) é constituída por indivíduos preocupados em maximizar seu benefício próprio, mas que consideram racional respeitar a cláusula lockiana, isto é, que não se envolvem, nem mesmo ameaçam fazê-lo, em atividades coercitivas, espoliativas ou predatórias – em atividades, em suma, que pioram a situação de outros. O respeito à cláusula lockiana admite a maximização irrestrita do benefício próprio no caso de indivíduos que vivem e produzem de forma independente uns dos outros; mas exclui a maximização *estratégica* do interesse próprio, quando isso envolve piorar a situação de outros com os quais existe interação. Como observa sarcasticamente Brian Barry, "para esses metafísicos do mercado [como Gauthier e Nozick], o interesse próprio lava mais branco – desde que não envolva considerações estratégicas"[46].

Por que é preciso excluir as condutas coercitivas ou predatórias da especificação da posição inicial? Admitir que o emprego da coerção possa interferir na definição da posição inicial implica admitir que o resultado da barganha seja contaminado por essa coerção (ou predação)[47]. Não há ne-

---

46. Barry, 1989, p. 68. Ver capítulo 2, "O princípio das transferências", para uma análise mais extensa desse ponto.

47. Essa é a razão pela qual Gauthier rejeita a "distribuição natural" de Buchanan (1975) como a posição inicial de barganha. No primeiro estágio do modelo de Buchanan, a distribuição natural de dotações é um equilíbrio de Nash que surge das estratégias ótimas de produção e de predação/defesa de cada um dos indivíduos. Uma vez que não há nenhuma restrição à conduta individual maximizadora, a distribuição natural é baseada na coerção. No segundo estágio do modelo (o contratualista), quando os indivíduos negociam as melhorias paretianas em relação às utilidades propiciadas pela distribuição natural, as vantagens e desvantagens resultantes das atividades predatórias e dos esforços de defesa são preservadas.

nhuma solução para o problema da negociação racional que altere o equilíbrio da distribuição inicial de recursos de barganha. Conforme argumenta Gauthier, ao defender sua proposta de solução, não é racional para os barganhistas aceitar qualquer acordo somente porque o resultado é Pareto-superior às utilidades do ponto de não-acordo. Uma vez que uma posição inicial tenha sido especificada, nenhum barganhista racional aceitará aderir a uma estratégia cooperativa que não lhe assegure ganhos de utilidade proporcionais àquilo que ele trouxe para a mesa de negociação. As vantagens posicionais no *status quo* inicial, incluindo a capacidade de infligir danos à outra parte, se transmitirão aos resultados da negociação.

Consideremos um exemplo proposto por Gauthier. Você e eu vivemos como pescadores às margens de um rio[48]. Vivendo rio acima, você despeja seu esgoto nas águas do rio, provocando uma poluição que diminui a disponibilidade de peixes para mim. Para avaliar essa ação poluidora, há duas situações distintas a serem consideradas. Na primeira, você e eu não mantemos nenhum vínculo de mercado ou cooperativo. Somos dois Robinson Crusoé vivendo independentemente um do outro. Pelo critério peculiar de Gauthier para determinar quando uma pessoa pode atribuir sua situação mais desfavorável à conduta de outra (ou de outras), eu nada tenho a pleitear de você. Posso me queixar que, despejando o esgoto no rio, você não dá nenhum peso aos interesses dos que vivem rio abaixo; mas não posso dizer que você faça isso movido por considerações estratégicas, isto é, que você esteja poluindo o rio com o propósito de melhorar a sua própria situação à minha custa. Não haveria, portanto, violação à cláusula lockiana. A situação muda de figura quando você e eu nos propomos a estabelecer relações de mercado ou a viver sob instituições comuns. Ainda nos encontramos no estado de natureza, mas já estamos de olho nos benefícios que cada um terá se conseguirmos chegar a um acordo sobre

---

48. O exemplo é de Gauthier, 1986, pp. 210-3.

como atingir a fronteira paretiana. Nesse caso, argumenta Gauthier, a cláusula lockiana impõe uma redefinição do *status quo* a partir do qual entabularemos relações de troca ou negociaremos a partilha do excedente gerado por nossa cooperação. Se já não somos dois Crusoé vivendo cada qual em seu próprio mundo, se vamos interagir, então posso considerar sua conduta poluidora como uma estratégia de que você se vale para melhorar sua situação piorando a minha. Antes que qualquer interação – de mercado ou de cooperação racional – possa ter início, você terá de internalizar os custos que jogou para mim. Sem essa correção, você estaria em condições de se aproveitar de sua atividade predatória para enviesar a posição inicial de acordo em seu favor.

Mas recordemos que a cláusula lockiana não tem somente o propósito de excluir a coerção e as atividades predatórias da definição do ponto de não-cooperação. Seguindo Locke e Nozick, Gauthier recorre à cláusula para definir direitos de propriedade que *precedem* as transações de mercado e o contrato social. O reconhecimento à cláusula garantiria um ponto de partida eqüitativo, seja para as trocas de mercado, seja para arranjos cooperativos necessários para prover os bens públicos que o mercado fornece de forma subótima. No exemplo acima, você pode ter obtido mais possessões do que eu, sem que para isso tenha sido necessário que você se esforçasse para piorar a minha situação. Nesse caso, se vamos acordar um arranjo cooperativo que traga benefícios a ambos, cada um comparecerá à mesa de negociação com direitos plenos de propriedade sobre as próprias capacidades e sobre os objetos externos que obteve no estado de natureza.

Em toda teoria contratualista, a escolha da posição inicial (ou a caracterização do estado de natureza) tem efeitos dramaticamente importantes sobre os termos do acordo que será alcançado. Na teoria de Gauthier, como na teoria de Nozick, os direitos de propriedade fundamentados na cláusula lockiana ficam fora do alcance da justiça distributiva. E, tal como para Locke e Nozick, vastas desigualdades de propriedade podem ser justificadas sem que ninguém tenha razões de justiça para se queixar delas. Gauthier recorre a um exemplo que explicita essas implicações do *status quo* inicial com a máxima crueza possível: "Objetar-se-á que a cláusula não diz nada sobre igualizar. Ou então se objetará que a cláusula não diz nada sobre a satisfação de necessidades. O homem rico tem o direito de se banquetear com caviar e champanhe, enquanto à sua porta a mulher miserável morre de fome. E ela não tem direito de pegar nem mesmo as migalhas que caem da mesa do homem rico, se isso o privar do prazer de usá-las para alimentar seus pássaros."[49]

Gauthier se vale da cláusula para criticar, em particular, o *status quo* a partir do qual Rawls deriva seus princípios de justiça, a saber, uma posição inicial de igualdade[50]. Os contratantes de Rawls não levam em conta, no momento de deliberar sobre princípios de justiça, nenhuma vantagem, nem mesmo as que decorrem do mero exercício dos próprios talentos naturais, obtidas *antes* de haver algum acordo. A suposição de Rawls parece-me muito mais plausível para uma perspectiva contratualista. Ela dispensa recorrer a um critério fictício (a cláusula) para distinguir entre o que um indivíduo conseguiria por seus próprios meios, se vivesse em um estado de natureza, e o que ele obtém graças à interação com outros – isto é, aquilo que ele deve à existência da sociedade. *Esse* tipo de individualismo não faz nenhum sentido para um contratualismo como o de Rawls[51]. Examinarei

---

49. Gauthier, 1986, p. 218.
50. Ibid., pp. 219-21.
51. O individualismo ético que a teoria da justiça de Rawls esforça-se por captar tem muito mais afinidade com o ponto de vista que Gabriel Cohn argumentou ser o de Durkheim: "Não é o indivíduo como partícula isolada que está em jogo, mas sim o valor que a sociedade lhe confere (e que ele, sozinho, não saberia atribuir-se). É o individualismo, algo só possível socialmente: essa espécie de paradoxo, pelo qual a dignidade inalienável de cada qual só ganha substância na sua inserção num conjunto maior, supra-individual" (1997, p. 10). Nozick e Gauthier, em contraste, tentam encontrar um fundamento para a dignidade e para a *separateness* individuais que independe de qualquer forma de organização social.

adiante a posição inicial adotada pela teoria de Rawls. Por enquanto, vejamos as razões para rejeitar a posição inicial não-igualitária adotada por Gauthier.

Do ponto de vista de uma teoria da negociação racional, o problema espinhoso de Gauthier é o seguinte: pode um contratualismo hobbesiano admitir um estado de natureza lockiano como seu *status quo* pré-acordo? Gauthier rejeita, evidentemente, a fundamentação última de natureza teísta concebida por Locke para a introdução de direitos no estado de natureza[52]. Também não serve supor, como Nozick, que os direitos de propriedade e a cláusula lockiana tenham um *status* moral independente. Gauthier se propõe a dar uma interpretação para o respeito à cláusula lockiana que poderia ser denominada "quase contratualista". O "quase" fica por conta de que os direitos derivados da cláusula "não resultam de um acordo mas propiciam o ponto de partida para o acordo. São aquilo que cada pessoa traz para a mesa de negociação, e não o que cada uma retira dela"[53].

A questão crucial é: por que indivíduos racionais aceitariam restringir sua conduta pelo respeito à cláusula lockiana e aos direitos que dela derivam? Gauthier se vale do mesmo argumento que emprega para justificar por que é racional a adesão contínua à estratégia cooperativa que resulta de uma negociação racional. Em ambos os casos – no do respeito a direitos prévios a qualquer barganha e no da adesão à estratégia cooperativa que resulta de uma barganha racional – a noção de "maximização contida" entra em cena[54]. No caso da posição inicial, os indivíduos encontram-se no es-

---

52. Para Locke, Deus ofereceu a Terra como um recurso de uso comum para todos os homens. E Deus inscreveu no coração dos homens a lei natural que exige o respeito à apropriação que satisfaz a cláusula, tanto por parte dos apropriadores quanto por parte daqueles que já não têm nenhum direito sobre aquilo que foi apropriado de forma legítima.
53. Gauthier, 1986, p. 222.
54. A noção de maximização contida será discutida detalhadamente mais adiante. É claro que, se o argumento em favor da maximização contida não funcionar, também o argumento em favor da cláusula lockiana fica debilitado.

tado de natureza, mas já se dão conta dos benefícios que o mercado ou a cooperação lhes trariam. "É somente a perspectiva do benefício mútuo que dá existência aos direitos, como constrições à conduta de cada pessoa."[55] Uma vez que todos os (potenciais) barganhistas são racionais, cada um sabe que, se não restringir sua conduta maximizadora pelo respeito à cláusula lockiana, a participação em arranjos cooperativos não será racional para os demais. No exemplo acima, não é racional, para mim, levar em conta somente as melhorias paretianas que seriam produzidas por interações de mercado e cooperativas, se os ganhos de cada um, quando passamos para a fronteira paretiana, são estimados por referência a uma situação inicial em que você desloca uma parte dos seus custos para mim.

Gauthier quer mostrar que é possível interpretar o respeito à cláusula lockiana – uma restrição moral – de forma *prospectiva*. É assim que ele espera tornar um enfoque contratualista compatível com o reconhecimento de direitos pré-contratuais. Como os potenciais barganhistas estão de olho nos ganhos de utilidade que somente os arranjos de mercado e cooperativos tornarão possíveis, eles se dispõem a reconhecer esses direitos prévios como pré-condições sem as quais alguns não considerarão racional participar nem de mercados nem de empreendimentos cooperativos. O respeito a direitos lockianos de propriedade parece se justificar como uma forma de interesse próprio sofisticado. Esse é um dos argumentos da teoria da "moralidade por acordo" que os críticos vêem com ceticismo[56]. A suspeita é a de que Gauthier não conseguiu evitar recorrer a um pressuposto de natureza ética.

Examinemos o argumento de Gauthier sobre a racionalidade do respeito à cláusula lockiana. Sua estratégia consiste em mostrar que, se não é racional para barganhistas

---

55. Ibid., p. 222.
56. Ver, por exemplo, Barry, 1989, pp. 56-60; Weikard, 1994, p. 67, e Binmore, 1994, pp. 84-5.

racionais fazer ameaças, então podemos ignorá-las na definição da posição inicial. Na teoria de Zeuthen-Nash-Harsanyi da negociação racional, o ponto de não-acordo é identificado ao "ponto de ameaça"[57]. Esse é o ponto em que os barganhistas iriam parar se cada um empregasse sua estratégia de ameaça maximamente efetiva. Gauthier objeta a essa identificação que "o ponto de ameaça não guarda nenhuma relação específica com o resultado não-cooperativo [isto é, com a utilidade de cada jogador no caso de fracasso da negociação]"[58]. Isso porque o cumprimento de ameaças é custoso: um barganhista agiria irracionalmente caso se dispusesse a infligir gratuitamente uma perda a outro (ou outros), já que ele só poderia fazê-lo ao custo de perdas de utilidade para si próprio. O cumprimento de uma ameaça levaria os jogadores a um ponto Pareto-inferior ao ponto de inexistência de acordo. E, se cumprir ameaças é irracional, fazê-las também o é. "Nas barganhas comuns as pessoas fazem ameaças", diz Gauthier, "mas entre pessoas plenamente racionais as ameaças são inúteis; ninguém acreditará em uma pessoa que promete agir de forma não-maximizadora de utilidade se os outros não cederem a sua ameaça."[59]

Mas será sempre gratuita, do ponto de vista da maximização da utilidade do ameaçante, a estratégia de fazer ameaças – e de eventualmente cumpri-las – em um contexto de negociação racional? Gauthier conclui um pouco rápido demais pela desutilidade da conduta ameaçadora. O problema está em não distinguir claramente o recurso à coerção da *ameaça* de recorrer à coerção[60]. De fato, o cumprimento de ameaças (o recurso à coerção) impõe perdas de utilidade ao ameaçante, mas essa conduta só é irracional se

---

57. Em seu modelo de barganha, Frederik Zeuthen supôs, e essa suposição foi generalizada por Nash e Harsanyi para todas as situações de barganha, que o ponto de não-acordo corresponde à eclosão do conflito (Harsanyi, 1977, p. 149).
58. Gauthier, 1986, p. 200.
59. Ibid., pp. 155-6.
60. Weikard, 1994, p. 67.

as partes envolvidas não tiverem a expectativa de voltar a negociar em outros momentos. Se houver a expectativa de novas barganhas envolvendo as mesmas partes no futuro, ou de que outros possíveis alvos de ameaças venham a saber o que se passa, então fazer e cumprir ameaças pode ser racional do ponto de vista de um cálculo de interesse próprio prudencial. Se uma das partes adquire a reputação de não hesitar em recorrer à coerção, mesmo quando isso lhe impõe perdas de curto prazo, no futuro ela poderá desfrutar das vantagens de fazer ameaças sem ter de incorrer no custo de cumpri-las. Nesse caso, como diz Brian Barry, "cumprir uma ameaça é, por assim dizer, um investimento na maior eficácia das ameaças futuras"[61].

Não estamos discutindo se é apropriado, para uma teoria da justiça, definir a posição inicial segundo a "vantagem de ameaça" de uma das partes – segundo o dano maior que uma das partes pode causar à outra na hipótese de fracasso da negociação; o que está em questão é se Gauthier pode eliminar a vantagem de ameaça (de uma das partes) da posição inicial, sem que isso comprometa seu projeto de derivar a moralidade das premissas não-morais da escolha racional. Estou sugerindo que não. Um barganhista racional não aceitaria facilmente a eliminação de ameaças que lhe poderiam ser úteis em barganhas futuras. O argumento de Gauthier em favor da racionalidade de restringir a própria conduta maximizadora pela cláusula só funciona se a dimensão temporal for ignorada. Esse mesmo problema – a suposição de que o jogo é jogado uma única vez – também compromete, como veremos, o argumento em favor da racionalidade de se dispor a restringir a própria conduta pelo princípio da concessão relativa minimax.

E se empregássemos a solução de Gauthier para a barganha racional partindo não de um mundo lockiano de direitos de propriedade garantidos, mas do egoísmo universal? Allan Gibbard faz esse exercício, chegando a um resultado

---

61. Barry, 1989, p. 59.

surpreendente[62]. Para Hobbes, no estado de natureza os homens podem ser considerados iguais em sua capacidade de coagir e de causar danos aos demais. A que acordo chegariam com base na solução de Gauthier? Lembremos duas noções que fazem parte da lógica dessa solução. Uma delas é que o resultado da barganha minimiza a concessão relativa máxima dos participantes. Isso é o mesmo que elevar ao máximo o ganho possível daquele que obtém menos na negociação[63]. A outra idéia é a de que cada barganhista faz uma exigência inicial correspondente ao ganho máximo de utilidade que pode obter do arranjo cooperativo. Em um estado de natureza hobbesiano, esse ganho máximo não guarda nenhuma relação com a capacidade produtiva de cada um: "Se todos trabalhassem para você, por que você mesmo iria trabalhar?"[64] Cada um pode começar pleiteando todo o excedente cooperativo, independentemente de quanto contribuiu para gerá-lo. Como Gibbard argumenta, "se o ponto de desacordo de Gauthier fosse de egoísmo geral e não de mágica lockiana, a condição de todos no ponto de desacordo seria aproximadamente a mesma. E o ganho máximo de todos também seria aproximadamente o mesmo. Maximizar o ganho de quem recebe menos [na negociação] equivale a melhorar tanto quanto possível a situação dos que estão na posição inferior – que é a exigência do princípio de diferença de Rawls. Faça-se uma pequena alteração no ponto de desacordo de Gauthier, e de sua teoria é Rawls que surge"[65].

Em outros termos, a concessão relativa minimax de Gauthier e o maximin de Rawls são equivalentes no caso especial em que os barganhistas têm aproximadamente o mesmo poder de infligir danos uns aos outros. As implicações não-igualitárias do princípio de justiça de Gauthier decor-

---

62. Gibbard, 1991, pp. 270-1.
63. Ver nota 38.
64. Ibid., p. 271.
65. Ibid.

rem de uma escolha arbitrária do ponto de inexistência de acordo. Há ainda outra posição inicial hipotética a ser considerada, além das três mencionadas acima (a de Locke-Nozick-Gauthier, a de Hobbes e a de Rawls). Barganhistas racionais poderiam aceitar uma posição inicial não-coercitiva, sem que isso os obrigasse a reconhecer, nessa posição, direitos de propriedades fundamentados na cláusula lockiana. Peter Danielson concebe uma posição inicial distinta da de Gauthier, na qual somente os direitos *pessoais* seriam reconhecidos como precondições para o acordo, ficando a definição dos direitos de propriedade para o contrato social[66]. A cláusula só não piora a situação de nenhum dos barganhistas, argumenta Danielson, se os efeitos da apropriação são localizados na situação pré-acordo. Isso é admissível para a justificação de tipo intuicionista de Nozick, mas não para a justificação prospectiva que Gauthier desenvolve para as precondições do contrato. "A moralidade", diz Danielson, "está mais sujeita a acordo – e a desacordo – do que Gauthier admite. O método contratualista deixa mais para a convenção do que se desejaria."[67]

Se Gauthier supõe que seus barganhistas só admitiriam negociar a partir de um *status quo* inicial não-coercitivo, e no qual direitos de propriedade fundamentados na cláusula lockiana são reconhecidos, é porque sua barganha racional procede a partir de algum tipo (não-especificado) de contrato social prévio.

Uma teoria do contrato social?

Coloquemos de lado o problema da eqüidade da posição inicial para prosseguir em nosso estudo. Antes de passar ao tópico central do cumprimento dos termos do contrato, há ainda um problema a ser explicitado.

---

66. Danielson, 1991, pp. 99-111.
67. Ibid., p. 110.

A "moralidade por acordo" é uma teoria da justiça e não, especificamente, uma teoria da negociação racional. Da ótica da justiça política, que sentido podemos dar à idéia de que "o princípio de concessão relativa minimax não somente oferece uma base para a barganha racional mas também serve como fundamento de uma constrição imparcial à conduta de cada pessoa"?[68] Gauthier evidencia uma lógica em favor de seu princípio minimax que se aplica a jogos de dois participantes. Mas estamos procurando uma forma de justificar princípios *morais* dos quais derivem restrições justas à conduta individual. Por que deveríamos aceitar que o que é válido para um contrato hipotético entre dois participantes também é para o contrato, igualmente hipotético, que tem por objeto especificar os termos mais aceitáveis para a convivência coletiva? Qual é o significado da solução de Gauthier para uma teoria do contrato *social*? Confesso que não consigo atinar muito bem que resposta deveria ser dada a essa questão. Vejamos o que Gauthier diz sobre isso:

> Estamos supondo que certos princípios morais podem ser entendidos como representando estratégias conjuntas prescritas a cada pessoa como parte dos arranjos cooperativos permanentes que constituem a sociedade. Esses princípios exigem que cada pessoa se abstenha de ir em busca de sua utilidade máxima, de forma que resultados mutuamente benéficos e razoavelmente eqüitativos possam se produzir. Os princípios morais efetivos em geral não são aqueles aos quais teríamos de ter dado nosso assentimento em uma barganha plenamente racional, mas é razoável aderir a eles na medida em que ofereçam uma aproximação razoável a princípios ideais. Podemos defender princípios morais efetivos tomando por referência arranjos cooperativos ideais, e quanto mais os princípios se ajustarem a isso, tanto mais forte será a defesa.[69]

---

68. Gauthier, 1986, p. 150.
69. Ibid., p. 168. Outra passagem nessa linha é a seguinte: "O cumprimento de promessas, a honestidade e a prática do 'jogo limpo' devem ser defendidos mostrando-se que a adesão a esses princípios permite às pessoas cooperar de forma que é de se esperar que igualizem, pelo menos aproximadamente, os benefícios relativos propiciados pela cooperação" (ibid., p. 156).

Como vimos antes, Gauthier sustenta que sua solução para a barganha racional produz uma "estratégia conjunta" que, por distribuir "eqüitativamente"[70] os ganhos produzidos pela cooperação, satisfaz as exigências de imparcialidade que são próprias das constrições morais – isto é, de princípios que têm uma forte pretensão a exigir conformidade das condutas individuais. Mas há um salto de escala na argumentação. No trecho citado acima, Gauthier nos diz que podemos interpretar determinados princípios morais estabelecidos – como a honestidade e o princípio que ordena o cumprimento dos acordos e promessas – como se fossem os termos de um contrato social aos quais barganhistas racionais teriam de dar seu assentimento. E eles o fariam porque sabem que a adesão geral a esses princípios constitui a única forma de garantir que os benefícios gerados pela cooperação, em interações concretas, serão distribuídos de forma aproximadamente proporcional às contribuições de cada um. Certos princípios morais podem ser entendidos como estratégias conjuntas que seriam especificadas pelo princípio de concessão relativa minimax em uma barganha racional da escala da sociedade.

Note-se que nem todas as práticas morais vigentes passam por esse teste. O contratualismo hipotético de Gauthier nos incentiva a comparar os benefícios que recebemos sob as práticas existentes com a distribuição de quinhões que resultaria de uma negociação entre participantes igual e idealmente racionais que estivessem deliberando *ex-ante* os termos de sua interação[71]. Se houver discrepância, alguns de nós teriam um incentivo para exigir uma mudança nas práticas estabelecidas. O individualismo desse enfoque tem o mérito indiscutível de nos fazer olhar criticamente as práticas, instituições ou arranjos cooperativos de todo tipo nos quais outros se beneficiam unilateralmente de nossa dispo-

---

70. Isto é: de forma proporcional à contribuição de cada um ao empreendimento cooperativo.
71. Ver Gauthier, 1991, pp. 27-8, para uma discussão do significado do contrato hipotético.

sição de cooperar e de nossos sentimentos solidários. "O contratualista", diz Gauthier, "não precisa sustentar que as pessoas de carne e osso não se interessam por seus semelhantes; na verdade, supomos que algum grau de sociabilidade é característico dos seres humanos. Mas o contratualista vê a sociabilidade como enriquecendo a vida humana; para ele, essa sociabilidade se torna uma fonte de exploração se induz as pessoas a aquiescer a instituições e práticas que, não fosse por seus [das pessoas] sentimentos generosos, lhes seriam onerosas. O pensamento feminista tornou isso, talvez a forma fundamental de exploração humana, transparentemente claro para nós."[72]

É isso que Jean Hampton acha atraente na reflexão normativa contratualista: ela nos ensina a ser "advogados resolutos de nós mesmos" e a rejeitar práticas nas quais os sentimentos de dever e de devoção ao outro de uma das partes podem ser instrumentalizados por outra parte[73]. Hampton tem em mente sobretudo as exigências da moralidade positiva à conduta da mulher na família. Note-se, entretanto, que não é só uma parte da moralidade convencional que seria rejeitada. O teste contratualista-hobbesiano também rejeitaria, como formas de "exploração humana", a aplicação de princípios de justiça social (tais como o "princípio de diferença" de Rawls e o princípio da maximização da utilidade média) que prescrevem uma distribuição de encargos e benefícios que não guarda necessariamente uma correspondência com a "contribuição" de cada um.

A interpretação do contrato social esboçada acima pode ser sugestiva, mas não é mais do que isso. Quando passamos da interação entre dois jogadores para os arranjos cooperativos básicos da sociedade – o que, afinal, nos interessa –, temos de nos virar com um raciocínio por analogia. Não há nada de tão terrível nisso, mas é claro que algo se

---

72. Gauthier, 1986, p. 11.
73. Hampton (1991, pp. 53-5) observa, no entanto, que um contratualismo kantiano também pode ser empregado para criticar práticas estabelecidas que são lesivas a uma das partes.

perde nessa passagem: o rigorismo dedutivo com que Gauthier cerca a justificação de seu princípio de justiça e também, acredito, o sentido preciso que se pode dar a ele quando se trata de avaliar, da ótica da justiça, práticas e instituições vigentes.

O problema que estou apontando surge porque Gauthier se recusa a recorrer a uma posição original para testar a justificação de princípios de justiça. Os teóricos que recorrem a um dispositivo de posição original – como Rawls, Scanlon e Barry[74], Harsanyi – o fazem porque supõem que certas exigências de eqüidade e de imparcialidade obrigatoriamente têm de ser incorporadas à situação de escolha de princípios de justiça social. Gauthier rejeita essa suposição, como já vimos, porque quer tomar como ponto de partida de sua teoria somente valores "relativos ao agente". Como não há, nessa teorização, nenhum dispositivo similar à posição original, ficamos sem saber até que ponto as conclusões alcançadas pela via da negociação racional envolvendo duas partes são também pertinentes, não para o "jogo da vida", como se poderia mais trivialmente objetar, mas sim para um hipotético contrato social.

É possível, no entanto, que Gauthier esteja querendo dizer outra coisa. Na vida real, os princípios morais não seriam mais do que estratégias conjuntas que permitem coordenar as condutas individuais em torno de equilíbrios mutuamente benéficos. Sobre a explicação contratualista-hipotética para a escolha dessas estratégias conjuntas de escala macrossocial – acerca da especificação dos termos do contrato social –, Gauthier nada teria de realmente novo a acrescentar àquilo que Hobbes disse. Hobbes mostrou como é possível justificar o reconhecimento público de padrões de justiça não apelando a nenhum outro valor que não o desejo – mais "relativo ao agente", impossível – de autopreservação. O reconhecimento recíproco da segunda lei da natureza de Hobbes está solidamente fundamentado no valor que cada

---

74. A variante de posição original proposta por Thomas Scanlon e defendida sobretudo por Brian Barry será discutida no capítulo 5.

um atribui a sua autopreservação. Nenhuma motivação mais generosa do que essa necessita ser invocada para um acordo – racional – ser alcançado. É vantajoso para cada contratante individualmente abrir mão de seu "direito por natureza a todas as coisas", desde que os demais façam o mesmo, e submeter-se à restrição imposta pelo contrato. Sobre isso, Gauthier poderia dizer que sua teorização, incluindo a lógica da solução que propõe para o problema da negociação racional, limita-se a explorar o argumento básico do contratualismo de Hobbes com os recursos oferecidos pela teoria dos jogos.

Tolos e velhacos

Mas há um ponto com respeito ao qual Gauthier pleiteia originalidade. Trata-se da idéia que o próprio Gauthier provavelmente veria como sua única contribuição genuína à teoria contratualista. Identifiquemos primeiro o problema para o qual ele acredita ter proposto uma solução original. (Examinarei essa solução na próxima seção.) Imaginemos que, por um processo de negociação racional, determinado resultado, ou estratégia conjunta, seja selecionado e que esse resultado se conforme ao princípio de concessão relativa minimax. O resultado pode ser justificado aos participantes como "mutuamente benéfico" no sentido estrito que o contratualismo hobbesiano dá a essa expressão: se todos aderem à estratégia conjunta selecionada, cada um tem ganhos de utilidade, em relação ao ponto de não-acordo, que são proporcionais a sua própria contribuição ao empreendimento cooperativo.

Mas aí uma questão perturbadora se apresenta. Por que não deveria qualquer uma das partes ignorar o acordo, sempre que fazê-lo produzisse ganhos de utilidade maiores do que a conduta cooperativa? Não seria racional ignorar o acordo no momento oportuno, depois de ter colhido os benefícios da conduta cooperativa da outra parte? Posso admitir que, se todos cumprirem suas promessas, isso será melhor para cada um do que se ninguém o fizer (estimando-se essa melhoria somente em termos de ganhos de utilidade individual). Mas será essa uma razão suficiente para que *eu* cumpra as *minhas* promessas?

É preciso diferenciar com nitidez dois problemas. Uma coisa é a lógica do contrato: o que faz que um acordo sobre princípios de justiça, entre indivíduos maximizadores de seu próprio benefício, possa ser alcançado? Outra coisa bem diferente é a lógica do cumprimento do contrato: é racional conformar a própria conduta aos termos de um acordo mutuamente benéfico? (A passagem do estado de natureza para a sociedade civil é somente uma parte da história contratualista.) Hobbes percebeu claramente que ter uma resposta para a primeira pergunta não era o suficiente para se desvencilhar da segunda. Pela boca do "Tolo", no capítulo XV do *Leviatã*, ele formula a objeção mais difícil de ser enfrentada de uma perspectiva contratualista-hobbesiana:

> Os tolos dizem em seu foro íntimo que a justiça é algo que não existe, e às vezes dizem-no também abertamente, alegando com toda seriedade que, estando a conservação e o bem-estar de cada homem entregues a seu próprio cuidado, não pode haver razão para que cada um deixe de fazer o que imagina que seja conducente a esse fim. Em conseqüência, fazer ou deixar de fazer, cumprir ou deixar de cumprir os pactos não é contra a razão, nos casos em que isso contribui para o benefício próprio. Não se nega com isso que existam pactos, que às vezes são desrespeitados e às vezes cumpridos; e que o desrespeito desses pactos denomina-se injustiça e o cumprimento deles, justiça. O que os tolos colocam em questão é se a injustiça, deixando de lado o temor a Deus (já que os tolos também dizem em seu foro íntimo que Deus não existe), não poderá às vezes estar de acordo com aquela mesma razão que dita a cada um seu próprio bem...[75]

---

75. Hobbes, 1968, p. 119. Tradução minha. Infelizmente, na edição brasileira do *Leviatã* (tradução de João Paulo Monteiro e Maria Beatriz Nizza da Silva) feita pela Nova Cultural, coleção "Os Pensadores", há um lamentável erro de tradução nessa passagem central do texto: onde se lê "justiça", na fra-

Note-se a objeção apresentada pelos "tolos". Eles concordam com Hobbes em que é racional chegar a um acordo pelo qual cada um renuncia a seu "direito por natureza" com a condição de que os demais façam o mesmo. Mas, objetam, o fato de um contrato ser racional – isto é, mutuamente vantajoso – não é suficiente para explicar por que é racional cumpri-lo. Os tolos lançam dúvida sobre a consistência da lógica contratualista de Hobbes em favor da terceira lei da natureza: "Que os homens cumpram os pactos que celebrarem." Poderá o reconhecimento recíproco dessa lei, tal como o argumento contratualista em favor da segunda lei da natureza, dispensar qualquer outro fundamento que não o desejo de autopreservação? Os "tolos" acham que não. Eles poderiam dizer a Hobbes: "Seu argumento em favor da segunda lei da natureza é sólido. É realmente melhor para a autopreservação de cada um que contratos e promessas sejam em geral cumpridos. Mas não podemos dizer o mesmo com respeito ao seu argumento em favor da terceira lei da natureza: é ainda melhor para a autopreservação de cada um de nós (os 'tolos') se outros se encarregam dos custos da provisão do bem público representado pelo cumprimento geral de contratos e promessas, enquanto nós nos damos o direito, quando isso nos trouxer ganhos de utilidade, de burlar nossos próprios contratos e promessas. Não estará você recuando ante as conseqüências mais desagradáveis de sua própria concepção maximizadora de racionalidade? É muito bom que um bem público seja provido, mas é ainda melhor pegar 'carona' nos esforços de outros para provê-lo."[76] Se o contrato hobbesiano é uma solução para o Dilema do Prisioneiro do estado de natureza, o problema é que a cooperação, após um acordo ter sido alcançado, novamente se apresenta com uma estrutura de tipo Dilema do Prisioneiro. Haverá casos em que, o que quer

---

se " ... [Os tolos] perguntam se a justiça, pondo de lado o temor a Deus [...] não poderá às vezes concordar com aquela mesma razão que dita a cada um seu próprio bem" (p. 87), leia-se "injustiça".
76. Olson, 1965.

que os outros façam, quer eles cumpram os termos do contrato ou não, para mim será mais racional descumpri-los.

Hobbes sustenta que na lei natural que determina o cumprimento dos acordos reside "a fonte e a origem da JUSTIÇA. Com efeito, onde não houve um pacto, não se transferiu direito nenhum, e todos os homens têm direito a todas as coisas; conseqüentemente, nenhuma ação pode ser injusta. Mas, quando um pacto é realizado, rompê-lo é *injusto*. A definição de INJUSTIÇA não é senão esta: *o descumprimento de um pacto*"[77]. Mas, se a conduta moral consiste em respeitar os pactos, por que – pergunta o "tolo" – é racional ser moral?

Hobbes não deu nenhuma resposta para essa pergunta. (Vou comentar, adiante, a resposta que Hobbes deu à objeção do tolo, mas não se trata de uma resposta para *essa* questão.) O espectro do tolo de Hobbes também assombrou outro gigante da filosofia anglo-saxã. No penúltimo parágrafo de sua *Investigação sobre os princípios da moral*, Hume considera a questão colocada por um "velhaco sensato" que, mesmo reconhecendo que nenhuma sociedade pode subsistir sem um sistema geral de justiça[78],

> pode imaginar que um ato de iniqüidade ou de descumprimento de promessas produzirá um aumento considerável de sua fortuna sem causar nenhum dano considerável à união e à confederação sociais. Que *a honestidade é a melhor linha de conduta,* isso pode ser uma boa regra geral, mas está sujeita a muitas exceções; e pode-se supor que se conduz de forma mais sensata aquele que observa a regra geral e tira proveito de todas as exceções.[79]

O velhaco, a despeito da existência da convenção prescrevendo a conduta cooperativa, só cooperará quando fa-

---

77. Hobbes, 1968, cap. XV, p. 202.
78. Isto é, de direitos de propriedade reconhecidos e de uma disposição amplamente compartilhada de respeitá-los e de cumprir os próprios pactos e promessas.
79. Hume, 1957 (1751), seção IX, parte II, pp. 282-3. Tradução minha.

zê-lo lhe proporcionar uma utilidade maior do que a conduta não-cooperativa. Hume não tem, pelo menos na passagem examinada, nenhuma resposta convincente à objeção do velhaco[80]. Uma das respostas aponta os riscos de o velhaco cometer algum deslize e se deixar apanhar. Mas essa não é uma razão para preferir a honestidade à velhacaria e sim para praticar uma patifaria cautelosa[81]. Outra resposta de Hume é a de que "em todas as índoles imaginativas, a aversão à perfídia e à vilania é muito forte para ser contrabalançada por quaisquer perspectivas de lucro ou vantagem pecuniária. A paz interna de espírito, a consciência de integridade, uma avaliação satisfatória da própria conduta são circunstâncias indispensáveis à felicidade e serão prezadas e cultivadas por todo homem honesto, que percebe a importância delas"[82]. Essa é uma boa razão para explicar a um homem honesto por que a honestidade é um fim em si mesmo e não, novamente, para explicar por que a conduta honesta deve ser racionalmente preferida à conduta velhaca.

Voltemos a Hobbes e à forma como ele enfrentou a objeção levantada pelo "tolo". Como é bem conhecido, Hobbes deu uma solução puramente política ao problema: "É preciso haver um poder coercitivo que obrigue os homens, igualmente, ao cumprimento de seus pactos, pelo temor a alguma punição maior do que o benefício que esperam obter do rompimento de seu pacto."[83] Com o poder coercitivo à mão, Hobbes pode sustentar que é (individualmente) racional cumprir os próprios pactos, porque os que não o fizerem serão, pela ação coercitiva do soberano, excluídos dos benefícios da cooperação social. É esse o teor do principal argumento de Hobbes contra o "tolo": "Quem quebra seu pacto e, ao mesmo tempo, declara que fazê-lo está de acordo com

---

80. Não vou discutir aqui se a teoria moral de Hume pode ser interpretada de forma que ofereça essa resposta. Ver Araújo (1996) para uma excelente discussão desse tema.
81. Barry, 1989, p. 167.
82. Hume, 1957, p. 283. Tradução minha.
83. Hobbes, 1968, p. 202.

a razão, não pode ser tolerado em nenhuma sociedade que una os homens para a paz e a defesa, a não ser por um erro daqueles que o admitem [...] e caso seja deixado fora ou expulso da sociedade, o homem perece."[84] Hobbes não diz que é racional ser moral (entendendo-se por isso a disposição de cumprir os próprios acordos e promessas); ele se limita a argumentar que é irracional a conduta injusta que vai de encontro à lei do soberano.

Duas questões se apresentam. Por que essa é uma solução puramente política para o problema? Essencialmente, porque não há nenhuma mudança na motivação dos participantes. Antes ou depois do contrato, no estado de natureza ou na sociedade civil, os homens continuam sendo maximizadores de seu benefício próprio. É muito difícil persuadir pessoas motivadas dessa forma de que não devem tirar proveito de seus semelhantes, sempre que uma oportunidade de fazê-lo impunemente se apresente. Uma vez que os motivos internos necessários à estabilidade de arranjos cooperativos da sociedade estão ausentes, a única solução consiste em recorrer a um dispositivo político, a soberania, que force cada um a fazer sua parte em pactos mutuamente vantajosos. A estrutura de tipo Dilema do Prisioneiro na cooperação só pode ser superada pela ação de uma autoridade externa aos cooperantes que, mediante a ameaça de sanções, lhes impõe a obediência à estratégia comum acordada.

A segunda pergunta é mais desagradável para os seguidores de Hobbes. Será satisfatória uma solução puramente política para o problema que estamos examinando? A resposta é "não", e aqui nos defrontamos com o ponto fraco do enfoque hobbesiano clássico. Voltemos um instante ao exemplo do rodízio de carros mencionado anteriormente. Trata-se de uma estrutura de interação de tipo Dilema do Prisioneiro na qual as condutas individuais se coordenam em torno de um equilíbrio subótimo (não cooperação, não cooperação). A solução hobbesiana consiste em impor pe-

---

84. Ibid., p. 205.

nalidades à conduta não-cooperativa e atribuir a tarefa de identificar e punir os "caronas" a uma autoridade externa aos cooperantes, isto é, o Estado. A agência estatal entra em cena para alterar a estrutura de incentivos do jogo de forma que torne o resultado mutuamente benéfico (cooperação, cooperação) um equilíbrio de Nash. Ao passo que, no modelo do mercado perfeito, os resultados que satisfazem simultaneamente às exigências da otimalidade paretiana e do equilíbrio de Nash são alcançados por um mecanismo de "mão invisível", a solução hobbesiana clássica, em interações em que há externalidades, pretende ter o mesmo efeito substituindo a mão invisível do mercado pelas "botas visíveis" do Estado. O que hobbesianos contemporâneos como Gauthier não gostam nessa história é que essas botas são muito caras e podem não funcionar da forma prevista[85].

A implementação de pactos por uma agência externa aos contratantes tem custos que são inteiramente negligenciados pelo enfoque hobbesiano clássico. Esses custos podem não ser tão visíveis (nem por isso são inexistentes) no exemplo relativamente banal do rodízio de carro, mas constituirão uma parte importante do problema em todas as interações de tipo Dilema do Prisioneiro que têm relevância prática. Pense, por exemplo, na evasão fiscal, nas queimadas realizadas na Amazônia por agricultores que querem expandir suas áreas de cultivo ou na corrida entre os Estados da federação no Brasil para ver "quem dá mais" – em termos da infra-estrutura oferecida e de renúncia fiscal – para atrair investimentos. Menciono um exemplo ainda mais recalcitrante à solução hobbesiana. A prescrição e o uso descontrolado e inadequado de antibióticos por pessoas que, ao fazê-lo, acreditam que estão fazendo o melhor para si próprias[86] (ou para os seus pacientes) poderá dentro de pouco tempo gerar (por processos de mutação genética) agentes infecciosos resistentes a quaisquer antibióticos disponíveis.

---

85. Gauthier, 1986, p. 164.
86. Isto é, é possível dar uma interpretação maximizadora a suas escolhas.

Uma infinidade de decisões individuais que externalizam uma parte de seus custos acabará por produzir um "malefício público" que afetará tanto os que "não cooperam" (os que tomam antibióticos de forma inadequada) quanto os que "cooperam" (os que só prescrevem ou tomam antibióticos quando estritamente necessário e da forma indicada). Em todos esses casos, as condutas individualmente maximizadoras só se coordenam em torno de equilíbrios subótimos. Vamos supor que não seja difícil especificar, em todos eles, os termos de um acordo mutuamente benéfico, isto é, a estratégia conjunta de ação que, se fosse observada por todos os participantes, produziria ganhos de utilidade para todos. Será a intervenção do Leviatã, coagindo-os à conformidade, à conduta cooperativa, suficiente para fazer que todos os ganhos de utilidade (passíveis de serem gerados pela cooperação) sejam alcançados?

Isso só se verificaria sob certas suposições muito irrealistas. (Assim como são irrealistas as suposições sob as quais o mercado produz equilíbrios que satisfazem à exigência de otimalidade.) Os custos de implementação dos acordos por uma agência externa teriam de ser nulos; os agentes dessa implementação – autoridades e burocratas estatais – teriam de agir somente no interesse daqueles a quem representam ou a quem estão subordinados; e esses agentes teriam de dispor de informação perfeita sobre as estratégias individuais e punir sem perdão as condutas "caronistas". Nada disso, entretanto, é verdadeiro para os Leviatãs "realmente existentes". Os custos administrativos da implementação de acordos por uma agência externa são elevados, e terão de ser cobertos com uma parte do excedente cooperativo, de forma que restará menos a ser distribuído entre os próprios cooperadores. Os equilíbrios que só são alcançados pela ação estatal coercitiva serão sempre subótimos (parte dos potenciais ganhos de utilidade serão engolidos pelos custos de implementação). As autoridades eleitas e não-eleitas podem desenvolver funções de utilidade próprias, distintas dos interesses dos cidadãos a quem representam; e os burocratas estatais podem desenvolver funções de utilidade distintas das autoridades políticas às quais devem obediência[87]. Trata-se do clássico problema de saber quem supervisiona os supervisores. E, finalmente, mesmo agentes estatais dispostos a agir somente segundo os interesses do público enfrentam um grave problema de informação. Se as informações que orientam a ação estatal coercitiva são incompletas ou distorcidas, "caronas" podem passar despercebidos e cooperadores podem ser punidos. (Se isso ocorrer, estes terminarão com uma utilidade menor do que obteriam no Dilema do Prisioneiro.)

Esses três tipos de problema oneram a implementação dos pactos por uma autoridade externa, quer se trate do cumprimento das normas de justiça especificadas pelo contrato social vigente, quer se trate do cumprimento de acordos de escala menor, como os arranjos institucionais colocados em prática (com graus muito diferenciados de êxito) para evitar a degradação de recursos de uso comum[88]. Reconhecendo esses problemas, não estamos necessariamente endossando a crítica neoliberal às "imperfeições do mercado político"; estamos, isso sim, rejeitando o desprezo que

---

87. Aqui o problema é como fazer que um contratado (*agent*) aja segundo a função de utilidade do contratante (*principal*). Sobre isso, ver, por exemplo, Moe, 1984.

88. Ostrom (1990) considera que nem um modelo puramente privatista nem um modelo puramente hobbesiano é o mais indicado para lidar com esse problema. Muitos dos arranjos institucionais criados para a gestão de recursos de uso comum são uma mistura de instituições de tipo público e instituições de tipo privado. O modelo institucional mais promissor, para a autora, é aquele no qual os próprios participantes – digamos, uma comunidade de pescadores que necessita restringir a atividade de pesca de cada um de seus membros de modo que seja conformada com a capacidade de sustentação do sistema –, além de estabelecerem os termos de um acordo mutuamente benéfico, criam as instituições necessárias para supervisionar seu cumprimento pelos participantes. A suposição é que eles estão em condições de fazer isso bem melhor, e a um custo muito mais baixo, do que uma agência externa ao empreendimento cooperativo. Note-se que o estudo de Ostrom limita-se a sistemas de recursos de uso comum de pequena escala, envolvendo não mais do que 15 mil pessoas. A despeito disso, os problemas de implementação de estratégias cooperativas já se apresentam de forma aguda.

certo tipo de realismo hobbesiano devota à moralidade, entendendo-se por "moralidade" a disposição de fazer a própria parte em empreendimentos cooperativos. Uma sociedade na qual só se pode confiar nas promessas de desempenhar determinados atos em um tempo futuro se o cumprimento disso for exigível nos tribunais, será, provavelmente, o paraíso dos advogados; mas será também uma sociedade na qual uma parte substancial dos ganhos gerados por arranjos cooperativos de todo tipo terá de ser destinada a esquemas de supervisão e de punição. Nessas condições, muitos problemas de ação coletiva permanecerão insolúveis, a não ser que os benefícios gerados pela cooperação sejam grandes a ponto de compensar o investimento em mecanismos dispendiosos de supervisão e de punição aos "caronas" e "parasitas"[89].

Pode-se desprezar o papel prático da moralidade, mas o preço disso é alto. Eis por que é insuficiente a solução puramente política que Hobbes dá à objeção do "tolo". "Pagamos um preço elevado", diz Gauthier, "se realmente somos criaturas que racionalmente não aceitam nenhuma restrição interna à busca de nossa utilidade, e se, em conseqüência, só somos capazes de escapar do estado de natureza, naquelas circunstâncias em que externalidades inevitavelmente se fazem presentes, mediante dispositivos políticos, não morais. Se pudéssemos cumprir voluntariamente os acordos que racionalmente aceitamos, pouparíamos nós mesmos desse ônus."[90]

Gauthier quer complementar a resposta que Hobbes deu ao "tolo". Seu propósito é demonstrar que, se não nos dispomos a fazer nossa parte em acordos mutuamente vantajosos, isso não se deve somente a nossa notória dificuldade de reconhecer a validade *per se* de exigências morais em nossa conduta, mas também a uma deficiência em nossa racionalidade. Gauthier quer mostrar ao "tolo" por que é racional ser moral. Trata-se de um argumento que, se fosse bem-su-

---

89. Ostrom, 1990, p. 36.
90. Gauthier, 1986, p. 164.

cedido, preencheria uma imensa lacuna do enfoque contratualista-hobbesiano. Esse argumento mostraria que, quando a moralidade e o interesse próprio conflitam, nós agiríamos racionalmente se fizéssemos a primeira prevalecer sobre o segundo – isto é, se aceitássemos fazer o que, da ótica de nosso interesse próprio imediato, é pior para nós. Vale a pena examiná-lo com cuidado.

É racional ser moral?

Esse é o argumento mais importante da teoria da "moralidade por acordo". O significado normativo da concepção maximizadora de racionalidade muda conforme a consideramos antes ou depois que os barganhistas chegam a um acordo. Para passar do ponto de não-acordo para a fronteira paretiana, cada barganhista escolhe sua estratégia individualmente, empenhando-se somente na maximização de sua própria utilidade. A solução da barganha, portanto, tem de pressupor que cada barganhista é um "maximizador puro". Mas a situação muda de figura quando um resultado é selecionado: o ambiente deixa de ser de barganha e passa a ser de *cooperação*. A questão já não é a escolha independente de estratégias individuais pelos barganhistas mas a adesão continuada dos cooperantes a uma estratégia *conjunta*. O passo crucial da argumentação de Gauthier é o de que a maximização pura do próprio benefício, que é a única motivação da conduta individual no contexto de jogo, se torna *irracional* no contexto de cooperação. Neste último, indivíduos que só se empenham na maximização de sua própria utilidade devem, desde que outros façam o mesmo, trocar a "maximização pura" (*straightforward maximization*) pela "maximização contida" (*constrained maximization*) de seu próprio benefício[91]. Em outros termos, Gauthier argumenta que é racional restringir a própria conduta de forma que ela

---

91. Gauthier, 1986, cap. 6.

seja conformada com um resultado que traz benefícios mútuos (e que, ademais, supõe-se que sejam proporcionais à contribuição de cada um). E, se é racional fazê-lo, então a "conexão profunda" entre razão e moralidade afinal se revela: é a disposição de cada um de aceitar restrições à própria conduta maximizadora, disposição essa que é racional adotar, que dá à cooperação seu significado propriamente moral. Dispor-se a cumprir as normas de justiça, desde que outros adotem uma disposição similar, encontraria apoio em uma forma de interesse próprio sofisticado. Essa é a idéia central da "moralidade por acordo".

A ambição do argumento de Gauthier também se evidencia quando outro ponto é esclarecido: pode ser racional adotar a disposição do maximizador contido (MC) mesmo que a interação entre as partes só ocorra uma vez e mesmo que os participantes não tenham a expectativa de que suas escolhas afetarão situações futuras de interação. O MC não é, diz Gauthier, o maximizador puro (MP) "sob seu disfarce mais efetivo": "O maximizador contido não é meramente a pessoa que, enxergando mais longe do que seus semelhantes, se devota a seu interesse global sacrificando os benefícios imediatos que obteria ignorando estratégias conjuntas e violando arranjos cooperativos para, dessa forma, obter os benefícios de longo prazo de gozar da confiança de outros. Uma pessoa assim não exibe nenhuma restrição real a sua conduta."[92] Uma vez que o argumento de Gauthier não incorpora a dimensão temporal, trata-se de demonstrar que pode ser racional cooperar mesmo em estruturas de interação que exibem as propriedades de um Dilema do Prisioneiro de uma só rodada[93].

---

92. Ibid., pp. 169-70. Uma "prudência genuína" não é a mesma coisa que uma "moralidade genuína". Gauthier, 1991, p. 24.
93. Gauthier (1986, pp. 169-70, n. 19) explicitamente rejeita que sua disposição à maximização contida seja similar à estratégia *"tit-for-tat"* (segundo a qual o primeiro jogador adota uma estratégia cooperativa, e, em seguida, copia as estratégias adotadas pela outra parte), que Robert Axelrod argumentou oferecer uma possibilidade de cooperação em Dilemas dos Prisioneiros reiterativos.

O CONTRATUALISMO HOBBESIANO

Por que é racional dispor-se a ser um maximizador contido? Vou resumir o argumento de Gauthier em duas partes. A primeira pode ser formulada assim:
- Proposição 1: é racional se dispor a cumprir os termos de um acordo aproximadamente "ótimo" e "eqüitativo", desde que os demais manifestem uma disposição similar, sempre que o resultado cooperativo propiciar, a cada um dos participantes, ganhos de utilidade superiores às utilidades de cada um na hipótese da defecção universal.

Gauthier argumenta em favor dessa proposição da seguinte forma. No contexto da cooperação, a natureza do cálculo racional se altera. Deixa de fazer sentido comparar a utilidade da conduta cooperativa com a da conduta de defecção, tendo em vista determinar qual é a estratégia individual maximamente eficiente para ser empregada em resposta às estratégias também individuais dos demais. O cálculo agora é outro. Um indivíduo racional comparará os ganhos de utilidade para si próprio, se cada um cumprir sua parte, com a utilidade para si próprio no caso de a cooperação fracassar. Se o que ele ganha com os outros aceitando restringir sua conduta pelo resultado cooperativo for mais do que ele perde aceitando ele próprio restringir sua conduta da mesma forma, esse indivíduo agirá de forma racional se fizer sua parte em um arranjo cooperativo em que todos, incluindo ele próprio, aceitam agir como MCs. Eis por que a conduta cooperativa, segundo Gauthier, seria recomendada pelo interesse próprio de cada um. Em contraste, se todos escolhem agir como MPs, em vez de MCs, oportunidades de benefícios mútuos serão perdidas para todos.

A segunda parte do argumento pode ser assim resumida:
- Proposição 2: é mais racional se dispor a ser um MC do que um MP em arranjos mutuamente benéficos, porque os MPs (os "tolos" de Hobbes) serão identificados pelos MCs e excluídos dos benefícios da cooperação, benefícios estes que estarão ao alcance dos MCs.

Essa proposição se justifica assim. Os MCs não são "trouxas". Eles não se oferecem como presas fáceis aos MPs

– sua disposição de cooperar é de natureza condicional. Os MCs seguem estritamente a primeira lei da natureza de Hobbes: esforçar-se pela paz, caso tenha esperança de alcançá-la, e, caso isso não seja possível, valer-se de "todos os recursos e vantagens da guerra"[94]. Os MCs percebem os benefícios que podem garantir para si próprios (a "paz") se dispondo a cumprir os acordos que fazem com pessoas que têm uma disposição similar. Mas, se estiverem interagindo com MPs, há duas possibilidades: se há um número suficiente de MCs para sustentar o arranjo cooperativo, os MCs vão agir para excluir os MPs dos benefícios da cooperação; se não há, os MCs adotarão uma disposição similar à dos MPs e, como estes, também se valerão das "vantagens da guerra". O ponto central é que os MPs serão privados de ganhos de utilidade que estarão ao alcance dos MCs.

Antes de examinarmos as duas proposições mencionadas, há uma objeção inesperada, mas nem por isso desprezível, que foi formulada por Holly Smith ao argumento de Gauthier. E se os MCs, em vez de se defrontarem com MPs sequiosos de tirar proveito de sua disposição condicional à cooperação, tiverem de interagir com *cooperadores incondicionais*? Pode ser irracional adotar a disposição de cooperar sempre, quaisquer que sejam as estratégias adotadas pelos outros, mas o que está em questão é outra coisa: como poderia ser *moral* tirar proveito de cooperadores incondicionais? No entanto, é certo que, em interações com cooperadores incondicionais, os MCs de Gauthier só maximizarão sua utilidade se agirem exatamente como MPs. A maximização contida, diz Smith, "dificilmente pode ser uma opção atraente se somente funciona contra parceiros perfeitamente racionais. Uma vez que muitas pessoas de fato são irracionais, uma opção aceitável deve funcionar contra todos os desafiantes, quer eles sejam racionais ou não"[95]. A suspeita aqui não é que pode não ser racional adotar a maximização

---

94. Hobbes, 1968, cap. XIV.
95. Smith, 1991, p. 239.

contida, e sim que as credenciais morais dessa disposição não são tão inequívocas como Gauthier parece supor. Deixemos passar essa primeira objeção e examinemos as duas proposições centrais de seu argumento em favor do cumprimento dos pactos e promessas. Infelizmente, ambas são falaciosas para as estruturas de interação que têm as características de um Dilema do Prisioneiro de uma só rodada. Há um defeito sério e insanável no argumento de Gauthier: a estrutura de interação na qual a maximização contida seria a estratégia mais recomendada *da ótica do interesse próprio de cada um* não é um Dilema do Prisioneiro, mas algum outro jogo no qual se fazem suposições mais fortes sobre a motivação dos jogadores.

Considere a proposição 1. É verdade que o resultado cooperativo produz ganhos de utilidade para cada um em comparação à defecção universal, mas há um dilema precisamente porque esse resultado benéfico para ambos só pode ser alcançado se cada um dos jogadores escolher uma estratégia fortemente dominada, o que constitui uma violação ao critério de racionalidade empregado na análise de Dilema do Prisioneiro[96]. O problema é que o melhor resultado coletivo para cada um só pode ser alcançado se cada um se dispuser a fazer o que é pior para si próprio. Seria possível reformular o que Gauthier diz da seguinte forma. Pode ser melhor para o interesse próprio de cada um se *todos* se dispuserem a *não* fazer aquilo que o interesse próprio de cada um dita (isto é, sempre adotar uma estratégia não-cooperativa quando a estrutura de interação tem as feições de um Dilema do Prisioneiro). Podemos aceitar essa proposição como verdadeira, mas, à primeira vista, ela desliza de uma teoria da racionalidade prática *individual* para uma teoria da racionalidade prática *coletiva*, para a qual a pergunta é: "como *nós* todos devemos agir?"[97] Evidentemente, Gauthier não aceitaria essa interpretação, já que ela abandona

---
96. Ver nota 18.
97. Parfit, 1991, pp. 91-2.

o critério de racionalidade aceito pela teoria dos jogos e os pressupostos de "relatividade ao agente" de sua própria teoria. (A pergunta "como nós todos devemos agir?" só faz sentido em teorias que articulam valores "neutros em relação ao agente".)

Mas ainda resta uma possibilidade de salvar todo esse esforço de derivar a moralidade da racionalidade individual. O que Gauthier diz ser racional escolher é uma "disposição" de agir de forma justa. Trata-se, portanto, da escolha não de condutas específicas, mas de um traço de caráter. Se é racional adquirir esse traço de caráter, então pode fazer sentido, da ótica de um interesse próprio sofisticado, adotar uma conduta cooperativa em interações específicas, mesmo quando fazê-lo envolve sacrificar parte do benefício máximo que se poderia esperar tirando proveito dos esforços cooperativos de outros. Reapresentemos, pois, a pergunta: por que é racional possuir esse traço de caráter?

A resposta é essencialmente esta: aqueles que adquirem esse traço de caráter vêem se abrir para si próprios oportunidades de maximizar seu benefício que são vedadas aos maximizadores puros. É isso o que diz a proposição 2. Para examiná-la, cito, na íntegra, um exemplo oferecido pelo próprio Gauthier:

> Jones e Smith têm fazendas contíguas. Apesar de serem vizinhos, e de não serem hostis um ao outro, eles tampouco são amigos, de forma que nenhum dos dois tem prazer em ajudar o outro. A despeito disso, ambos reconhecem que, se fizerem suas colheitas juntos, isso será melhor para cada um do que se cada um fizer a sua sozinho. O cultivo de Jones estará pronto para a colheita na próxima semana; e o de Smith estará pronto para ser colhido dentro de duas semanas. Terminada a colheita, Jones se aposentará e se mudará para a Flórida, onde é improvável que ele venha a encontrar Smith ou outros membros de sua comunidade. Jones gostaria de prometer a Smith que, se Smith o ajudar a fazer a colheita na próxima semana, ele, Jones, ajudará na colheita de Smith daí a duas semanas. Mas Jones e Smith sabem que, dentro de

duas semanas, ajudar Smith será somente um custo para Jones. Mesmo que Smith o ajude, Jones não tem nada a ganhar reciprocando o auxílio, uma vez que, nas circunstâncias, ele não é motivado nem por uma preocupação com Smith nem por um interesse em sua própria reputação. Daí que, se tanto Jones quanto Smith sabem que Jones age abertamente para maximizar a satisfação de suas preferências, ambos também sabem que Jones não ajudará Smith. Por isso, Smith não ajudará Jones mesmo que este último finja prometer retribuir o auxílio que recebeu. No entanto, seria melhor para Jones se ele pudesse fazer e cumprir tal promessa – e também o seria para Smith.[98]

O exemplo mostra que, se Smith e Jones possuem o traço de caráter que faz deles cumpridores (condicionais) de suas promessas, isso lhes abre oportunidades de estabelecer arranjos mutuamente vantajosos. E, se Jones não o possui, ele acaba sendo vítima de sua própria disposição de obter sempre a máxima utilidade possível das interações das quais participa. Vamos supor que Smith tenha outro vizinho, Adam, e que ambos se reconheçam como MCs. Eles poderão cooperar e dividir os benefícios da cooperação entre si, deixando Jones fora disso. Os primeiros estarão em condições de explorar oportunidades de maximizar a própria utilidade que serão negadas a este último. Aparentemente, a racionalidade de se dispor a ser um MC está estabelecida.

A proposição 2, entretanto, tem um grave defeito que Gauthier não foi capaz de solucionar adequadamente – tampouco eu vejo como isso possa ser feito. Para ser racional adquirir o traço de caráter em questão, temos de ser capazes de identificar, entre nós, aqueles que são MCs e os que são MPs. Se isso não for possível, poderemos nos dispor, como MCs, a cooperar com MPs *que se fazem passar* por MCs, o que é irracional – novamente, estaríamos nos oferecendo como presas fáceis para o "tolo" de Hobbes e para o "velhaco sen-

---

98. Gauthier, 1991, pp. 24-5.

sato" de Hume. E por que seria irracional para o "tolo" e para o "velhaco" se fazerem passar por cooperadores condicionais, evitando assim serem excluídos dos benefícios da cooperação, enquanto aguardam o momento propício para descumprirem suas promessas? O "momento propício" se apresenta quando o custo de enganar os outros é superado pelos benefícios obtidos com a conduta não-cooperativa. Por que seria irracional se dispor a ser não um cooperador condicional, mas um egoísta prudente?

O argumento em favor da racionalidade de cumprir as próprias promessas só funciona se formos transparentes, ou pelo menos, como Gauthier prefere supor, se formos "translúcidos"[99]. Se todos formos transparentes, todos saberemos com certeza se estamos interagindo com um MC ou com um MP. É isso o que Gauthier supõe no exemplo apresentado e o que eu próprio supus na continuação que sugeri para a história de Smith e Jones. Mas essa suposição é muito mais onerosa para a teoria do que a suposição de que somos todos racionais. Mesmo sendo uma idealização, essa suposição de racionalidade igual pode ser útil para esclarecer a natureza das práticas e instituições existentes. Perguntamos como estas últimas pareceriam a agentes perfeitamente racionais, porque isso nos ajuda a entender os custos que elas impõem e os incentivos que oferecem a cada um de seus participantes. (Se descobrirmos que determinado bem público ou instituição só pode existir porque há pessoas capazes de agir segundo motivações altruístas, a suposição de racionalidade serve, mesmo assim, para evidenciar os elevados custos motivacionais envolvidos.) A suposição de transparência, em contraste, é uma idealização que não nos diz nada sobre por que pessoas de carne e osso, em situações reais, cooperam ou não cooperam. E, aliás, mesmo agentes perfeitamente racionais considerariam de seu interesse possuir uma capacidade de ocultar suas verdadeiras disposições.

---

99. Gauthier, 1986, pp. 173-4.

Substituir a suposição de transparência pela de "translucidez" é um remendo na teoria que não afasta a objeção que estamos considerando. Pessoas "translúcidas" não são "nem transparentes nem opacas, de forma que sua disposição de cooperar ou não pode ser percebida por outros, não com uma certeza absoluta, mas com uma probabilidade maior do que uma mera conjetura"[100]. Gauthier emenda seu argumento para sustentar que é racional adquirir a disposição de ser um "cooperador condicional translúcido". De outra parte, pessoas "opacas", isto é, que não deixam transparecer nada de seus verdadeiros traços de caráter, serão tratadas, pelos MCs translúcidos, como potenciais MPs e excluídas da cooperação. Não consigo ver nada de muito convincente nesse remendo na teoria. Infelizmente, é perfeitamente possível a um cafajeste hábil em maquiar seu próprio caráter enganar regularmente aqueles com quem interage, parecendo-lhes tanto translúcido quanto confiável. Para os que conseguem isso – e não há nenhuma razão para supor que isso não ocorra com freqüência! –, a cafajestagem exercida com prudência será sempre mais racional do que adquirir a disposição de ser um cooperador condicional. Não resisto à tentação de reproduzir uma avaliação quase caricatural, mas precisa, dessa parte da teoria de Gauthier: "É egoisticamente racional dar gorjetas ao garçom que você jamais voltará a encontrar. Por quê? Porque, se você fosse o tipo de pessoa que não dá gorjetas, ele leria isso no seu rosto e não o teria atendido bem."[101]

É possível formular uma objeção similar a essa empregando a linguagem da teoria dos jogos. Vamos supor que, no exemplo das páginas 134-5, Jones escolha, como recomenda a "moralidade por acordo", a disposição de ser um MC. Ele deixa transparecer essa disposição de cooperar a Smith e aguarda a escolha de estratégia deste último. Sendo um cooperador condicional, Jones responderá à cooperação com

---

100. Ibid., p. 174.
101. Gibbard, 1991, p. 267.

a cooperação e à não-cooperação com a não-cooperação. Smith escolhe "cooperação" – e auxilia na colheita de Jones uma semana depois – e Jones faz o mesmo – e auxilia na colheita de Smith duas semanas depois. O resultado, supõe Gauthier, é que ambos cooperarão para seu benefício mútuo. Os ganhos de utilidade gerados pela cooperação, para cada um, serão maiores, também para cada um, do que os custos de aceitar restringir sua conduta de acordo com a estratégia conjunta acordada. O problema, do ponto de vista da teoria dos jogos, é que Gauthier está descrevendo algum outro jogo que não é o Dilema do Prisioneiro. Em um Dilema do Prisioneiro genuíno, a resposta maximizadora de utilidade para Jones, após Smith ter escolhido "cooperação", é *não cooperar*. Se fôssemos dar valores numéricos para as utilidades que cada um obtém levando-se em conta a escolha do outro, essa é a escolha que teria o valor mais alto para Jones. Se Jones responde à escolha "cooperação" de Smith também com "cooperação", é porque Jones assumiu previamente um compromisso de cooperar e conseguiu deixar transparecer a Smith que esse compromisso era para valer. Tanto a capacidade de assumir compromissos quanto a "translucidez" são suposições *ad hoc*, que não fazem parte da estrutura do jogo de um Dilema do Prisioneiro.

Essas suposições colocam a teoria de Gauthier fora da ortodoxia hoje aceita pelos estudiosos da área, que é a teoria não-cooperativa dos jogos. Para James Murrow, "os jogos cooperativos [...] tornam muito fácil para os jogadores fazer acordos; os jogadores podem se comprometer com acordos cujo cumprimento pode não ser exigível. Os jogos não-cooperativos nos forçam a examinar como a colaboração entre os jogadores é implementada no jogo e que incentivos os jogadores têm para violar esses acordos [...] Três das questões básicas que a teoria dos jogos deve enfrentar são quando, como e por que os jogadores cooperam para seu benefício mútuo. O cumprimento dos acordos (ou o porquê de as pessoas honrarem os acordos sujeitando-se a um custo de curto prazo) é uma questão crucial, e a teoria cooperativa dos jogos a coloca de lado"[102]. Gauthier não pode colocar essa questão de lado, mas dá a ela uma solução que, do ponto de vista da ortodoxia apropriada na teoria dos jogos, é falaciosa. O problema está em supor que os jogadores possam assumir compromissos outros que não aqueles estritamente permissíveis pela estrutura do jogo. Se queremos fazer suposições de comprometimento, é preciso "modelá-las" – para usar o jargão dos teóricos de jogos – nas regras do jogo, estabelecendo ainda os mecanismos de cumprimento desses compromissos. O que não vale fazer é *analisar* um jogo que tem uma estrutura e regras definidas introduzindo suposições de comprometimento que não fazem parte dessas estruturas e regras[103]. Gauthier incorre precisamente nesse erro, isto é, no erro de analisar uma estrutura de interação de tipo Dilema do Prisioneiro com base em suposições que não se aplicam ao *Homo economicus* mas a alguma variante de *Homo ethicus*.

Isso significa que a noção de maximização contida não tem nenhum interesse? Não se trata disso. Podemos concordar com Gauthier que a justiça, quando tem por objeto a conduta dos indivíduos, consiste na disposição de aceitar restrições, de acordo com princípios válidos de justiça, ao empenho em maximizar a satisfação dos próprios interesses e preferências[104]. E não há dúvida, como o exemplo do cumprimento de promessas examinado nesta seção mostra claramente, de que arranjos mutuamente vantajosos se tornam possíveis quando cada um desenvolve uma disposição de

---

102. Morrow, 1994, p. 76. Na análise de jogos cooperativos, como na solução de Nash para o problema da barganha racional, o problema do cumprimento do acordo alcançado é ignorado.

103. Binmore, 1994, p. 162.

104. Mesmo essa concordância, contudo, tem dois senões importantes, que não devem ser esquecidos: Gauthier não mostrou, a não ser por um raciocínio por analogia, por que devemos considerar verdadeiros (ou mais válidos) os princípios de justiça de sua teoria; e a noção de maximização contida, se queremos que ela tenha algum papel em uma teoria da justiça, deve ser emendada para excluir a exploração de cooperadores incondicionais por cooperadores condicionais.

aceitar essas restrições. É mais ou menos isso que Joseph Stiglitz disse recentemente, ao ressaltar o valor *econômico* da disposição de cooperar, da honestidade e da confiança[105]. Somente em condições muito específicas (as do mercado perfeito), o comportamento puramente auto-interessado é suficiente para promover a eficiência econômica. Creio que é pertinente à nossa discussão esta observação de Stiglitz:

> A confiança é essencial no mundo em que vivemos; para ser conquistada, a confiança muitas vezes exige que se aja de uma forma não inteiramente auto-interessada. A confiança foi essencial para o desenvolvimento inicial dos mercados de capital. Em mercados "imperfeitos", certos tipos de comportamento auto-interessado prejudicam a eficiência econômica. Nós de fato sabemos que é preciso oferecer incentivos que muitas vezes são bastante onerosos para fazer que indivíduos auto-interessados ajam de uma forma confiável.
>
> Há nisso certa ironia: o capitalismo, na medida em que promove o comportamento auto-interessado, pode criar um ambiente menos propício à eficiência. O capitalismo prospera melhor em um ambiente em que há uma peculiar combinação de interesse próprio – suficiente para induzir os indivíduos a se empenharem em atividades lucrativas – e de comportamento não auto-interessado, no qual a própria palavra é a própria honra e no qual as sanções sociais, e não as econômicas, são suficientes para fazer os contratos serem cumpridos.[106]

Traduzindo a observação de Stiglitz para a linguagem de Gauthier, podemos dizer que uma sociedade na qual a disposição de ser um maximizador contido é amplamente disseminada dará mais certo, em termos de eficiência paretiana, do que uma sociedade na qual os maximizadores puros predominam. O problema é que Gauthier não conseguiu mostrar que é *racional* adquirir essa disposição, sempre entendendo-se por racionalidade prática a maximização pelo

---

105. Stiglitz, 1994, cap. 16.
106. Stiglitz, 1994, p. 271.

agente de sua utilidade esperada. Será de fato melhor para todos nós, individualmente, se cada um for levado a crer que é racional cumprir as próprias promessas. Mas tudo o que esse argumento consegue demonstrar é que pode ser racional para nós nos iludirmos com respeito à racionalidade[107].

"A moralidade", diz Gauthier na passagem de *Moralidade por acordo* que citei no início deste capítulo, "pode ser gerada como uma restrição racional a partir das premissas não-morais da escolha racional." Ao longo deste capítulo, mostrei que há pelo menos dois componentes cruciais da "moralidade por acordo" que não derivam de premissas não-morais: o emprego da cláusula lockiana para definir a posição inicial de barganha e a idéia de maximização contida. Tanto quanto Harsanyi ou Rawls, Gauthier deriva a moralidade da moralidade[108]. Essa conclusão não deveria nos surpreender. Partindo-se da suposição de que os agentes não atribuem valor a nenhum outro objetivo que não aqueles que lhes são dados por seu interesse próprio, o máximo que se consegue justificar é uma forma de interesse próprio prudencial. Mas a prudência e a moralidade são virtudes distintas. Não mostro nenhuma restrição moral à minha conduta se só me disponho a aceitar restrições às minhas escolhas, hoje, com base em um cálculo dos benefícios que isso propiciará a meus eus futuros. Com isso Gauthier está de acordo; mas seu esforço de derivar restrições morais genuínas de razões puramente relativas ao agente não foi bem-sucedido. Não há como justificar restrições desse tipo sem apelar para uma motivação especificamente moral: o desejo de levar em conta, nas próprias ações, os interesses de outros eus.

---

107. É isso que Parfit (1991, pp. 18-23) conclui ao examinar um exemplo que adota a suposição forte de transparência.

108. Esta é uma frase de efeito. Pretendo dizer com isso que só é possível chegar a conclusões morais partindo-se de suposições morais, o que não significa que as conclusões meramente repitam as suposições iniciais, ou que não se possa argumentar em favor dessas suposições.

Capítulo 4
Preferências individuais e justiça social

O objetivo central dos dois capítulos que se seguem será examinar as duas teorias éticas estudadas aqui – o utilitarismo e a justiça igualitária – que tomam por ponto de partida a idéia de que as instituições sob as quais vivemos deveriam dispensar uma consideração igual pelo bem-estar de todos. No nível mais fundamental da argumentação normativa, as divergências entre as duas perspectivas apresentam-se em relação à escolha daquilo que Sen denomina o "espaço moral" pertinente à avaliação do bem-estar individual[1]. Quais são os aspectos da vida de uma pessoa nos quais devemos nos concentrar para avaliar o nível de bem-estar que usufrui, ou que, em comparação ao que está ao alcance de outras pessoas (em uma mesma sociedade e também em sociedades distintas), ela deveria usufruir? As instituições sociais deveriam dispensar um tratamento igual e imparcial aos cidadãos com respeito precisamente a quê?

Uma resposta imensamente influente na economia do bem-estar, e mesmo em parte considerável da teoria política contemporânea, é a que John Harsanyi propôs denominar "princípio de autonomia das preferências": "Para julgar o que é bom ou ruim para determinado indivíduo, somente

---

1. Sen, 1992, pp. 12-30. No capítulo 5, os méritos relativos dos princípios de justiça distributiva propostos por uma e outra, o princípio da maximização da utilidade média e o princípio de diferença serão confrontados.

seus próprios desejos e suas próprias preferências podem constituir o critério último."[2] Essa é uma resposta perturbadora para todos que, como eu, acreditam que deve haver um fundamento não subjetivo para estimar e comparar os níveis de bem-estar de diferentes indivíduos. Basta dizer, por exemplo, que os direitos econômicos e sociais são previstos na Declaração Universal dos Direitos Humanos com base na suposição implícita de que um fundamento desse tipo existe. Seria difícil demonstrar diretamente a maior plausibilidade de uma concepção objetiva de bem-estar. O que é possível fazer é, em primeiro lugar, mostrar por que a concepção subjetiva (isto é, que entende o bem-estar somente em termos das preferências dos próprios agentes) não oferece uma interpretação plausível do bem-estar individual e, sobretudo, não propicia um fundamento aceitável à comparação de níveis de bem-estar. Em segundo lugar, temos que nos perguntar se não há uma forma distinta de lidar com o problema central (que explicitarei adiante) para o qual a concepção subjetiva apresenta-se como uma proposta de solução. Esses são os dois temas principais deste capítulo. E, apesar de não me preocupar especificamente com isso no momento, acredito que pelo menos algumas das razões que apontarei para rejeitar as preferências individuais como um fundamento suficiente para os julgamentos de bem-estar social também se aplicam a concepções relativistas de bem-estar (isto é, as que entendem que sua estimação é indissociável de crenças e tradições morais locais).

Faço dois esclarecimentos sobre o que se pode esperar da discussão deste capítulo. Tratarei a seguir de alguns dos problemas que dizem respeito à filosofia do bem-estar. Pretendo com isso encontrar uma resposta à questão: "Por que é mais justificado avaliar o bem-estar individual com base no acesso que as pessoas têm a determinados direitos, recursos e oportunidades, do que avaliá-lo somente em relação à satisfação de preferências individuais?" O que a resposta a

---

2. Harsanyi, 1982, p. 55.

essa questão poderá nos propiciar é um fundamento moral para as comparações interpessoais de bem-estar; constitui uma questão separada a de saber se desse fundamento é possível derivar uma métrica precisa para a estimação de níveis de bem-estar.

Tratarei também do lugar que as preferências individuais devem ocupar em comparações interpessoais de bemestar, julgamentos dos quais não podemos nos furtar nos casos em que é preciso deliberar sobre a distribuição – ou avaliar a distribuição efetivamente realizada – de recursos sociais escassos. Esta é a ótica própria de uma teoria da justiça social. Outro ponto de vista segundo o qual se pode considerar as preferências individuais é vê-las como *inputs* do processo político. Desse ponto de vista, preocupamo-nos sobretudo com os dispositivos institucionais de decisão coletiva. Algumas das perguntas que certamente faremos são: "o processo de tomada de decisão coletiva deve organizar-se para agregar, e exprimir, tão fielmente quanto possível, as preferências *efetivas* dos cidadãos?", "ou ele deve organizar-se de modo que também permita que os cidadãos criem ou revisem suas próprias preferências acerca de questões públicas?". Essas questões deveriam ocupar um lugar importante em nossas reflexões sobre a democracia[3]. Mas elas não pertencem, estritamente falando, ao domínio da justiça[4]. O que uma teoria da justiça social pode nos ajudar a fazer é depurar um padrão segundo o qual é possível julgar a qualidade moral dos *resultados* do processo político. A democracia e a justiça, infelizmente, nem sempre caminham juntas. Mas uma teoria da justiça não se propõe ser um substituto para a deliberação política; o máximo que se pode esperar da primeira é um exame rigoroso de idéias e argumen-

---

3. Para uma discussão dessas questões, ver, por exemplo, Elster, 1983, pp. 33-42.
4. É de suma importância a questão de que dispositivos institucionais democráticos são mais propícios a gerar resultados justos. Direi algo sobre isso no capítulo 6.

tos que, de uma forma ou de outra, os próprios cidadãos empregam quando participam da deliberação política de modo informado e ponderado.

O utilitarismo de preferências

Queremos saber por que julgamentos de justiça social não podem se basear *meramente* na satisfação de preferências individuais ou, para colocar o problema de outra forma, que razões há para rejeitar a idéia de que a "utilidade social" só pode ser concebida em relação à agregação de utilidades individuais. O ponto de vista que quero rejeitar é formulado da seguinte forma por Harsanyi: "A teoria utilitarista que propus define a utilidade social a partir de utilidades individuais, e define a função de utilidade de cada pessoa com base em suas preferências pessoais. Dessa forma, a utilidade social é, por fim, definida em relação às preferências individuais das pessoas."[5] Mas, antes de criticá-lo, é preciso perceber de onde o utilitarismo de preferências retira sua plausibilidade.

Um primeiro ponto a esclarecer é o seguinte: o princípio de Harsanyi não necessita apoiar-se em uma psicologia hedonista *à la* Bentham[6]. O utilitarismo hedonista e o utilitarismo de preferências têm somente um ponto em comum. Ambos compreendem o bem-estar individual de forma subjetiva: enquanto o primeiro o concebe baseando-se na presença de certos estados mentais conscientes, de prazer ou de dor, discerníveis por introspecção, o segundo o entende com base na satisfação ou na frustração de preferências (estados mentais e preferências, bem entendido, da pessoa cujo bem-estar está sendo avaliado).

---

5. Harsanyi, 1982, p. 54. Este ponto de vista é denominado, na literatura, "welfarismo subjetivo".

6. Harsanyi endossa a "teoria da preferência revelada", a que fiz referência na seção "Harsanyi e Gauthier" do capítulo 3 (ver nota 10).

As semelhanças, entretanto, param por aí. Um hedonismo não-qualificado oferece uma explanação por demais implausível do bem-estar individual. Há muita coisa que fazemos independentemente das sensações subjetivas de prazer ou de dor que para nós possam resultar. Há realizações profissionais, científicas ou artísticas excepcionais, que só podem ocorrer à custa de pesados sacrifícios pessoais – seja porque impõem sofrimentos, seja porque exigem a renúncia a coisas que produziriam estados conscientes de prazer – a seus realizadores. Muitos outros exemplos, que não necessariamente envolvem graus tão elevados de excelência individual, poderiam ser mencionados. Posso fazer coisas objetivando produzir estados conscientes desejáveis em outros, ou então, contribuir para algum estado de coisas objetivo. Se formos obrigados a dizer que tudo isso ocorre *à custa* de bem-estar individual, então talvez seja melhor desconfiarmos que o problema está na concepção de bem-estar que estamos adotando (isto é, uma concepção hedonista).

John Stuart Mill procurou escapar dessas dificuldades da concepção hedonista valendo-se de uma distinção entre "prazeres superiores" e "prazeres inferiores" e postulando que os seres humanos, em condições normais, derivam mais utilidade dos prazeres superiores e do exercício de suas capacidades mais elevadas. "É melhor ser um ser humano insatisfeito do que um porco satisfeito; é melhor ser um Sócrates insatisfeito do que um tolo satisfeito. E, se o porco e o tolo têm uma opinião diferente dessa, é porque eles só conhecem seu próprio lado da questão. A outra parte da comparação está consciente dos dois lados."[7] Com essa doutrina dos prazeres superiores e inferiores Mill está, na verdade, adotando uma concepção objetiva da felicidade humana, na suposição de que os ingredientes dessa concepção são também aqueles que produzem estados conscientes desejáveis, ou são aqueles pelos quais os indivíduos desenvolvem preferências mais intensas. Isso afasta o ponto de vis-

---

7. Mill, 1961, p. 333.

ta de Mill (que poderíamos denominar "utilitarismo objetivista") das duas concepções subjetivas de bem-estar que estou confrontando.

Neste ponto, estamos em condições de perceber de onde vem o apelo do utilitarismo de preferências. Contra o hedonismo não-qualificado, a noção de utilidade deixa de ter um vínculo necessário com os estados sensoriais do agente. Um exemplo extremo mencionado por Derek Parfit ajuda a esclarecer o que está em questão[8]. Sofrendo de dores agudas provocadas por um câncer em estágio avançado, Freud, no final de sua vida, viu-se diante de duas alternativas. Tomar drogas anestésicas que o mergulhariam em um estado de torpor, ou não as tomar e, mesmo em meio ao tormento das dores, manter-se capaz de pensar com clareza. Freud preferiu a segunda alternativa. Do ponto de vista do hedonismo não-qualificado, teríamos de dizer que a satisfação dessa preferência reduziu o nível de bem-estar de Freud; de acordo com o utilitarismo de preferências, diríamos que sua escolha foi a melhor, pesando-se tudo, para o seu próprio bem-estar.

Esse exemplo já evidencia o ponto forte do princípio de Harsanyi, que o opõe ainda mais frontalmente ao "utilitarismo objetivista" que atribuí a Mill[9]. Trata-se de um ideal de *neutralidade*: em nossos julgamentos de justiça social (ou de "utilidade social"), devemos evitar os julgamentos de valor que tenham por objeto as preferências e as escolhas individuais. Para esclarecer melhor o que está em questão, vamos supor que nos encontramos na posição de decidir "*who gets what*" com respeito à distribuição de determinado recurso social escasso. O ideal de neutralidade rejeita que optemos por distribuir o recurso X (ou mais do recurso X)

---

8. Parfit, 1991, p. 494.

9. O princípio de Harsanyi rejeita, de forma geral, todas as teorias morais "perfeccionistas", isto é, as que consideram que o bem-estar individual deve ser avaliado, não pela satisfação das preferências efetivas dos agentes, mas pela satisfação das preferências que estão de acordo com um ideal da boa vida para o homem.

ao indivíduo A, em vez de distribuí-lo ao indivíduo B (ou que optemos por dar menos de X a B), porque acreditamos que as preferências de A são mais valiosas (porque acreditamos que X será empregado para satisfazer às preferências que, no caso, julgamos terem mais valor). Digamos que se trate da decisão de distribuir uma cesta básica a A ou a B (supondo-se que ambos se encontrem em circunstâncias similares). A neutralidade exclui que entreguemos a cesta a A, e não a B, porque sabemos (é um fato) que B costuma beber (e é possível que trocasse a cesta por aguardente) e porque acreditamos (é um julgamento de valor) que a preferência pela abstemia é melhor do que a preferência pela bebedeira. O princípio de autonomia das preferências requer que encontremos outro fundamento para nossa decisão. Volto a esse ponto mais adiante.

A plausibilidade *prima facie* do utilitarismo de preferências resulta da resposta, à primeira vista irretorquível, que oferece ao problema da neutralidade (como caracterizado no parágrafo anterior) nas comparações interpessoais de bem-estar. A força dessa resposta está na rejeição do paternalismo (na forma do "eu sei o que é melhor para você"), sobretudo nas decisões de política pública e no funcionamento de instituições sociais básicas. Não queremos conceder às autoridades públicas o poder discricionário de decidir sobre a distribuição de recursos escassos – e sobre o emprego ou a abstenção do emprego da coerção coletiva de modo geral – com base no que elas acreditam que cada um de nós deveria preferir ou fazer.

O paternalismo, portanto, é o problema para o qual o utilitarismo de preferências se propõe ser a solução. Se queremos chegar a uma concepção não-subjetiva de bem-estar individual (e da comparação de níveis de bem-estar), e também rejeitamos a interferência discricionária nas preferências e escolhas individuais, então não podemos nos furtar a conceber uma solução distinta para o problema do paternalismo. Antes disso, porém, vamos ver o que há de errado com o princípio de Harsanyi.

A maleabilidade das preferências

Há um ponto que precisa ser esclarecido na comparação que fiz entre o utilitarismo hedonista e o utilitarismo de preferências. Ao passo que o hedonismo (subjetivo ou objetivista) só foi considerado na condição de uma concepção do bem-estar individual, isto é, na condição de uma teoria do que torna uma vida boa para quem a vive, o utilitarismo de preferências foi considerado dessa ótica *e também como uma teoria moral*. Dizer que uma coisa é boa para a pessoa (é um interesse seu) porque produz nela um estado consciente prazeroso, ainda não nos diz nada sobre que espécie de exigência esse interesse apresenta para *outros*.

O princípio de Harsanyi, diversamente, já de início é de natureza distributiva. Ele propõe que a satisfação de preferências individuais deve erigir-se no critério último para a distribuição de recursos escassos (e, de modo geral, para todo e qualquer emprego da coerção coletiva). Ao tomar decisões de política pública, ou ao avaliá-las de um ponto de vista imparcial, só deveríamos levar em conta a *intensidade* das preferências individuais e sua distribuição pela comunidade, abstendo-nos, como vimos na seção anterior, de julgá-las por seu valor intrínseco. O fundamento de nossas decisões distributivas deveria constituir-se somente da força e do grau de difusão de preferências individuais.

Pode-se duvidar que seja possível realizar comparações interpessoais de bem-estar que levem em conta a intensidade das preferências individuais. Mesmo que concordemos que o bem-estar individual deve ser estimado somente com base na utilidade, e esta somente com base na satisfação de preferências individuais, restaria ainda o problema de que procedimento de agregação adotar para o cálculo de uma "função social de utilidade". A regra da maioria, uma possível candidata a desempenhar esse papel, é insensível à intensidade das preferências[10]. Mas não quero me deter aqui

---

10. Na linguagem da economia do bem-estar, a regra da maioria é um procedimento decisório que permite realizar comparações "ordinais", mas não comparações "cardinais" de utilidade. No primeiro caso, é possível dizer

em questões de praticabilidade, já que um princípio pode ter importância prática ainda que não disponhamos de nenhum algoritmo para aplicá-lo.

As objeções mais fortes ao utilitarismo de preferências estão todas relacionadas a esta questão: com base em que, e sem que tenhamos de nos afastar decisivamente do "princípio de autonomia das preferências", podemos *excluir* certas preferências de nossos julgamentos de justiça social? Essa questão suscita imediatamente outra: que espécie de preferências deveríamos excluir desses julgamentos? Examino, a seguir, três tipos de preferência que desafiam qualquer concepção plausível de justiça. Uma primeira categoria é a das preferências *ofensivas*. Em uma segunda estão as preferências cuja satisfação impõe exigências *excessivas* aos outros (os "gostos caros"). E, finalmente, encontram-se as preferências que fazem exigências mais *modestas* aos outros do que, fossem outras as circunstâncias, deveria ser o caso.

Comento brevemente as preferências ofensivas, a saber, aquelas que são de natureza discriminatória e/ou cuja satisfação (sempre tendo por foco as decisões de política pública) causa dano à vida, à dignidade humana ou à liberdade de outros. Estaríamos dispostos a admitir, para ilustrar, que atitudes – bastante populares no Brasil – do tipo "preso tem mais é que morrer" tenham livre curso para determinar como a coerção coletiva será empregada? Obviamente, não. A estratégia liberal clássica para lidar com esse problema consiste em resguardar certos interesses individuais, protegendo-os de cálculos welfaristas que contenham um componente ofensivo desse tipo, por meio de uma carta constitucional de direitos e, eventualmente, também por meio de um procedimento de "revisão judicial" ou de controle da

---

que, por exemplo, a alternativa *a* é preferida à *b*, que é preferida à *c*, e assim por diante. No segundo caso, a ordem leva em conta *quão* preferida é cada uma das alternativas. A ordenação de preferências deveria, então, ser algo do tipo: a alternativa *a*, produzindo 40 unidades de utilidade, é preferida à *b*, que produz 35 unidades de utilidade, que *é* preferida à *c* (5 unidades de utilidade), e assim por diante.

constitucionalidade das leis aprovadas pelos legislativos[11]. Harsanyi enfrenta o problema sugerindo que a compaixão humana em que se funda a moralidade utilitarista torna legítima a exclusão "de todas as preferências nitidamente anti-sociais, como o sadismo, a inveja, o ressentimento e a malevolência" do cálculo da utilidade social[12].

Ainda que aceitemos essa primeira qualificação ao "princípio de autonomia das preferências", dificuldades mais sérias surgem quando passamos à segunda das categorias de preferências. O welfarismo subjetivo propõe-se a levar em conta as variações individuais de preferências. Dessa ótica, um objetivo fundamental deve tornar as pessoas tão iguais quanto possível no grau de satisfação que alcançam de suas próprias preferências. O problema que se apresenta é o seguinte: com base em que vamos arbitrar a razoabilidade das exigências que a satisfação das diversas preferências faz aos outros (isto é, à sociedade)? Adaptando um exemplo sugerido por Kenneth Arrow, vamos considerar o caso em que, ao passo que um indivíduo satisfaz às suas preferências gastronômicas com água e farinha de soja, o outro se sente terrivelmente infeliz sem vinhos e comidas finas e raras[13]. Se tomamos a intensidade das preferências como a métrica para estimar o bem-estar individual, e queremos igualar o nível de bem-estar dos dois indivíduos, então somos levados, *contra-intuitivamente*, a propor que uma parcela maior dos recursos sociais escassos seja destinada ao segundo indivíduo, que é um consumidor mais eficiente de bens (aquele que é capaz de derivar sempre mais utilidade individual de parcelas adicionais de recursos)[14]. Note-se que um consumi-

---

11. Vão nessa linha a célebre definição, proposta por Dworkin (1985), dos direitos individuais como "trunfos" que os indivíduos podem sacar contra os cálculos utilitaristas discriminatórios e a defesa de Samuel Freeman (1994), que não é relevante somente para o contexto norte-americano, do instituto da "revisão judicial".
12. Harsanyi, 1982, p. 56.
13. Arrow, 1973, p. 254.
14. Scanlon, 1975, p. 659.

dor mais eficiente de bens, para quem a utilidade marginal de unidades adicionais de determinados bens só decresce muito lentamente, é um consumidor *ineficiente* de recursos sociais escassos, já que ele demanda parcelas maiores desses recursos para atingir o mesmo nível de satisfação que alguém cujas preferências exigem menos.

É contra-intuitivo sustentar que uma pessoa que desenvolveu "gostos caros" deva, para atingir o mesmo nível de satisfação de outra cujos gostos e ambições são mais modestos, fazer jus a uma parcela maior dos recursos escassos da sociedade. E, no entanto, não é fácil ver de que forma o welfarismo subjetivo poderia fazer frente a essa objeção[15]. Como Dworkin argumentou com muita força, as concepções de igualdade de bem-estar, isto é, as concepções que propõem igualar o bem-estar das pessoas segundo a estimação subjetiva que cada uma faz de seu próprio nível de bem-estar, acabam por se contradizer[16]. Nas comparações interpessoais de bem-estar, qualquer que seja a concepção de igualdade que adotemos, somos inevitavelmente levados a avaliar até que ponto são "razoáveis" as exigências que a satisfação de determinadas preferências faz à sociedade. Essa razoabilidade, entretanto, não é um atributo das próprias preferências ou de sua intensidade – trata-se de um padrão *externo* às preferências. Se não temos como evitar recorrer a uma noção de "exigência razoável" nas comparações interpessoais, então nossa concepção de igualdade, mesmo que se atenha a uma métrica subjetiva, já embute suposições prévias de eqüidade distributiva. E essas suposições prévias necessitam de uma justificação que seja independente dos interesses individuais que serão comparados.

Harsanyi não ignora a objeção dos gostos caros: "Seria absurdo asseverar que temos uma obrigação moral de ajudar as outras pessoas a satisfazer seus desejos mais desarrazoa-

---

15. Esta é uma das principais objeções de Rawls (sobretudo em Rawls, 1982) ao utilitarismo de preferências.
16. Dworkin, 1981, pp. 185-246.

dos igual à que temos de ajudá-las a satisfazer seus desejos mais razoáveis." Mas ele enfrenta a objeção recorrendo a uma distinção que dificilmente podemos considerar consistente com seu próprio princípio de autonomia das preferências:

> Tudo o que temos que fazer é distinguir entre as preferências manifestas e as preferências verdadeiras de uma pessoa. As preferências manifestas são suas preferências efetivas, tais como se revelam em seu comportamento observado, incluindo aquelas que talvez se baseiem em crenças fatuais equivocadas, na análise lógica descuidada ou em emoções fortes que no momento impedem a escolha racional. Em contraste, as preferências verdadeiras de uma pessoa são as que ela *teria* se dispusesse de toda informação fatual pertinente, se raciocinasse sempre com o maior cuidado possível, e se estivesse no estado mental mais propício à escolha racional.[17]

É difícil imaginar que essa distinção entre preferências manifestas e preferências verdadeiras não acabe por abrir uma brecha precisamente àquilo que o princípio de autonomia das preferências mais rejeita – o paternalismo. A tentação a que estaria sujeito um formulador utilitarista de políticas públicas seria a de partir de sua função de utilidade social preferida, e então postular que ela está de acordo com as utilidades individuais que derivam da satisfação das preferências "certas". Continua em pé o ponto enfatizado por Dworkin: quando comparamos interesses individuais, a métrica que empregamos não está contida nesses próprios interesses. E de nada adiantaria substituir o arbítrio da satisfação de preferências individuais pelo das preferências dos que tomam as decisões de política pública.

Ainda resta considerar a terceira categoria de preferências mencionada acima (que pode ser vista como um subcaso importante da segunda categoria). Como devemos avaliar as preferências cuja satisfação exige menos dos outros do que seria o caso se as circunstâncias de *background* institu-

---

17. Harsanyi, 1982, p. 55.

cional fossem outras? Esse é o problema que Elster denominou "uvas verdes"[18]. Um bem, um direito ou uma oportunidade podem ser pouco valorizados por uma pessoa, ou nem mesmo aparecer em sua escala de preferências, pela simples razão de que ela dificilmente pode desenvolver preferências por algo que não percebe (em geral, bastante realisticamente) como parte das circunstâncias de sua vida. É querer demais que uma pessoa tenha uma preferência por alternativas que ela não vê como incluídas no conjunto das opções que a ela estão disponíveis. Isso se aplica sobretudo quando se trata de avaliar as preferências de pessoas que se encontram em posição de vulnerabilidade. Essa é uma das mais graves deformações nos julgamentos de bem-estar social que são produzidas quando avaliamos as circunstâncias das pessoas de acordo com a métrica da utilidade, como ressalta Sen:

> É possível que os desejos relativos de uma pessoa por diferentes objetos ofereçam *prima facie* um fundamento aceitável para avaliar esses objetos de seu ponto de vista. Mas, em comparações interpessoais, o mesmo procedimento pode produzir arbitrariedades de vários tipos. O oprimido social que aprendeu – talvez por meio de amarga experiência – a esperar pouco da vida pode ter aprendido a ter desejos que são facilmente satisfeitos e a se alegrar com pequenos obséquios. Mas é difícil acreditar que essa pessoa tenha, por essa razão, muito bem-estar; ou que ela esteja recebendo um excelente tratamento caso esses desejos disciplinados sejam satisfeitos.[19]

Considere, por exemplo, o caso de um garoto nordestino que, por ser obrigado a trabalhar, não pode freqüentar a escola. É possível que em sua escala de utilidade individual, e na de seus pais, "aumentar a renda" encontre-se em uma posição superior a "freqüentar a escola". Se adotamos uma métrica welfarista para avaliar o bem-estar, somos levados a crer que o melhor é fazer o possível para aumentar a renda

---

18. Elster, 1983, pp. 109-40.
19. Sen, 1984, p. 34.

do garoto. Mas podemos, em vez disso, colocar a questão: "Que mudanças nas circunstâncias de vida do menino são necessárias para que a educação apareça como um valor importante em sua escala de preferências (e na de seus pais)?"[20] Não vejo como essa questão possa ser levantada da ótica do utilitarismo de preferências.

A objeção que está sendo feita à perspectiva welfarista é a seguinte. A satisfação de preferências individuais não é um guia adequado às decisões de política pública porque o que as pessoas preferem é, em grande medida, resultado de bens, recursos e direitos que lhes foram providos *em primeiro lugar* pelas instituições sociais e pela ação pública. Cass Sunstein comenta que há sólidas evidências empíricas, na economia e na psicologia social, para o que pode ser denominado *endowment effect*, isto é, a existência de um nexo causal entre as atitudes individuais com respeito a determinados bens e direitos e a oferta desses mesmos bens e direitos. "O efeito-provisão é a conseqüência, para as preferências e a disposição de pagar, da alocação inicial de uma titularidade."[21]

A relevância do "efeito-provisão" para avaliar de que forma as preferências individuais devem contar em decisões políticas é muito grande. Podem-se apontar inúmeros exemplos referentes a áreas distintas da intervenção estatal. A concessão de direitos trabalhistas a empregados domésticos influencia fortemente a percepção que eles têm sobre sua atividade e sobre o que seus patrões podem exigir deles; a garantia da aposentadoria aos trabalhadores rurais afeta suas preferências com respeito ao valor da previdência social; as atitudes dos moradores de uma favela para com o meio ambiente urbano são pesadamente influenciadas pela provisão (ou ausência de provisão) de bens públicos essenciais (como água potável, saneamento básico e limpeza pública) a eles; a percepção que os moradores de bairros periféricos de São

---

20. Aqui a noção de Sen de "comparação contrafatual", a que faço referência no capítulo 6 (seção "Um argumento libertariano"), é pertinente.
21. Sunstein, 1991, p. 8, nota.

Paulo têm da importância do acesso a cuidados médicos pode ser afetada pela oferta de serviços de saúde nesses bairros[22]; e assim por diante. Admitamos que esteja correto o argumento de que a oferta de determinados bens, recursos, direitos, normas legais ou oportunidades condiciona, em larga medida, as atitudes que os indivíduos têm em relação a cada uma dessas coisas. Nesse caso, é falso dizer que a distribuição desses mesmos bens, recursos, direitos, normas legais e oportunidades possa justificar-se pela satisfação de preferências individuais. *A eqüidade de uma distribuição não pode justificar-se pelas preferências que os indivíduos são levados a cultivar por essa mesma distribuição.* Novamente, da mesma forma como já ocorreu com respeito aos "gostos caros", o problema da maleabilidade das preferências nos pressiona a buscar um fundamento não-subjetivo para a estimação e a comparação de níveis de bem-estar individual. Antes de passar a esse tópico, há ainda um ponto que vale a pena comentar nesse contexto.

O que há de errado com o relativismo moral

A maleabilidade das preferências não levanta uma objeção somente para o welfarismo subjetivo (que coloca todo o peso na variação interpessoal de preferências). Uma objeção similar aplica-se às concepções relativistas de bem-estar social (que colocam todo o peso na variação intercultural de padrões morais).

---

22. Esse exemplo encontra comprovação empírica em uma pesquisa sobre movimentos populares de saúde realizada pelo Cedec (sob a coordenação de Amélia Cohn), nos anos 1980, com moradores das zonas leste e sul da cidade de São Paulo. Apesar da carência por equipamentos de saúde ser maior na zona sul, foram os moradores da zona leste que desenvolveram uma percepção mais aguda da saúde como um problema prioritário, e que revelaram mais disposição de participar de ações coletivas que tinham o direito à saúde por alvo, *justamente porque lá houve mais investimentos do poder público em serviços de saúde* (Cedec, 1989).

Já argumentei que temos razões ponderáveis para rejeitar um princípio que nos aconselha a satisfazer preferências individuais sem levar em conta que elas são condicionadas pelo *background* socioeconômico e pela modalidade de intervenção (ou pela abstenção) estatal. Similarmente, há razões fortes para rejeitar as concepções que propõem que o bem-estar de uma pessoa somente pode ser avaliado pelas crenças e valores da comunidade da qual ela é um membro, sobretudo se: esses valores e crenças perpetuam sua própria situação de inferiorização e de opressão no interior dessa comunidade; e as circunstâncias de sua vida dificilmente permitem outra opção que não a de aderir a esses valores e, conseqüentemente, valorizar positivamente sua própria situação de opressão. Também nesse caso, o fato de que a pessoa "prefira" a situação em que se encontra não é uma boa razão, e muito menos ainda uma razão de justiça, para que o nosso julgamento sobre o que a ela é devido seja guiado por sua "preferência".

Para ilustrar o que estou dizendo, considere o seguinte exemplo. A dominância de certas tradições morais e concepções de vida familiar leva a que, em muitos países pobres, não exista somente um problema de injustiça na distribuição social de recursos. Há também um problema de distribuição *intrafamiliar* injusta. Nas famílias pobres, essa distribuição (de alimentos a cuidados médicos e oportunidades educacionais) em geral beneficia os homens e os adultos que têm renda, em primeiro lugar, e privilegia os meninos em detrimento das meninas, em segundo[23]. Vamos supor (bastante plausivelmente) que as crenças e as tradições morais comunitárias que coonestam tal estado de coisas sejam indisputadas a ponto de que as próprias mulheres não vejam nenhuma injustiça nisso. Assim, como poderiam as decisões de política pública basear-se na avaliação que essas mulheres fazem de sua própria situação? Estaríamos

---

23. World Bank, 1990, p. 37. Recomendações similares são feitas em World Bank, 2000/2001.

dispostos a dizer, por exemplo, que propiciar-lhes oportunidades educacionais não é um objetivo urgente (ou não é tão urgente quanto o é para os homens) porque seu próprio modo de vida não valoriza a educação das mulheres? Esse é um exemplo nítido, acredito, de como tomar as atitudes individuais – condicionadas, nesse caso, pela adesão a tradições morais locais – como o critério último para constituir julgamentos de bem-estar social pode levar a distorções absurdas.

Diga-se de passagem que um erro de avaliação desse tipo poderia ser cometido por defensores do relativismo, mas não pelo *Relatório do desenvolvimento mundial 1990*, que foi dedicado à questão da pobreza. O *Relatório* recomenda que os Estados dos países pobres invistam diretamente na melhoria da qualidade de vida das mulheres pobres (que estão entre as maiores vítimas das concepções relativistas de justiça social). Essa recomendação, além de ter a seu lado as considerações de justiça mencionadas no parágrafo anterior, apóia-se ainda em um fato dos mais importantes. Comparando-se a forma pela qual homens e mulheres pobres gastam suas rendas, verificou-se que uma proporção maior da renda das mulheres é despendida no bem-estar da família. A conclusão do *Relatório* é clara: aumentar diretamente a renda das mulheres, além de melhorar seu poder de barganha na família, é também uma boa maneira de beneficiar as crianças[24].

Há algo de muito errado com as concepções de justiça social que enfraquecem a posição dos que são mais vulneráveis. Esta é, em resumo, a principal objeção que deve ser feita tanto ao utilitarismo de preferências quanto às concepções relativistas de bem-estar social. "Todo relativismo", como diz Onora O'Neill, "tende a prejudicar a posição dos fracos, cuja fraqueza reflete-se em, e é em parte constituída por, sua (dos fracos) marginalização em formas tradicionais de pensamento e sua subordinação e opressão em ordens

---

24. Ibid., p. 37.

estabelecidas."[25] O que é muito difícil de entender é o fascínio que o relativismo parece exercer sobre algumas variantes de pensamento político de esquerda.

Concepções objetivas de bem-estar

Argumentei, até aqui, que as duas perspectivas teóricas subjetivas de estimação e comparação de níveis de bem-estar, o hedonismo e o utilitarismo de preferências, são contraditórias em si mesmas. Quando perguntamos (sempre do ponto de vista das decisões de política pública) que estados conscientes devem ser gerados nos indivíduos, ou que preferências individuais devem ser satisfeitas, somos impelidos a empregar, ainda que implicitamente, alguma métrica não-subjetiva – isto é, algum padrão segundo o qual julgar a "razoabilidade", em termos das exigências que fazem a outros, da geração de estados prazerosos de consciência e da satisfação de preferências dos indivíduos.

Se abandonamos a métrica subjetiva, entramos no campo de concepções de bem-estar que se filiam ao que Derek Parfit denominou "teoria da lista objetiva". De acordo com esse ponto de vista, há coisas boas e ruins à vida humana, independentemente de as pessoas terem uma preferência pelas boas e desejarem evitar as ruins. "As coisas boas podem incluir a bondade moral, a atividade racional, o desenvolvimento das próprias capacidades, ter filhos e ser um bom pai ou uma boa mãe, o conhecimento, a percepção da verdadeira beleza. As coisas ruins podem incluir ser traído, manipulado, difamado, privado da liberdade ou da dignidade e gostar seja do prazer sádico, seja do prazer estético naquilo que de fato é feio."[26]

O que estamos considerando é uma teoria do bem-estar individual, e não, ainda, uma moralidade. Nada foi afir-

---

25. O'Neil, 1993, p. 304.
26. Parfit, 1991, p. 499.

mado, até aqui, sobre que deveres esses ingredientes de uma boa vida humana impõem a outros. (Ser um bom pai ou uma boa mãe, por exemplo, mesmo sendo um aspecto importante do bem-estar individual, não é um bem de que outros possam nos prover[27].) Não será essa teoria, esta é a objeção a considerar já de início, fundada em um julgamento de valor controverso e arbitrário (sobre o que é uma boa vida humana)?

É verdade que o utilitarismo de preferências invoca a seu favor a suposição de que os julgamentos de valor, se essa perspectiva é adotada, são tanto quanto possível evitados. Para Harsanyi, a identificação e a comparação da intensidade das preferências individuais são julgamentos fatuais[28]. Mas não é porque adotamos uma teoria da lista objetiva que estamos cedendo incontinente a um julgamento de valor. Sobre isso, é pertinente um comentário de Amartya Sen à frase de Mollie Orshansky de que "a pobreza, como a beleza, encontra-se nos olhos do observador". O que Orshansky quer dizer é que nossa avaliação da pobreza como algo ruim (e que certamente tem um lugar de destaque na lista de coisas ruins já mencionada) é um julgamento de valor. Mas há aí uma confusão entre dois tipos de julgamento. Uma coisa é um julgamento prescritivo direto do tipo "isto é ruim". Outra coisa é um julgamento do tipo "de acordo com padrões normativos que são amplamente compartilhados, isto é ruim". Apesar de nossos valores de algum modo sempre interferirem na forma como avaliamos os fa-

---

27. Outros podem nos prover, entretanto, de *oportunidades* suficientes para que possamos ser um bom pai ou uma boa mãe.
28. Essa suposição, entretanto, é energicamente contestada por Donald Davidson. Para ele, a mera atribuição de interesses e preferências a outros já envolve o apelo a um fundamento compartilhado: "As proposições de que tenho de me valer para interpretar as atitudes de outros são definidas pelos papéis que essas mesmas proposições desempenham em meu pensamento, em meus sentimentos e em meu comportamento; por isso, elas têm de desempenhar papéis adequadamente similares na interpretação. Segue-se desse fato que a interpretação correta faz que o intérprete e o interpretado compartilhem de muitos valores e crenças estrategicamente importantes" (1986, p. 209).

tos, devemos ter em mente que "descrever uma prescrição existente", como diz Sen, "é um ato de descrição e não de prescrição"[29]. Se o welfarismo subjetivo pretende apoiar-se em fatos "como eles são" (ver, no entanto, a nota 28), a teoria da lista objetiva busca apoiar-se em *fatos sobre valores*.

Não é pecar por excesso de objetividade sustentar que há certos bens valiosos, e há coisas prejudiciais, para uma diversidade de concepções individuais do bem (ainda que não para todas) e para a vida humana em uma variedade de contextos culturais (ainda que não em todos). Uma suposição desse tipo está presente em todas as concepções de bem-estar que pertencem à família das teorias da lista objetiva. Entre seus membros mais proeminentes, encontram-se a concepção de Rawls de que o bem-estar individual deve ser estimado por referência a um índice de "bens primários"[30], a de Sen, que propõe que o foco deve recair em um rol de "*functionings* e capacidades humanas", e a de Doyal e Gough (e outras semelhantes), que propõe avaliar o bem-estar tomando por referência certas necessidades humanas básicas[31]. Todas essas concepções são não-subjetivas e antirelativistas; e todas elas podem ser compreendidas como interpretações da concepção de bem-estar humano que está na base da Declaração Universal dos Direitos Humanos.

E como comparamos interesses individuais conflitantes da ótica da teoria da lista objetiva? Quando fazemos essa pergunta, nossa concepção de bem-estar individual torna-se a peça-chave de uma teoria moral (de uma teoria da igualdade distributiva). O ponto fundamental é o seguinte. Diversamente do que propõe o welfarismo subjetivo, não julgamos a legitimidade das exigências que esses interesses fazem aos recursos escassos da sociedade pela força com que seus portadores os defendem, nem pela intensidade

---

29. Sen, 1981, p. 17.
30. Como a renda e a riqueza, as oportunidades educacionais, ocupacionais e de gozo do lazer e o auto-respeito.
31. Rawls, 1971, pp. 90-5, e cap. VII, 1982; Sen, 1992, 1993; Doyal-Gough, 1994.

com que eles os preferem, nem tampouco pelo grau de satisfação que o atendimento dessas exigências lhes traria. O que fazemos é inquirir as *razões* pelas quais algo é preferido[32]. Se queremos escapar dos becos sem saída a que a métrica subjetiva nos leva, não há como evitar os juízos sobre o conteúdo das preferências nas comparações interpessoais. Que alguém (ou grupo) tenha uma preferência por alguma coisa, isso em si mesmo não é uma boa razão para que esse interesse pese nas decisões de política pública. Ainda temos que constituir um julgamento sobre a importância moral do interesse em questão. E fazemos isso recorrendo à nossa concepção de bem-estar individual ("nossa", isto é, dos que aceitam a teoria da lista objetiva). Um interesse terá tanto mais peso moral quanto mais relacionado estiver com um ou vários dos bens que são percebidos, por pessoas que têm valores distintos, como os ingredientes indispensáveis de uma boa vida humana. De acordo com esse ponto de vista, não é meramente por ser objeto de uma preferência que uma coisa é boa ou valiosa. Porque constitui um bem, temos uma razão (de natureza intersubjetiva) para preferi-la.

Julgar a importância moral de interesses individuais em comparações interpessoais não envolve julgar o valor intrínseco desses interesses, nem julgar até que ponto seus portadores são capazes de avaliar corretamente o que é melhor para a sua própria vida. O julgamento sobre a urgência moral de uma preferência ou interesse individual é perfeitamente compatível com a fórmula benthamita de que "o indivíduo é o melhor juiz de seu próprio bem". Se uma pessoa se sente profundamente infeliz por não poder desfrutar de bebidas e iguarias sofisticadas e raras, não dizemos que ela tem uma preferência por um "prazer inferior". Tampouco dizemos que tal preferência revela que ela não sabe o que é melhor para a sua própria vida. Julgamos apenas as exigências que a satisfação dessa preferência faz a recursos sociais escassos. Quando, nas comparações inter-

---

32. Scanlon, 1975, 1991 e 1993.

pessoais, inquirimos as razões de algo ser intensamente desejado, somente temos em mente o custo social de oportunidade da satisfação desse desejo – um custo que tem de ser avaliado por referência aos desejos, intensos ou não, que serão frustrados.

Se deixamos de lado as considerações puramente estratégicas[33], a teoria da lista objetiva permite uma explanação mais plausível do fundamento das comparações de interesse individual que freqüentemente realizamos. Normalmente consideramos que preservar a liberdade de expressão é um bem mais importante do que satisfazer às preferências (mesmo que intensas) de algumas pessoas que detestam ver cenas de sexo ou de nudez na televisão; que garantir a cada um oportunidades suficientes de desenvolver suas capacidades básicas é prioritário à satisfação das preferências de alguns por formas especialmente custosas de educação ou treinamento; e que é mais importante garantir uma nutrição adequada a pessoas que estão passando fome do que garantir a outras os meios para satisfazerem a determinada preferência derivada de suas crenças religiosas (a construção de um templo, por exemplo). Em todos esses casos, recorremos implicitamente a uma métrica não-subjetiva de avaliação de interesses individuais, de acordo com a qual alguns desses interesses serão vistos como preferências privadas (isto é, que não fazem exigências à sociedade), enquanto outros serão reconhecidos como *direitos* (isto é, como aspectos do bem-estar individual que impõem deveres a outros).

---

33. A teoria da justiça não leva em conta as considerações estratégicas. As situações propícias à deliberação justa, tais como a posição original de Rawls, são concebidas exatamente para neutralizar as desigualdades de poder. Não queremos que elas interfiram na formulação de princípios. Constitui uma questão separada saber como a aplicação de um princípio de justiça terá de se ver com essas desigualdades. Isso vale também, é claro, para o utilitarismo de preferências. Este veria como moralmente incorreta, por exemplo, a decisão de satisfazer a uma preferência fraca de um pequeno grupo poderoso em detrimento da satisfação de uma preferência forte de um grupo numeroso de pessoas desprovidas de recursos de poder.

Preferências e neutralidade liberal

Vamos supor que concordemos com a existência de um fundamento moral não-subjetivo, como proposto pela teoria da lista objetiva, às comparações interpessoais de bem-estar. Ainda resta uma questão a ser respondida. É possível, recorrendo-se a esse fundamento, conceber outra forma de enfrentar o problema para o qual o utilitarismo de preferências se propõe ser a solução, a saber, o problema da neutralidade (tal como já foi caracterizado)? Estaríamos sendo inaceitavelmente paternalistas ao propor que a avaliação do padrão de vida de uma pessoa se faça, não pela apreciação subjetiva que ela tem de sua própria situação, mas pelo acesso que lhe é assegurado a determinados bens, recursos e oportunidades – entre os quais os objetos dos direitos sociais reconhecidos pela Carta da ONU têm um lugar de destaque – que acreditamos serem os ingredientes de uma boa vida humana? Estaríamos, dessa forma, fazendo julgamentos de valor, do tipo "o que a pessoa A quer não é o melhor para ela", sobre as preferências e atitudes individuais? Que papel reservamos, afinal, à responsabilidade individual na vida que cada pessoa leva?

Esboçarei a linha geral de argumentação que é adotada, acredito, por todas as concepções de bem-estar individual que aceitam a teoria da lista objetiva. Para isso, vou partir de uma incoerência que G. A. Cohen julgou ter detectado na filosofia política de Rawls. O problema, que, como nota Cohen, se apresenta ao pensamento igualitário de esquerda de modo geral, é o de "reconciliar a representação do indivíduo como capaz de dirigir responsavelmente a formação de seus próprios gostos com as suposições de que Rawls se vale em outros momentos para justificar seu igualitarismo"[34].

Vamos esclarecer melhor as duas coisas que parecem inconciliáveis. De um lado, estão as suposições necessárias à justificação do igualitarismo. Rawls (e o pensamento de es-

---
34. Cohen, 1993, pp. 13-4.

querda de modo geral) rejeita a idéia de que a distribuição desigual de recursos e oportunidades possa justificar-se pelo mérito individual. O argumento é o de que o mérito individual – um atributo que é indissociável das preferências, gostos e atitudes de cada pessoa[35] – é fortemente condicionado por determinadas circunstâncias da vida de uma pessoa que estão fora do alcance de sua capacidade de escolha. Ninguém escolhe o país, a região ou a comunidade em que nasceu e foi criado, sua posição inicial na sociedade, sua família e sua própria carga genética[36]. E atribuir a situação desfavorável de uma pessoa às suas próprias preferências (ver isso como *seu* demérito), quando um exame mais cuidadoso da situação deveria atribuí-la em grande medida a circunstâncias que a pessoa não tem como escolher, é uma forma familiar e inaceitável de *victim blaming*. Observe que se trata de uma variante do argumento da maleabilidade das preferências que antes empreguei para criticar o welfarismo subjetivo.

De outro lado, está a suposição de que o indivíduo deve ser responsável pelo cultivo de seus próprios gostos, preferências e fins. Rawls apela a essa suposição para explicar por que sua concepção de igualdade distributiva não necessita preocupar-se com a satisfação de gostos caros. Vale a pena citar a passagem completa de Rawls que é pertinente ao ponto em questão:

> Como pessoas morais, os cidadãos têm parte da responsabilidade na formação e no cultivo de seus próprios fins últimos e preferências. Não pode ser considerado uma objeção ao emprego dos bens primários o fato de que isso não acomoda aqueles que têm gostos caros. É preciso argumentar

---

35. As atitudes individuais concernentes, por exemplo, a trabalho *versus* não-trabalho; a consumo imediato *versus* poupança; e à disposição de assumir riscos.

36. Esse é o argumento de Rawls da "arbitrariedade moral", que será examinado detalhadamente no próximo capítulo e sobretudo na seção "Da liberdade natural à igualdade democrática" do capítulo 6.

ainda que é desarrazoado, senão injusto, supor que tais pessoas são responsáveis por suas preferências e exigir que elas se virem o melhor que podem. Mas esse argumento parece pressupor que as preferências dos cidadãos estão fora de seu próprio controle, como se fossem inclinações e anseios que simplesmente ocorrem. Tem-se a impressão de que os cidadãos são vistos como portadores passivos de desejos. O emprego dos bens primários, entretanto, apóia-se na capacidade que temos de assumir a responsabilidade por nossos próprios fins.[37]

Cohen acha que as duas partes da teoria de Rawls não se encaixam. As preferências individuais são vistas de uma forma, quando se trata de desqualificar o mérito como um princípio distributivo igualitário para a estrutura básica da sociedade, e de outra, quando o problema é o de justificar a não-satisfação de gostos caros. O igualitarismo parece defrontar-se com a desagradável impossibilidade de conciliar as suposições que fundamentam um princípio de igualdade distributiva com as suposições que fundamentam um princípio de responsabilidade individual. Ou melhor, poder-se-ia supor que a justificação de instituições e políticas igualitárias estaria sempre na dependência de julgamentos que muitas vezes é difícil constituir sobre o grau de autonomia/heteronomia – e de responsabilidade/não-responsabilidade individual – na formação das preferências individuais. Quanto mais heterônomas (isto é, mais atribuíveis a fatores que estão fora do alcance da escolha individual) pudéssemos considerar as preferências de uma pessoa que contribuem para mantê-la em uma situação desfavorável[38], mais as políticas igualitárias estariam autorizadas a ignorá-las – isto é, essas instituições e políticas teriam de se justificar por alguma outra coisa que não a satisfação dessas preferências.

---

37. Rawls, 1982, pp. 168-9.
38. Pensemos no caso de uma pessoa pobre que prefere a realização de políticas viárias, que beneficiam sobretudo os não-pobres, a políticas de expansão e de melhoria dos serviços públicos de educação, saúde e transporte coletivo, que beneficiam mais os destituídos.

Quanto mais autônomas as preferências (quanto mais seja possível percebê-las como fruto de escolhas genuínas), menos se poderia deixar de levá-las em conta nos julgamentos de igualdade distributiva.

Por que esse problema é relevante para a questão da neutralidade? Se a concepção de igualdade distributiva que julgamos ser a mais correta depende de julgamentos sobre o grau de autonomia das preferências individuais, então nos vemos obrigados a fazer julgamentos de valor acerca dessas preferências. As preferências geradas de forma autônoma são "boas" (da ótica das decisões que dizem respeito à adoção de instituições e políticas igualitárias), enquanto as geradas de forma não-autônoma são "ruins" (e por isso seus portadores poderiam fazer jus a alguma forma de compensação por parte da sociedade). E fazer distinções de valor intrínseco entre os interesses e as atitudes individuais é precisamente o que o ideal de neutralidade rejeita[39].

Há, entretanto, um sério mal-entendido na objeção de Cohen a Rawls. Vimos que uma das razões para rejeitar o welfarismo subjetivo deriva do problema da maleabilidade – ou da heteronomia – das preferências. Essa é uma objeção que se apresenta a uma teoria que propõe que nossos julgamentos de justiça social devem se governar pelo grau de satisfação (já alcançado ou ainda a alcançar) de preferências individuais. Mas, na mesma linha do que argumentei na seção anterior sobre a inquirição das razões de algo ser desejado, as comparações interpessoais de bem-estar fundadas no índice de bens primários de Rawls, ou nas demais concepções que adotam a teoria da lista objetiva, não requerem nenhum julgamento sobre o grau de autonomia/heteronomia de interesses, ambições e fins dos indivíduos. Não se está dizendo que os indivíduos só podem ser compensados por suas preferências, sobretudo as que os deixam em uma situação desfavorável, nos casos em que seja possível demonstrar que essas preferências se devem a fatores ou

---

39. Esse ideal de neutralidade liberal será discutido no capítulo 7.

atributos que estão fora do alcance de suas próprias escolhas. Não é feito julgamento algum sobre o que as pessoas merecem. O que se está dizendo é que a distribuição básica de recursos e oportunidades na sociedade deve ser independente de preferências, *sejam elas constituídas de forma heterônoma ou autônoma*. Nem os julgamentos sobre o grau de injustiça das sociedades em que vivemos, nem os julgamentos de bem-estar social que constituiríamos caso vivêssemos em uma sociedade justa, necessitam apoiar-se em juízos sobre o grau de autonomia das preferências e concepções individuais do bem[40]. O objeto da justiça, como diz Rawls, é a estrutura básica da sociedade e não o de constituir juízos moralizantes sobre casos particulares. Supomos que existam bens, recursos e oportunidades que as pessoas, mesmo divergindo em seus valores e atitudes individuais, têm razões para desejar. A suposição seguinte – adotada por todas as concepções de bem-estar que se filiam à teoria da lista objetiva – é que as instituições básicas da sociedade devem organizar-se e funcionar de forma que assegurem que uma parcela eqüitativa desses bens e oportunidades seja assegurada à vida de cada pessoa. O que cada um fará com os recursos que lhes foram propiciados – que preferências cultivará, que fins tentará realizar – isso já não é, via de regra, um assunto da sociedade[41]. Mas ninguém terá, tampouco, uma pretensão legítima a exigir compensação da sociedade por conta de preferências e fins que deixam a pessoa em uma situação desfavorável em comparação a outras. "Não dizemos que a sociedade

---

40. Essa formulação é uma mais precisa, acredito, do que a que propus em Vita, 1993a, pp. 69-71.

41. "Via de regra" porque há os casos de interferência paternalista justificada nas escolhas individuais (por exemplo, a sujeição de uma pessoa que está passando por um surto psicótico a um tratamento apropriado, ainda que fazê-lo contrarie sua vontade no momento). Mas isso, novamente, envolve juízos sobre casos particulares. Supõe-se, ainda, que cada cidadão empregue o quinhão de recursos que lhe coube para realizar fins que sejam compatíveis com as normas de justiça.

nos deve alguma compensação", diz Rawls, "somente em virtude de nossas preferências terem sido constituídas pela educação que tivemos e não por escolha. É uma parte normal da condição humana lidar com as preferências com as quais nossa educação nos deixou."[42]

Digamos que uma parcela igual de recursos e oportunidades foi propiciada às pessoas A e B. Ainda que A se sinta insatisfeito com sua situação em razão da frustração de algumas de suas preferências, ao contrário de B, que avalia sua situação de forma positiva, mesmo assim diremos, a despeito de as apreciações subjetivas divergirem, que o nível de bem-estar de A e B é o mesmo. Ou então digamos que, sob a mesma condição de igualdade distributiva, A invista todos os seus esforços em uma custosa carreira que promete recompensas financeiras ou prestígio público, enquanto B prefere uma vida de menos empenho profissional e de mais dedicação à família e aos amigos. Não temos nenhuma razão, do ponto de vista público, para julgar as preferências e as escolhas de A mais valiosas do que as de B. Tal como diz Rawls no parágrafo anterior, dada uma distribuição eqüitativa de bens primários, podemos supor que os indivíduos são capazes de assumir a responsabilidade pelos seus próprios fins (o que supõe a capacidade de revisá-los, quer tenham se constituído de escolha ou não, à luz da expectativa de ter acesso a um quinhão eqüitativo desses bens primários). A isso Rawls denomina "divisão social de responsabilidade"[43].

A conclusão a que chegamos está muito longe de confirmar a contradição apontada por Gerald Cohen (entre as suposições necessárias para justificar a igualdade distributiva e as suposições de autonomia individual). *Somente a garantia da igualdade distributiva na estrutura básica da sociedade torna possível evitar os juízos sobre o mérito intrínseco de preferências e escolhas individuais.* Essa é a resposta geral que as concepções não-subjetivas de bem-estar individual dão

---

42. Rawls, 1993a, p. 185 (ver nota 15).
43. Ibid., p. 189.

aos problemas da neutralidade e do paternalismo nas comparações interpessoais de bem-estar – problemas esses para os quais o utilitarismo de preferências, à primeira vista, parece oferecer a solução mais plausível. A despeito de ser formulada em um nível elevado de abstração, essa resposta tem implicações bastante definidas. Se queremos evitar o paternalismo nos julgamentos de justiça social, o melhor é focalizarmos não as preferências, atitudes e interesses individuais diretamente, mas as condições institucionais de provisão dos recursos e oportunidades que são valiosos a uma diversidade de concepções individuais do bem. E o que deveríamos contar como uma estrutura básica que promove uma distribuição igualitária de bens primários? Vou enfrentar essa questão na segunda parte do capítulo 6.

Capítulo 5
Pluralismo moral e acordo razoável

Meu propósito, neste e nos próximos capítulos, é esclarecer aquela que me parece ser a forma mais vigorosa de argumentar em favor de princípios liberal-igualitários de justiça. Antes de mais nada, aponto o problema que torna um acordo em torno de princípios comuns de justiça tão urgente quanto difícil de ser alcançado. As comunidades políticas modernas caracterizam-se não só por um pluralismo de interesses e de grupos e organizações como também por um pluralismo muito mais intratável de "concepções do bem". Nisso se incluem as concepções que os indivíduos têm sobre o que é melhor para sua própria vida e, sobretudo, as concepções sobre o que é valioso para a vida de todos nós, membros de uma mesma comunidade política. Nós divergimos sobre em que consiste nosso bem (individual e coletivo) porque divergimos a respeito das doutrinas morais, religiosas, filosóficas ou políticas que consideramos – às vezes de ponta a ponta[1], mais freqüentemente de uma forma menos englobante e estruturada – como verdadeiras. Não é preciso muito esforço para caracterizar a relevância prática do problema. Só para mencionar os casos mais extremos, basta pensarmos no que se passou na ex-Iugoslávia e em Ruanda, ou no que se passa no Afeganistão e na Argélia,

---

1. Ver capítulo 1, nota 22, para uma definição de "concepção abrangente do bem".

países devastados por guerras civis originadas de manifestações desse tipo de pluralismo – e no que pode vir a ocorrer em um país como a Índia.

A resposta liberal-igualitária ao problema do pluralismo tem por referência central a perspectiva normativa que foi proposta por John Rawls – e encontra neste livro sua melhor formulação – em *Uma teoria da justiça*. Não é preciso dizer que a forma que julgo ser mais promissora de interpretar esse tipo de contratualismo se propõe a ser fiel muito mais àquilo que me parece ser o espírito do empreendimento rawlsiano do que à letra dos textos de Rawls. Em mais de um momento, como se verá, essa interpretação se afasta de formulações propostas pelo próprio Rawls em *Uma teoria da justiça* e em seus textos mais recentes.

Explicito, neste capítulo, as características gerais mais importantes dessa modalidade de contratualismo, comparando-a brevemente com outras duas perspectivas normativas distintas que vimos ao longo deste livro: o contratualismo hobbesiano e o utilitarismo de John Harsanyi. No capítulo 6, desenvolvo uma discussão sobre os princípios substantivos de justiça propostos por Rawls. A seguir, no capítulo 7, faço um esforço para aplicar o contratualismo rawlsiano a duas questões que estão sujeitas às injunções de um ideal de tolerância liberal, do qual deriva uma das proposições normativas centrais do contratualismo rawlsiano. Trata-se da idéia de que um Estado liberal justo deve ser neutro em relação às diferentes concepções do bem que seus cidadãos empenham-se em realizar. A forma como devemos entender essa neutralidade é essencial para avaliar os méritos da resposta liberal-igualitária ao problema do pluralismo moral. Uma das questões que examinarei diz respeito a como justificar um princípio de justiça que histórica e teoricamente ocupa uma posição fundante em uma moralidade política liberal: a tolerância religiosa. A outra questão tem por objeto um tema que pertence à agenda e ao debate políticos brasileiros do momento em que escrevo este texto: a legalização da união civil entre homossexuais.

A discussão dessas questões – uma que cai no âmbito da justiça distributiva e a outra que cai no âmbito da tolerância – tem o objetivo de examinar até que ponto a noção de acordo razoável, que argumentarei ser central ao contratualismo rawlsiano, é capaz de produzir respostas específicas, e de aceitabilidade universal, para pelo menos uma categoria dos conflitos de valor que afligem as sociedades modernas – as que dizem respeito à forma apropriada de reconhecer as exigências da liberdade e da igualdade na estrutura básica de uma sociedade democrática.

O contratualismo rawlsiano

Em *Uma teoria da justiça*, Rawls realizou um esforço intelectual quase sobre-humano para responder à questão: é possível justificar princípios comuns de justiça, e suas correspondentes configurações institucionais, a cidadãos que vivem em sociedades caracterizadas pela forma de pluralismo a que antes fiz menção? A resposta é positiva, mas não se trata de uma justificação qualquer. Rawls descreve assim seu empreendimento: "O que tentei fazer foi generalizar e conduzir para um nível mais elevado de abstração a teoria tradicional do contrato social tal como representada por Locke, Rousseau e Kant."[2] Trata-se, portanto, de uma justificação de tipo contratualista. Mas o que se deveria entender por isso? Afirma-se, por vezes, que estão ausentes da teoria que Rawls apresentou em seu livro as características distintivas de uma teoria genuinamente contratualista. Na construção proposta por Rawls (1) não é especificado um ponto de ausência de acordo, ou "estado de natureza", em relação ao qual as partes contratantes teriam de estimar os benefícios que obteriam aceitando os termos de um acordo e (2) as partes contratantes não avaliam os termos do acordo motivadas unicamente pela maximização do próprio be-

---

2. Rawls, 1971, p. viii.

nefício. Formulando-as de forma positiva, as condições (1) e (2) são componentes centrais do contratualismo hobbesiano. Para essa versão de contratualismo, como foi visto no capítulo 3, só são legítimos os princípios de justiça sobre os quais se pode afirmar que seriam convencionados em uma negociação hipotética em que as partes se empenham em maximizar sua própria utilidade, cada uma delas tomando por referência a utilidade com que teria de se contentar caso a negociação fracassasse – isto é, caso não fosse possível passar do estado de natureza para um esquema cooperativo fundado em princípios acordados de justiça. Como nos contratos privados usuais, ninguém racionalmente consentiria aos termos de acordo que rebaixassem sua posição relativa na distribuição de benefícios (estimados pela utilidade que cada contratante obtém) em comparação à posição inicial de barganha.

Essa breve retomada do contratualismo hobbesiano tem o propósito de ressaltar quanto a construção proposta por Rawls está distante disso. Proponho, a seguir, uma interpretação geral do contratualismo rawlsiano. Qualquer estrutura institucional, na medida em que restringe o leque de escolhas e de oportunidades disponíveis para os agentes, e na medida em que estabelece normas que são de cumprimento obrigatório por todos, inevitavelmente envolve algum grau de limitação e mesmo de coerção sobre aqueles que a ela estão submetidos[3]. Estamos supondo, quando nos valemos da linguagem da justiça, que temos como oferecer àqueles que estão submetidos a essa estrutura razões para aceitá-la que são independentes do recurso à coerção. Idealmente, para a versão de liberalismo político que estou consideran-

---

3. Como Rawls admite, mesmo uma "sociedade bem ordenada" – isto é, uma sociedade cuja estrutura institucional realiza de forma aproximada os princípios de justiça que são publicamente reconhecidos e cujos cidadãos, em sua maioria, aceitam regular sua conduta por esses princípios – não tem como dispensar o emprego da coerção coletiva: "É racional autorizar as medidas necessárias à preservação de instituições justas, supondo-se que as exigências da liberdade igual e do império da lei sejam adequadamente reconhecidas" (1971, p. 576).

do, deveríamos ser capazes de justificar dessa forma as instituições básicas da sociedade e as decisões políticas fundamentais a cada um dos cidadãos, sobretudo àqueles que se encontram em pior situação sob essa estrutura institucional. Se uma justificação desse tipo pudesse ser oferecida de boa-fé, então estaríamos em condições de afirmar que os direitos e os deveres distribuídos pelas instituições básicas da sociedade são tão voluntariamente assumidos pelos cidadãos quanto isso é possível em uma forma de associação humana – a comunidade política – que, de fato, nunca é (nem é preciso que seja) voluntariamente constituída. (O Estado não é como uma associação voluntária qualquer: à parte o caso especial da emigração, trata-se de uma forma de associação na qual entramos ao nascer e só saímos ao morrer.) A questão não é a gênese histórica da estrutura institucional vigente em dada sociedade – se ela emergiu de algum tipo de contrato, de uma ruptura revolucionária, ou se constituiu ao longo de um lento processo evolucionário. Mas outra: esse complexo institucional, seja lá qual tenha sido o modo pelo qual se constituiu, pode ser justificado, por razões que ninguém poderia razoavelmente rejeitar, a cada uma das pessoas a quem impõe restrições? Se a resposta for negativa, haveria alguma outra estrutura institucional praticável que passaria por esse teste de universalização?

É dessa forma que Thomas Scanlon interpreta a idéia central da modalidade de contratualismo que encontrou na construção proposta por Rawls em *Uma teoria da justiça* – apesar das hesitações do próprio Rawls sobre isso neste e em seus textos posteriores – sua mais notável formulação na teoria política contemporânea[4]. É sobretudo nesse ponto, e

---

4. Ver Scanlon, 1982. Essa interpretação "scanloniana" da teoria de Rawls é desenvolvida detalhadamente e defendida energicamente por Brian Barry. Ver Barry, 1989, pp. 283-4 e 346; e sobretudo Barry, 1995b. Como ficará evidente, essa é a interpretação que eu próprio adoto. Embora se possa supor que essa interpretação trivialize o experimento contratualista, não vejo muito futuro para os esforços de defender o contratualismo rawlsiano em sua versão, digamos, "*hard*". As razões para isso ficarão claras adiante.

não por supor que os princípios para uma sociedade justa possam ser derivados somente de uma concepção de racionalidade, que o contratualismo proposto por Rawls pode ser visto como "iluminista". A exigência iluminista em questão é que deve ser possível oferecer justificações inteligíveis para os arranjos sociais básicos (e para as formas de autoridade que constituem) a cada pessoa que sob eles têm de viver. Se isso for possível (repetindo o que já foi dito), estaremos em condições de sustentar que a aceitação de formas institucionalizadas e coletivas de conduta se funda na vontade livre dos indivíduos, e não na obediência costumeira, ou em vínculos comunitários, ou, pior ainda, no temor de sofrer punições.

Trata-se de um padrão extremamente exigente de legitimidade política. O contratualismo rawlsiano não pode justificar os princípios de justiça que recomenda argumentando, como fazem os adeptos da perspectiva hobbesiana, que cada um dos membros da sociedade seria racionalmente levado a aceitá-los consultando apenas seu interesse próprio. Em vez de nos perguntarmos pelo que cada um pode aceitar, tendo em vista somente seu interesse próprio, perguntamo-nos pelo que cada um não tem como rejeitar se considerar eqüitativamente os interesses de todos aqueles (incluindo a si próprio) que deverão conduzir sua vida sob uma mesma estrutura institucional. A justificação deve ser conduzida, agora, de um ponto de vista adequadamente construído de imparcialidade moral[5]. Estamos nos aproximando, como não é difícil de perceber, do dispositivo concebido por Rawls para testar as justificações oferecidas a diferentes princípios substantivos de justiça.

Diga-se de passagem que uma das razões para a influência exercida pelo livro de Rawls ao longo já de quase três décadas está justamente no esforço de articular duas

---

5. Nos termos da distinção discutida no capítulo 1, o contratualismo rawlsiano (e formulações similares) é basicamente uma teoria "neutra em relação ao agente", isto é, as razões que invoca são as que todos os agentes podem reconhecer desde que se coloquem de uma perspectiva apropriadamente imparcial.

proposições normativas distintas: uma que diz respeito aos procedimentos de justificação que deveríamos adotar se o que queremos é chegar a um acordo razoável sobre princípios comuns de justiça; e outra concernente a que princípios substantivos deveríamos esperar que resultassem da adoção desses procedimentos.

O argumento da arbitrariedade moral

O procedimento de construção proposto por Rawls em *Uma teoria da justiça*, entretanto, acabou induzindo a não poucos equívocos. Rawls sugeriu que deveríamos considerar mais justificados os princípios de justiça que surgissem da escolha de pessoas motivadas unicamente por seu interesse próprio deliberando detrás de um "véu de ignorância" que não lhes permitisse levar em conta suas concepções do bem, posição social, talentos e capacidades e preferências individuais. E sugeriu que o problema de decisão nessa situação – a célebre "posição original" – teria uma solução definida, a saber a escolha dos dois princípios de justiça por ele propostos[6].

O problema central do procedimento da posição original é que ele mascara as premissas morais das quais um contratualismo como o de Rawls não tem como se afastar. É claro que Rawls está cônscio das premissas morais substantivas sem as quais seu procedimento não faz sentido: "Dadas as circunstâncias da posição original, a simetria das relações de cada um para com os demais, essa situação inicial é eqüitativa entre indivíduos considerados como pessoas

---

6. Um princípio de liberdades civis e políticas iguais para todos e um princípio estabelecendo que desigualdades os cidadãos de uma sociedade justa poderiam aceitar, em particular o princípio "maximin" (ou "princípio de diferença") segundo o qual só são aceitáveis as desigualdades socioeconômicas estabelecidas para maximizar os benefícios para os membros mais destituídos da sociedade. (O princípio maximin de justiça social não deve ser confundido com a norma maximin de decisão em condições de incerteza, ver nota 9.)

morais, isto é, como seres racionais com seus próprios fins e capazes, pelo menos é isso o que suponho, de um senso de justiça."[7] Nessa passagem estão mencionadas as duas premissas cruciais: uma noção forte de igualdade moral e uma suposição motivacional de que as pessoas são capazes de agir a partir de um "senso de justiça". São essas duas premissas morais substantivas que distinguem um contratualismo como o de Rawls daquele que considerei anteriormente. (Voltarei a elas adiante.) O problema é que Rawls, em *Uma teoria da justiça*, não deixou de flertar com o contratualismo hobbesiano. A impressão que temos, em muitos momentos, é que ele gostaria de limitar o papel dessas duas premissas morais à caracterização do *status quo* adequado à deliberação sobre princípios de justiça; a partir daí, a argumentação poderia se desenvolver de forma consistente com os padrões de justificação próprios da perspectiva hobbesiana. Em particular, Rawls supôs que o senso de justiça não desempenharia nenhum papel na deliberação das partes na posição original. O senso de justiça só entraria em cena quando você e eu, habitantes do mundo real e não do dispositivo contratualista, nos perguntássemos: "Por que deveríamos conformar nossa conduta e as instituições sob as quais vivemos aos princípios de justiça que são os mais justificados do ponto de vista da posição original?" "A motivação das pessoas na posição original", diz Rawls em *Uma teoria da justiça*, "não deve ser confundida com a motivação das pessoas na vida cotidiana que aceitam os princípios que seriam escolhidos e que têm o correspondente senso de justiça."[8]

Não creio que essa tentativa tenha sido bem-sucedida. Entre outros críticos, John Harsanyi argumentou que, empregando-se uma regra de decisão distinta da empregada por Rawls para solucionar o problema de escolha racional sob a incerteza na posição original, a preferência das partes deliberando sob o véu de ignorância deveria recair em um

---
7. Rawls, 1971, p. 12.
8. Ibid., p. 148.

princípio de maximização da utilidade média (e não no princípio de diferença defendido por Rawls)[9].

Rawls tem um argumento para rejeitar a objeção de Harsanyi, mas ele apela novamente às premissas morais que determinaram as características da posição original. É hora de explicitá-las um pouco mais. Esclareço, depois disso, com base em que considerações as conclusões de Harsanyi podem ser refutadas. Podemos interpretar as restrições à deliberação moral impostas pelo véu de ignorância da seguinte forma. Tenhamos em mente que o que se quer é especificar os princípios de justiça que possam ser justificados a todos os cidadãos, em particular aos que viessem a se encontrar em pior situação sob o arranjo institucional que colocaria esses princípios em prática. Se essa exigência de legitimidade é levada em conta, não é razoável argumentar que determinado princípio deveria ser adotado simplesmente porque isso é o que seria melhor para as pessoas que controlam determinados recursos materiais ou se encontram em determinada posição social, dispõem de determinados talentos e capacidades ou são adeptas de uma visão abrangente específica do bem. Em contraste com o contratualismo hobbesiano, que é concebido precisamente para permitir que as desigualdades existentes no ponto de não-acordo se transmitam para os resultados do contrato social hipotético, o contratualismo rawlsiano requer que os julgamentos de justiça política sejam proferidos de um contexto inicial de igualdade.

Esse contexto inicial de igualdade não deve ser entendido como uma mera característica formal do procedimento de construção proposto. Também é equivocado supor, como fez Michael Sandel em seu livro *O liberalismo e os limites da justiça*, que o desenho da posição original traduza ou embuta uma concepção metafísica de pessoa como um ser

---

9. Harsanyi (1975, pp. 594-606) argumentou que a melhor regra de decisão racional em condições de incerteza não é a adotada por Rawls (a norma "maximin" de decisão, que recomenda que se escolha a alternativa cujo pior resultado possível é superior aos piores resultados possíveis das demais opções) mas o princípio da maximização da utilidade esperada.

– que não pertence a este mundo – capaz de conceber sua natureza de agente moral à parte de todos os atributos (incluindo os próprios talentos e capacidades), fins e vínculos que dão "enchimento" à identidade pessoal[10]. A plausibilidade do "ponto arquimediano"[11] a partir do qual os julgamentos de justiça devem ser proferidos deriva, como sugeri antes, de uma premissa moral substantiva. Trata-se da idéia de que as oportunidades de vida e o bem-estar dos cidadãos de uma sociedade democrática não podem depender do acaso genético ou social, isto é, de uma loteria na distribuição de posições sociais, renda e riqueza, talentos naturais e mesmo de concepções do bem; e que, portanto, as instituições básicas de tal sociedade devem ser concebidas para funcionar de forma que neutralize tanto quanto possível a influência desses fatores – que via de regra encontram-se ou inteiramente ou em grande medida fora do alcance do controle individual[12] – sobre a vida que cada pessoa é capaz de levar[13]. Rawls sustenta que os fatores que respondem pelo acesso desigual a recursos sociais escassos são arbitrários de um ponto de vista moral. Esses fatores, por isso, não podem ter nenhum peso no acordo sobre os princípios de justiça que deverão vigorar em uma sociedade constituída por cidadãos livres e iguais.

É um argumento moral substantivo – uma visão, afinal de contas, do que é uma sociedade justa – que nos dá a cha-

---

10. Sandel, 1989. Este é um livro brilhante, cujo argumento central, no entanto, está montado sobre uma interpretação equivocada da teoria de Rawls.

11. Na reflexão normativa, o "ponto arquimediano", como diz David Gauthier, "é a posição que é preciso ocupar se o que se quer é que as próprias decisões se invistam da força moral necessária para governar o mundo moral" (1986, p. 233).

12. Há mecanismos sociais de causação de preferências individuais (como o nível de escolaridade dos pais ou as oportunidades que cada um encontra para cultivar seus próprios talentos) que estão fora do alcance dos indivíduos. E, no que se refere a visões abrangentes do bem, uma pessoa pertencer, digamos, à comunidade muçulmana da Índia, e não à maioria adepta do hinduísmo, certamente não é algo que possa ser interpretado como uma escolha individual.

13. Rawls, 1971, § 17.

ve para entender por que o ponto arquimediano desse contratualismo deve exprimir uma concepção de igualdade. Como observa Joshua Cohen, a posição original é concebida para levar à escolha de princípios para uma sociedade que se supõe que seja bem-ordenada, e não para avaliar o ideal ético de sociedade bem-ordenada[14]. Esse ideal não se justifica pela deliberação das partes na posição original, nem se fundamenta em uma concepção metafísica de sujeito moral. Nós o consideraremos um ponto de partida válido para a argumentação sobre princípios primeiros de justiça somente se aceitarmos a noção de igualdade humana fundamental, e se considerarmos correta a interpretação que Rawls propõe para essa noção no argumento da "arbitrariedade moral".

Correndo o risco de ser redundante, tentarei esclarecer o que está sendo dito. O ponto de partida é a idéia de que uma sociedade justa deve reconhecer, em suas instituições básicas, a igualdade humana fundamental ou o valor intrínseco igual dos seres humanos. As implicações dessa forma de igualdade não são óbvias – como vimos, isso é objeto de controvérsia entre as duas perspectivas normativas, o utilitarismo e o liberalismo igualitário, que tomam por ponto de partida a idéia de consideração igual e imparcial pelos interesses de todos. Como podemos dar um conteúdo mais preciso para essa idéia? O que nos permite fazer isso, na análise filosófica da igualdade e da justiça, é um critério substantivo de acordo com o qual possamos especificar que formas de igualdade e de desigualdade são moralmente relevantes. (Sem isso qualquer concepção formal de igualdade, do tipo "trate os casos iguais da mesma forma e os casos diferentes de acordo com suas diferenças", é inútil.) A teoria da justiça de Rawls nos fornece um critério desse tipo (outros são possíveis): o da "arbitrariedade moral". Uma vez que tenhamos especificado que desigualdades são moralmente arbitrárias, estamos em condições de descrever com o que uma sociedade justa deveria se parecer. Só então a ferramenta intelectual

---

14. Cohen, 1989, p. 736.

da posição original entra em cena para nos fazer visualizar a situação inicial que é apropriada à escolha de princípios para uma sociedade como essa. A posição original deve ser concebida de forma que um acordo razoável sobre princípios possa ser alcançado; concebê-la assim, por sua vez, é uma forma de exprimir a idéia de que uma sociedade bem-ordenada é aquela na qual a igualdade humana fundamental é apropriadamente reconhecida. Esse argumento não deixa de ser circular, mas, como afirma Brian Barry, trata-se de um círculo não-vicioso. "O critério da aceitabilidade razoável de princípios confere certa substância à idéia de igualdade fundamental ao mesmo tempo que deriva dessa mesma idéia."[15]

Duas interpretações da motivação moral

Intimamente associada à interpretação da idéia de igualdade humana fundamental está a segunda premissa moral, que diz respeito ao tipo de motivação à qual recorrer para tornar possível o acordo e, em seguida, para conferir estabilidade às instituições que colocariam em prática os princípios acordados. Um contratualismo como o de Rawls só tem apelo para pessoas capazes de agir a partir de uma motivação moral (ou de um "senso de justiça", como está dito na passagem citada antes e em inúmeras outras de *Uma teoria da justiça*). Como deveríamos entender essa motivação moral? A melhor interpretação, acredito, foi proposta por Thomas Scanlon: a motivação moral consiste no "desejo de ser capaz de justificar as próprias ações a outros por razões que ninguém poderia razoavelmente rejeitar"[16]. (A formulação negativa, como esclarece Scanlon, tem o propósito de fazer que cada contratante pese mais os ônus para os outros do que a aceitabilidade para si próprio dos termos que está propondo para o acordo.)

---

15. Barry, 1995a, p. 8.
16. Scanlon, 1982, p. 116.

Muito dessa definição recai sobre um termo de sentido notoriamente vago, "razoável". Teremos de voltar muitas vezes a esse ponto. Se alguém nos diz que não é razoável rejeitar determinada proposta, nossa reação será perguntar de imediato: "Por quê?" Estaremos obrigados a inquirir as razões da não-rejeição razoável sempre que quisermos que o procedimento de construção que se vale desse critério seja capaz de justificar princípios substantivos de justiça. No momento enfatizo que: a razoabilidade de dada justificação depende de em que medida aquilo que se quer justificar pode fornecer as bases de um acordo informado e livre entre pessoas que divergem em suas concepções do bem.

Em seus textos mais recentes, Rawls reconhece que essa concepção de razoabilidade é um componente central de seu contratualismo. Em *O liberalismo político*, ele afirma que as partes deliberando na posição original não somente estão sujeitas às restrições impostas pelo "véu de ignorância" como também representam os cidadãos considerados pessoas racionais e razoáveis[17]. O termo "racional" é aqui empregado de forma que não difere essencialmente daquele de Gauthier ou da teoria da escolha racional. Já "razoabilidade" tem duas dimensões inter-relacionadas. Ela é entendida como uma virtude que se espera que os cidadãos cultivem e como uma característica dos princípios que aspiram ao reconhecimento público:

> As pessoas são razoáveis em um aspecto básico quando se dispõem, entre iguais, a propor princípios e padrões que consistam em termos eqüitativos de cooperação e, desde que os outros façam o mesmo, a eles se submeter voluntariamente. Elas entendem que é razoável que todos aceitem essas normas e por isso as vêem como justificáveis para todos; e se dispõem a discutir os termos eqüitativos que outros propõem.[18]

---

17. Rawls, 1993a, pp. 48-54.
18. Ibid., p. 49.

Detenhamo-nos um pouco mais nessa suposição motivacional que, estou argumentando, é um componente crucial da teoria da justiça de Rawls. Será puro *wishful thinking* supor que o desejo de justificar as instituições sob as quais se tem de viver por razões que ninguém poderia razoavelmente rejeitar é forte o suficiente na maioria das pessoas – o suficiente, pelo menos, para dar plausibilidade ao procedimento de construção proposto? Scanlon não vê nada de utópico em pressupor a existência de uma motivação dessa natureza: "As pessoas se dispõem a ir bastante longe, e a suportar sacrifícios bastante pesados, para não ter de admitir que suas ações e instituições são injustificáveis. A notória insuficiência da motivação moral para levar as pessoas a fazer o que é correto não se deve simplesmente à fraqueza da motivação para fazê-lo, mas sim ao fato de que essa motivação é facilmente deslocada pelo interesse próprio e pela inclinação a se auto-iludir."[19] De sua parte, Rawls se limitaria a dizer, em seus textos de 1980 em diante, que a representação dos cidadãos como livres e iguais e como racionais e razoáveis corresponde a uma concepção normativa de pessoa que se encontra implicitamente reconhecida nas instituições e nas práticas de uma democracia constitucional[20]. Constitui uma questão separada – que diz respeito mais à sociologia política do que à teoria normativa – saber em que medida a conduta dos cidadãos das democracias realmente existentes de fato se conforma a esse ideal de pessoa. Brian Barry é ainda mais incisivo do que Rawls, além de não circunscrever como este último a existência dessa motivação somente às pessoas que compartilham de determinada cultura política:

---

19. Scanlon, 1982, p. 117.
20. Em *Uma teoria da justiça*, no entanto, Rawls tinha uma visão inequivocamente mais universalista dessa questão. Depois de se perguntar quem estaria sob a proteção da justiça, ele responde: "A capacidade para a personalidade moral é uma condição suficiente para ter direito à justiça igual. Nada além do mínimo essencial é exigido [...] Estou supondo que a capacidade para ter um senso de justiça é possuída pela esmagadora maioria da humanidade..." (1971, p. 506).

O desejo de ser capaz de justificar nossas ações para nós próprios e para outros de forma que propicie um acordo livre é, como o demonstra a experiência ordinária, amplamente compartilhado e profundamente enraizado. Encontramos o mesmo desejo se manifestando quando as pessoas defendem instituições das quais se beneficiam. Não deixa de ser uma curiosa e notável ilustração da força desse desejo o fato de que os beneficiários de instituições como a escravidão e a discriminação racial raramente defendem sua posição como uma asserção abertamente injustificável de poder superior [...] Em vez disso, nos deparamos com sofisticadas defesas sugerindo, por mais implausível que isso pareça, que mesmo aqueles que se encontram na extremidade perdedora deveriam, se entendessem a situação corretamente, achar razoável aceitar seu *status*. Admitindo-se que se trata de uma perversão do intelecto, não deixa de ser significativo que ela realmente ocorra.[21]

Barry prossegue argumentando que "a concordância virtualmente unânime da raça humana em se preocupar com a possibilidade de defender as próprias ações de forma que não apele simplesmente ao poder é uma consideração altamente robustecedora"[22]. À parte a questão da universalidade da motivação moral – suposta por Barry e pelo "primeiro Rawls" – os três teóricos mencionados parecem ter essencialmente o mesmo ponto de vista sobre esse tópico. O curioso é que Rawls não deixa de se manter ambíguo em relação às exigências motivacionais de sua teoria da justiça como eqüidade, o que torna a discussão um tanto mais complicada.

Em *O liberalismo político*, Rawls sustenta que essas exigências são mais bem captadas por uma idéia de reciprocidade que, segundo ele, "encontra-se entre a idéia de imparcialidade, que é altruística (consiste em motivar-se pelo bem geral) e a idéia de benefício mútuo tendo em vista a

---

21. Barry, 1989, p. 284.
22. Ibid., p. 285.

obtenção de vantagens por todos em relação à situação presente ou futura que cada um espera, sendo as coisas como são"[23]. Parece bastante claro que a teoria de justiça como eqüidade não é compatível com a noção de benefício mútuo tal como entendida, por exemplo, por Gauthier. "Vamos supor", diz Rawls, "que transportemos as pessoas de uma sociedade em que a propriedade é muito desigual, em grande medida em decorrência do acaso e da sorte, para uma sociedade bem-ordenada regulada pelos dois princípios de justiça. Nada garante que todos ganharão com a mudança se eles a avaliam por suas atitudes anteriores. Os possuidores de vastas propriedades podem sofrer grandes perdas e historicamente eles têm resistido a essas mudanças. Nenhuma concepção razoável de justiça poderia passar pelo teste do benefício mútuo interpretado dessa forma."[24] Essa é uma consideração importante para rejeitarmos (da ótica da justiça igualitária) a justiça como benefício mútuo e a motivação à qual ela se limita, a saber, o interesse próprio.

Mas o que dizer da distinção entre reciprocidade e imparcialidade? Aqui as coisas não se apresentam de forma tão clara. Rawls não nos diz, na passagem que citei no parágrafo anterior, o que está entendendo por "imparcialidade". Limita-se a citar com aprovação a resenha de Allan Gibbard do livro de Brian Barry, *Teorias da justiça*, em que Gibbard argumenta que a teoria de Rawls deve ser interpretada como uma forma de "justiça como reciprocidade" e não como uma forma de "justiça como imparcialidade"[25]. As coisas se complicam ainda mais se procuramos esclarecimentos sobre a distinção no texto de Gibbard.

Gibbard distingue as duas concepções com precisão, mas de uma forma que parece se prestar muito pouco aos propósitos de Rawls. Para definir a idéia de imparcialidade,

---

23. Rawls, 1993a, pp. 16-7.
24. Ibid., p. 17.
25. Gibbard, 1991. A menção à resenha de Gibbard aparece em Rawls, 1993a, p. 17, nota 18. "Justiça como imparcialidade" é como Barry denomina a variante de contratualismo rawlsiano que julga ser mais promissora.

Gibbard se refere a uma passagem do livro de Barry que reproduz a definição de Scanlon da motivação moral e arremata dizendo que "a pessoa justa [para a concepção de justiça como imparcialidade] é motivada a aderir a um acordo que é aceitável sob todos os pontos de vista"[26]. Gibbard rejeita essa idéia de imparcialidade porque "não se pode razoavelmente esperar que uma pessoa dê apoio a uma ordem social a não ser que dela se beneficie"[27].
Gibbard (e também Rawls?) parece supor que a motivação para aderir a termos de acordo que são aceitáveis de todos os pontos de vista é o altruísmo ou a benevolência. Creio que isso é um equívoco. Essa disposição não se confunde com o altruísmo porque os contratantes não aderem a termos eqüitativos de acordo que ninguém poderia razoavelmente rejeitar motivados somente por um interesse no bem-estar de outros; eles o fazem porque chegar a um acordo desse tipo é uma condição para que cada um disponha dos meios e da segurança necessários para se empenhar na realização de sua própria concepção do bem. Duas partes que professam religiões de conversão distintas podem concordar que a liberdade de consciência é o único princípio que ambas podem razoavelmente aceitar para regular sua convivência, mas a motivação para respeitar o acordo não deriva somente de uma disposição para realizar o bem comum (no caso, a tolerância). As partes também são motivadas a respeitá-lo porque isso propicia as condições para que cada uma possa praticar seu próprio credo religioso com segurança. Não vejo por que desconsiderar esse aspecto instrumental da busca do acordo razoável. A motivação moral, como caracterizada por Scanlon, requer que sejamos capazes de considerar os ônus do que estamos propondo para outros, mas ter essa capacidade não faz de nós heróis ou santos.
Com respeito à noção de reciprocidade, faço duas observações. A primeira é a seguinte: o que Rawls denomina

---
26. Gibbard, 1991, p. 267.
27. Ibid., p. 266.

"reciprocidade" parece corresponder, essencialmente, àquilo que Scanlon e sobretudo Barry denominam "imparcialidade". "A cooperação", diz Rawls, "envolve a idéia de termos eqüitativos: esses são os termos que cada participante pode razoavelmente aceitar, desde que todos os demais também os aceitem. Termos eqüitativos de cooperação especificam uma idéia de reciprocidade: todos aqueles que estão envolvidos na cooperação, e que fazem sua parte tal como as normas e os procedimentos o exigem, devem se beneficiar de uma forma apropriada, estimando-se isso por um padrão adequado de comparação."[28] Um pouco adiante, esse padrão adequado de comparação é definido como uma situação de igualdade. Há inúmeras outras passagens de *O liberalismo político* em que a conotação scanloniana daquilo que Rawls denomina "reciprocidade" salta à vista. Além das outras que já foram citadas acima, não vejo outra maneira de interpretar a seguinte passagem:

> Um senso de justiça é a capacidade de entender, de aplicar e de agir a partir da concepção pública de justiça que define quais são os termos eqüitativos de cooperação. Considerando-se a natureza da concepção política de especificar uma base pública de justificação, um senso de justiça também expressa a disposição, senão mesmo o desejo, de agir em relação a outros em termos que eles também podem endossar publicamente.[29]

Em segundo lugar, Gibbard entende a idéia de reciprocidade de maneira muito mais restrita do que Rawls. Para o primeiro, a motivação para a conduta justa consiste em um sentido de eqüidade que podemos exprimir, de forma um pouco jocosa mas apropriada, assim: "eu não coço as suas costas se você não coçar as minhas". Gibbard acredita que Rawls vê a justiça como um sistema de cooperação de escala social que se apóia nesse sentido restrito de reciproci-

---

28. Rawls, 1993a, p. 16.
29. Ibid., p. 19.

dade ou de eqüidade. A justiça consistiria na "eqüidade nos termos que governam um sistema de reciprocidade das dimensões da sociedade. O sistema consiste em cada pessoa dar apoio à estrutura social básica e dela retirar benefícios. O cidadão de uma sociedade bem-ordenada é motivado a reciprocar benefícios, e essa motivação geral torna-se a motivação para se conformar às normas que ele considera eqüitativas"[30]. Gibbard denomina essa concepção "justiça como reciprocidade", entendendo-a como uma alternativa tanto à "justiça como benefício mútuo" quanto à "justiça como imparcialidade".

Não vou examinar detalhadamente a concepção de Gibbard[31]. Para os nossos propósitos, é suficiente evidenciar as diferenças com a interpretação do contratualismo rawlsiano que estou sustentando ser a mais defensável. Gibbard parece adotar o mesmo critério de Gauthier para avaliar a justiça de princípios, normas e instituições. São justos os princípios, as normas e as instituições que as partes de um contrato hipotético considerariam mutuamente vantajosos (entendendo-se "benefício mútuo" na acepção estrita de Gauthier). A única diferença importante entre as duas concepções diz respeito à motivação que as partes têm para cumprir os termos do acordo que vêem como mutuamente vantajoso, isto é, como justo. Como vimos no capítulo 3, Gauthier quer nos convencer de que o interesse próprio constitui uma motivação suficiente para levar cada um a fazer sua parte em acordos que são vantajosos para todos. Para Gibbard (e nesse ponto ele tem razão), esse argumento não funciona. A motivação para cumprir os acordos que as partes envolvidas julgam ser eqüitativos é, como já disse, um sentido de reciprocidade: "Posso ser decente com ele porque ele foi decente comigo. Posso preferir tratar bem uma outra pessoa que me tratou bem, mesmo que ela não tenha nenhuma influência sobre mim depois. Costumamos dar gorjetas pelo bom serviço em restaurantes aos quais nunca

---

30. Gibbard, 1991, p. 266.
31. Ver Barry, 1995a, pp. 46-51.

tínhamos ido antes."³² Temos um dever, em suma, de reciprocar eqüitativamente os benefícios que recebemos de um arranjo cooperativo. Esse dever, acredita Gibbard, tem seu reconhecimento facilitado pelo reforço que a motivação pela reciprocidade recebe de forças evolucionárias³³.

Não há nenhuma razão, da perspectiva do contratualismo que estou defendendo, para se contrapor a tudo isso. Tanto melhor se há um fundamento biológico para pelo menos algumas de nossas disposições éticas mais limitadas. Mas é claro que nossa natureza, ainda que limite o leque de alternativas possíveis, não dá a última palavra sobre o tipo de motivação que acreditamos que possa ser mobilizada para gerar e conferir estabilidade a instituições justas. E, sobretudo, não há nenhum ganho em disfarçar as exigências motivacionais de uma perspectiva normativa como a de Rawls. O contratualismo rawlsiano não é uma modalidade de justiça como reciprocidade tal como essa concepção é entendida por Gibbard e Binmore.

Se somos motivados a cumprir apenas os termos de acordos que são mutuamente benéficos, por que os que entre nós são mais privilegiados – os de posição social superior, os que têm mais recursos ou mais poder, os mais talentosos – deveriam aceitar os sacrifícios que a implementação de uma concepção de justiça como a de Rawls lhes imporia? Por que eles deveriam aceitar, em primeiro lugar, que os julga-

---

32. Gibbard, 1991, p. 266.
33. Esse também é o ponto de vista de Ken Binmore (em uma seção do capítulo 1 de seu livro que tem o sugestivo título de "DeKanting Rawls"): "Há muita evidência empírica que pode ser reunida em favor da proposição de que o *homo sapiens* tem propensões éticas embutidas em seu *software* ou em seu *hardware*. Ele vota. Ele dá gorjetas em restaurantes aos quais não tem previsão de voltar. Ele contribui para obras de caridade e para canais de televisão públicos. Em muitos países, ele doa sangue sem recompensa monetária. Há ocasiões em que ele arrisca sua vida tentando salvar alguém que lhe é totalmente estranho. Por vezes, ele chega a sacrificar sua vida em nome de alguma causa ou de algum princípio. A evidência, tanto teórica quanto fatual, para a proposição de que o *homo sapiens* tem algumas das virtudes do *homo ethicus* parece esmagadora" (1994, pp. 22-3). Também para Binmore, essas "propensões éticas" não nos autorizam a ir além da justiça como reciprocidade.

mentos de justiça sejam proferidos de um ponto de vista de imparcialidade no qual todos os fatores que respondem por suas vantagens são anulados? Disse antes que a caracterização da posição original se apóia em uma premissa moral substantiva sobre o que é uma sociedade justa[34]. Ainda não desenvolvi esse ponto detalhadamente, mas não é difícil mostrar que essa mesma premissa desempenha um papel importante também na justificação do princípio de diferença. Não vejo como essa suposição moral substantiva poderia ser recepcionada por uma perspectiva normativa para a qual o critério de justiça é o benefício mútuo.

Há outro problema que, embora tenha certa superposição com o mencionado no parágrafo anterior, vai além dele. Trata-se do problema da exclusão do contrato e, em conseqüência, da proteção oferecida pela moralidade. Como lidar com aqueles que não têm nada a oferecer a hipotéticos co-contratantes e que não têm como reciprocar os benefícios recebidos? Gibbard menciona alguns dos candidatos mais conspícuos à exclusão (sem falar no vasto contingente de destituídos): "Há pessoas congenitamente deficientes que podem ser ignoradas porque são incapazes tanto de contribuir quanto de causar perturbação. Os bebês podem reciprocar algum dia se vierem a crescer, mas eles poderiam ser torturados até a morte sem que as exigências de reciprocidade eqüitativa fossem violadas. As gerações futuras são incapazes de afetar diretamente os vivos."[35] Como Gibbard admite, a concepção de justiça como reciprocidade não tem como lidar com esses casos, justamente os que apelam de forma mais direta a nossa sensibilidade moral[36].

---

34. Somente para relembrar o que já foi dito: trata-se de uma suposição sobre quais fatores que respondem pela capacidade produtiva desigual deveriam ser vistos como moralmente arbitrários e, tanto quanto possível, deveriam ter sua influência neutralizada em uma sociedade liberal justa.
35. Gibbard, 1991, p. 272.
36. O mesmo vale para a teoria de Gauthier. Lembre-se de que a diferença (entre "justiça como benefício mútuo" e "justiça como reciprocidade") não está no critério de justiça mas na motivação para cumprir os termos do acordo.

Há um último ponto a ser mencionado que, acredito, vai contra a redução da teoria de Rawls a uma forma de justiça como reciprocidade. O argumento decisivo que Rawls tem contra a objeção de Harsanyi mencionada acima não tem como não se apoiar na interpretação de sabor mais kantiano – em contraste com a motivação pela reciprocidade, de óbvias ressonâncias humeanas – que Scanlon propôs para a motivação moral. É disso que trato a seguir.

Maximin ou utilidade média?

Disse antes que Rawls tem um argumento para rebater a objeção de Harsanyi de que a escolha das partes na posição original deveria recair não em um princípio maximin de justiça, mas em um princípio de maximização da utilidade média. Examinemos esse argumento mais detidamente. Vamos admitir que a escolha mais racional para as partes na posição original fosse realmente um princípio de maximização da utilidade média. O problema é que as instituições voltadas para dar substância a esse princípio não seriam consistentes em termos da motivação necessária para lhes conferir estabilidade. É isso que Rawls diz na seguinte passagem:

> Os princípios de justiça se aplicam à estrutura básica do sistema social e à determinação das perspectivas de vida. O que o princípio de utilidade exige é precisamente o sacrifício dessas perspectivas. Supõe-se que as vantagens maiores de outros ofereçam uma razão suficiente para aceitarmos expectativas mais baixas ao longo de toda a nossa vida. Isso é certamente uma exigência extrema. Quando a sociedade é concebida como um sistema de cooperação estruturado para promover o bem de seus membros, parece demasiado inverossímil que se possa esperar, com base em princípios políticos, que alguns cidadãos aceitem expectativas de vida mais baixas em benefício de outros.[37]

---

37. Rawls, 1971, p. 178.

A "exigência extrema" em questão não é a de que os mais talentosos e os mais abastados tenham de contribuir para o bem-estar dos que se encontram na posição mais desfavorável. Já que isso é precisamente o que uma estrutura institucional concebida para implementar o princípio de diferença exigiria dos primeiros. Suas expectativas de vida não se tornariam por isso mais baixas do que as de outros, porque a eles (aos mais privilegiados) ainda caberiam os quinhões maiores dos recursos sociais escassos ou (nos termos de Rawls) de bens primários. A exigência extrema está na suposição de que os mais destituídos deveriam aceitar a redução de suas expectativas de vida, e os benefícios maiores garantidos aos mais abastados e aos mais talentosos, se isso se mostrasse ser, como muitas vezes é o caso, uma condição para a maximização da utilidade agregada ou média. O princípio de utilidade admite não só o sacrifício de cima para baixo, como o princípio de diferença, mas também o sacrifício de baixo para cima[38].

Estamos agora em condições de precisar o sentido da célebre afirmação de Rawls de que "o utilitarismo não leva a sério a distinção entre as pessoas"[39]. Existem circunstâncias sob as quais o utilitarismo, em qualquer de suas variantes, seria levado a recomendar que o bem-estar de algumas (e mesmo muitas) pessoas seja tratado de forma instrumental à elevação máxima do benefício total ou da utilidade *per capita*. E Rawls recusa isso com base em uma interpretação do imperativo kantiano segundo o qual não devemos tratar os outros somente como meios mas sempre também como fins em si mesmos[40]. Mas levar a sério a distinção entre as pessoas, isto é, considerar que o bem-estar de cada um tem valor, não nos compromete com a suposição – como pensa Nozick[41] – de que também o sacrifício de cima para baixo

---

38. Nagel, 1991, pp. 78-80.
39. Rawls, 1971, p. 27.
40. Ibid., pp. 179-83.
41. Nozick, 1974, pp. 189-97.

não possa ser justificado. No capítulo 6, analisarei com base em que considerações se poderia justificar aos mais privilegiados os sacrifícios que lhes seriam impostos por uma estrutura institucional regulada pelo princípio de diferença. No momento, pretendo ressaltar a natureza kantiana da resposta de Rawls a Harsanyi e explicitar que essa resposta não envolve o emprego de um sistema de dois pesos e duas medidas do tipo: "É inaceitável que o bem-estar dos mais destituídos seja tratado como um meio para o bem-estar de outros, mais privilegiados, mas não há nenhum problema em tratar o bem-estar destes últimos como um meio para o bem-estar dos primeiros."

Faço um parêntese para observar que o sacrifício de baixo para cima, que estou argumentando ser um resultado possível do utilitarismo médio de Harsanyi, está longe de se constituir somente uma hipótese teórica. Como Nagel argumenta: "Quando esses dois princípios [o princípio de utilidade e o maximin] implicam resultados diferentes, como no caso em que uma minoria destituída só poderia ser ajudada à custa de um sacrifício agregado quantitativamente maior por parte de uma classe média numerosa, o ônus motivacional menor imposto pelo igualitarismo [no caso, pelo princípio de diferença] será sentido por mais pessoas do que o ônus motivacional mais pesado imposto por um utilitarismo estrito. Essa é uma entre inúmeras outras razões pelas quais a igualdade enfrenta tempos tão difíceis nas democracias modernas."[42] A regra da maioria é o único procedimento decisório que, pelo menos de forma aproximada, pode levar à maximização da utilidade média[43]. E não há nada na decisão majoritária que faça que os membros de uma maioria, ocupando uma posição intermediária na distribuição de encargos e benefícios sociais, sejam levados a aceitar uma modesta redução no nível de seu bem-estar se

---

42. Nagel, 1991, p. 80.
43. Dahl, 1989, pp. 142-4.

isso for necessário para elevar significativamente o bem-estar de uma minoria destituída. Quando os pobres deixam de constituir a maioria da sociedade, a tomada de decisões pelo método democrático – pelo menos se entendemos a democracia simplesmente como um mecanismo de agregação das preferências *de facto* dos cidadãos – não oferece nenhuma garantia de que seus interesses serão levados em conta pela maioria relativamente mais privilegiada. Ao passo que um utilitarismo médio teria de sancionar essa exclusão como justa, ela seria considerada profundamente injusta da ótica de um princípio maximin de justiça social. Esse é o principal foco de tensão entre a democracia e o componente maximin do ideal de justiça social. Só não haverá tensão (ou mesmo oposição), no caso que estamos discutindo[44], se uma maioria dos cidadãos e de seus representantes estiverem convencidos de que devem se valer das instituições políticas democráticas para realizar – ou chegar tão perto disso quanto possível – uma concepção de justiça social[45].

Voltemos à objeção de Harsanyi à escolha do princípio de diferença. As partes deliberando na posição original de Harsanyi, não sendo avessas ao risco, seriam racionalmente levadas a escolher o princípio de maximização da utilidade média porque este princípio de justiça distributiva permitiria maximizar o número de posições em que os benefícios

---

44. Há outros pontos de tensão entre a democracia e a justiça, alguns dos quais são apontados em outros capítulos deste livro.

45. Para Rawls (sobretudo em Rawls, 1993a), a concepção política de justiça desempenha o papel de oferecer uma estrutura de discussão pública (ou de "razão pública") dentro da qual se espera que os cidadãos ou seus representantes constituam suas preferências em questões de fundamentos constitucionais e de justiça básica. Mesmo Dahl, que tem muito mais simpatia pelo ideal democrático do que por qualquer concepção de justiça social, não se satisfaz com uma concepção meramente agregativa de democracia. Para ele, é parte do ideal democrático a idéia de que os cidadãos deveriam ter uma oportunidade de constituir "percepções refletidas" sobre os assuntos públicos e chega mesmo a ponto de esboçar um formato institucional (por ele denominado "minipopulus") para colocar a democracia deliberativa em prática (1989, p. 340).

que lhes seriam assegurados seriam maiores – maiores, no caso, do que os benefícios que o princípio de diferença garantiria aos que se encontrassem na posição mínima. Mas, uma vez que o "véu de ignorância" fosse levantado, os que se encontrassem na pior posição, sob a estrutura institucional concebida para colocar o princípio escolhido em prática, poderiam razoavelmente rejeitar o princípio da utilidade média. Os mais mal situados poderiam razoavelmente rejeitar um princípio de justiça política que lhes exige, como argumenta Rawls no trecho citado, considerar os benefícios maiores colhidos pelos mais privilegiados como uma razão suficiente para se contentar com suas próprias expectativas mais baixas ao longo da vida inteira. Uma sociedade utilitarista bem ordenada seria inconsistente do ponto de vista motivacional.

É esse o argumento decisivo de Rawls contra o utilitarismo. Mas não se trata, como ele parece supor, de um argumento do ponto de vista da posição original, e sim de um argumento sobre a motivação para cada um fazer o que é exigido de si pelas instituições sociais e políticas *depois* que o contrato hipotético for alcançado e quando seus termos deverão ser colocados em prática[46]. Ou então, seria preciso supor que o contrato rawlsiano tem uma segunda rodada na posição original, em que as partes, depois de terem acordado os princípios de justiça, examinariam a razoabilidade do compromisso que assumiram. É o que Rawls parece ter em mente quando fala nas "exigências do comprometimento": as partes contratantes "não podem entrar em acordos cujas possíveis conseqüências elas podem não ter como aceitar"[47]. Mas isso, como argumenta corretamente Barry, significaria

---

46. Aqui o problema é similar àquele ao qual devotei muita atenção na discussão do contratualismo hobbesiano: a lógica que leva ao acordo deve ser distinguida da lógica que leva os participantes a respeitar os termos do acordo. Depois que um acordo é alcançado, ainda resta o problema da motivação que os participantes têm para honrar seus termos.

47. Rawls, 1971, p. 176.

apenas contrabandear o padrão scanloniano de justificação para a deliberação na posição original[48].

É plausível defender o princípio de diferença contra o princípio de utilidade argumentando-se que o ônus motivacional imposto pelo primeiro é mais aceitável do que o do segundo. Mas esse argumento não tem como deixar de se apoiar na motivação moral tal como a estou entendendo.

---

48. Brian Barry sustenta que o argumento de Rawls sobre a maior estabilidade motivacional dos dois princípios de justiça de sua teoria, que apela à idéia das "exigências do compromisso", deve ser entendido como um argumento *independente* (do argumento da posição original) em favor desses princípios. E esse argumento não tem como não recorrer ao padrão scanloniano de justificação (1995a, pp. 61-7).

Capítulo 6
A justiça igualitária

No capítulo anterior, argumentei que o igualitarismo, tal como interpretado pelo princípio de diferença, é mais consistente, em termos de suas exigências de motivação, do que o princípio de maximização da utilidade média. Mas a motivação moral não é capaz, por si mesma, de nos levar até onde é preciso chegar na justificação de princípios liberal-igualitários de justiça. Vimos que o liberalismo igualitário concebe a razoabilidade como uma virtude tanto de pessoas (na condição de cidadãs) quanto dos princípios que aspiram ao consentimento universal. A seguinte questão é a mais espinhosa: com base em que considerações podemos defender a aceitabilidade, de todos os pontos de vista, do princípio de diferença para regular as desigualdades socioeconômicas de uma sociedade liberal justa?

Antes de enfrentá-la, discutirei outro componente central do liberalismo igualitário: a prioridade que a garantia das liberdades fundamentais tem sobre a redução das desigualdades socioeconômicas. Trata-se de uma clássica preocupação liberal e, como tal, sujeita às também clássicas objeções de socialistas e democratas radicais a fim de que tais liberdades, na vigência de desigualdades socioeconômicas consideráveis, seriam meramente "formais". Essas objeções tradicionais ainda são mais relevantes, acredito, do que uma crítica de Habermas à teoria de Rawls que também tem certa incidência sobre a questão da prioridade das liberdades fundamentais. Examino essa crítica a seguir.

Para Habermas, "o caráter de dois estágios de sua [de Rawls] teoria gera uma prioridade dos direitos liberais que degrada o processo democrático a um *status* inferior"[1]. Entre os direitos liberais, que Habermas também denomina "direitos privados subjetivos", encontram-se a liberdade de pensamento e de consciência, o direito à vida, à liberdade pessoal e o direito de propriedade[2]. Esses direitos, que ele supõe que definam, na teoria de Rawls, a identidade não-pública dos cidadãos, teriam prioridade sobre a "autolegislação democrática"[3]. Habermas critica, então, não a prioridade da proteção às liberdades fundamentais sobre a busca de igualdade socioeconômica, mas a preeminência dos direitos liberais sobre o direito de autogoverno democrático.

Habermas não distingue, como seria necessário, duas objeções distintas[4]. Quando diz que a teoria de Rawls tem dois estágios, ele está se referindo à escolha dos princípios de justiça na posição original (estágio 1) e, em seus (de Habermas) próprios termos, à formação da vontade política (estágio 2). Habermas pensa que o estágio 2 é indevidamente restringido pelo estágio 1, o que equivale a estabelecer – pelo menos é isso o que ele dá a entender – a primazia da argumentação filosófica sobre a deliberação democrática. Esse é um tipo de crítica freqüentemente dirigida a toda moda-

---

1. Este texto de Habermas (1995, p. 128) faz uma apreciação crítica da teoria de Rawls e, juntamente com a resposta de Rawls, foi publicado em *The Journal of Philosophy*. Os dois textos foram traduzidos por Otacílio Nunes Júnior e publicados em *Educação & Sociedade*, n. 57, 1996 (Centro de Estudos Educação e Sociedade, Unicamp).
2. Ibid., p. 127.
3. Ibid., pp. 128-9.
4. Ricardo Terra comentou que o estilo adotado aqui (com o foco mais em problemas do que na exegese de textos e na interpretação de autores) não funciona tão bem quando se trata de confrontar dois teóricos importantes como Habermas e Rawls. Decidi manter essa referência crítica a Habermas, no entanto, considerando que não estou emitindo um julgamento sobre a teoria de Habermas em seu conjunto mas somente sobre a forma, no meu entender imprecisa, como ele trata das idéias de outro autor.

lidade de contratualismo hipotético. Nessa linha se objetaria à concepção em seu conjunto – e não somente a um de seus componentes específicos. Outra objeção, que não tem uma conexão necessária com a primeira, diz respeito ao lugar que os ditos "direitos liberais" ocupam na concepção de justiça selecionada na posição original. É essa segunda objeção que discuto agora.

A visão de Habermas desses direitos como "direitos privados subjetivos" parece-me um tanto anacrônica. Ela nos faz lembrar a crítica de Marx aos direitos humanos em *A questão judaica*. Os direitos humanos são interpretados por Marx como direitos do indivíduo burguês, empenhado na realização de seu interesse próprio e preocupado sobretudo com a proteção a seus direitos de propriedade, e em oposição àquilo que deveria motivar o indivíduo na condição de cidadão, a saber, a realização de interesses gerais na esfera da política. Não é dessa forma que hoje concebemos o lugar que os direitos civis, que correspondem aos direitos "privados" mencionados por Habermas, ocupam no ideal e na prática da cidadania. Não se trata apenas do fato de que não podemos conceber a deliberação por meio do processo democrático sem que certos direitos civis – tais como as liberdades de pensamento, de expressão, de associação, o "império da lei" – sejam garantidos[5]. Ao contrário da interpretação de Habermas sobre onde passa a linha divisória entre as identidades pública e não-pública na teoria de Rawls, também nossa identidade *pública* é, em um grau significativo, determinada pela titularidade desses direitos. Se sou católico praticante, isso certamente será importante para minha identidade privada, mas minha identidade pública será definida, nesse aspecto em particular, pela minha disposição de conformar minha conduta a um direito liberal (a liberdade de consciência) e ao correspondente dever de respeitar o prin-

---

5. Como diz Dahl, "não somente como um ideal mas também na prática o processo democrático está envolto em uma penumbra de liberdade pessoal" (1989, pp. 88-9).

cípio da tolerância religiosa. O mesmo vale para os demais direitos mencionados por Habermas[6]. A não ser para os defensores de um majoritarismo irrestrito (com os quais Habermas certamente não tem nenhuma afinidade), conferir uma força moral especial aos direitos civis não rebaixa o autogoverno democrático a um *status* inferior, porque a titularidade desses direitos é uma parte essencial do que é ser um cidadão de uma democracia. E a criação das condições institucionais que tornam possível o exercício efetivo desses direitos por todos é um dos objetivos – um interesse geral, portanto – que esperamos realizar na esfera política. Isso talvez seja mais claro para aqueles que vivem em um país como o Brasil, em que o componente civil da cidadania encontra-se muito mais precariamente institucionalizado e garantido a todos, sobretudo aos mais destituídos, do que os direitos de participação política. A cidadania não envolve somente os direitos que temos como agentes políticos mas também os direitos sem os quais não é possível participarmos como iguais da sociedade civil.

A crítica de Habermas teria de discriminar melhor, como faz Amy Gutmann, entre um "liberalismo negativo" e um "liberalismo positivo"[7]. Para o primeiro, o valor supremo é a não-interferência na liberdade pessoal e na autonomia privada. Nesse caso, as instituições políticas e a deliberação democrática são, no melhor dos casos, instrumentais à proteção desse valor supremo. Para o segundo, a liberdade pessoal não consiste somente em não sofrer interferências arbitrárias na autonomia privada mas também na "liberdade de deliberar e decidir as questões políticas de forma consistente

---

6. Note-se que Rawls não inclui a propriedade de meios de produção e de recursos naturais entre os direitos aos quais o primeiro princípio de justiça atribui um *status* especial. Ver, por exemplo, Rawls, 1993a, pp. 298 e 338-9. A propriedade dos recursos produtivos e naturais, portanto, de modo algum está insulada do autogoverno democrático.
7. Gutmann, A. "The Disharmony of Democracy". In: Chapman, J., Shapiro, I. (orgs.). *Democratic Community*. Nova York, Londres: The New York University Press, 1993. Estou me valendo da edição brasileira deste texto. Ver Gutmann, 1995.

com uma liberdade igual de cada um dos membros adultos da sociedade da qual se é membro"[8]. O liberalismo rawlsiano, como observa Gutmann, é desse segundo tipo[9]. Essa é a razão pela qual o primeiro princípio de justiça protege, sem que uns tenham primazia sobre outros, tanto os direitos de liberdade pessoal quanto os de participação política[10].

O restante deste capítulo está dividido em duas partes. Primeiro, tratei de uma variedade de tópicos distintos, com o propósito de esclarecer qual é, em meu entender, a melhor forma de interpretar a prioridade das liberdades fundamentais. A segunda parte é dedicada à discussão do princípio de diferença.

A prioridade das liberdades fundamentais

Rawls dispõe os princípios de justiça propostos por sua teoria em uma ordenação "léxica" (ou serial). O primeiro princípio – que prescreve um esquema de liberdades iguais para todos – tem prioridade sobre a primeira parte do segundo princípio – que prescreve uma igualdade eqüitativa de oportunidades para todos; este último, por sua vez, tem

---

8. Gutmann, 1995, p. 31.

9. Gutmann prossegue argumentando que há decisões políticas envolvendo conflito de valores que a concepção de democracia deliberativa por ela defendida e o liberalismo positivo avaliariam de formas distintas. Este último consideraria injustas certas decisões que aquela veria como resultados legítimos do exercício da autonomia política pelos cidadãos. Penso, entretanto, que o padrão de aceitabilidade universal do contratualismo rawlsiano pode ser interpretado de modo que dê conta dessa objeção. Esclareço essa interpretação no capítulo 7, discutindo o mesmo caso de decisão controversa (o subsídio público à arte e à cultura) com respeito à qual, acredita Gutmann, as avaliações divergiriam.

10. As liberdades fundamentais protegidas pelo primeiro princípio abrangem os direitos civis (as liberdades de consciência, de pensamento, de expressão, de associação, de movimento), os direitos e garantias associados ao império da lei e ao "devido processo legal" e os direitos políticos (direito de voto e de concorrer a cargos eletivos, a liberdade de informação e as liberdades de associação e expressão políticas).

prioridade sobre o princípio de diferença – segundo o qual as desigualdades socioeconômicas só são justificáveis se forem estabelecidas para o máximo benefício possível daqueles que se encontram na extremidade inferior da escala social[11]. Essa disposição serial pode ser interpretada da seguinte forma. Ao comparar diferentes arranjos institucionais da ótica da justiça, devemos primeiro selecionar aqueles em que as liberdades civis e políticas encontram-se adequadamente protegidas (prioridade do primeiro princípio) e em que as instituições e políticas de promoção da igualdade socioeconômica não exigem, por exemplo, a conscrição ao trabalho (prioridade da primeira parte do segundo princípio[12]); em seguida, selecionamos o arranjo institucional no qual a distribuição de bens primários é igualitária (ou mais igualitária) de acordo com o critério estabelecido pelo princípio de diferença.

Uma primeira qualificação a fazer é a de que a vigência da "prioridade léxica" do primeiro princípio somente pode ter lugar uma vez que as necessidades básicas dos indivíduos tenham sido satisfeitas, entendendo-se por "necessidades básicas" interesses vitais do seguinte tipo: a garantia da integridade física, de nutrição adequada, do acesso à água potável, ao saneamento básico, ao atendimento médico e à educação. É preciso supor que um princípio de satisfação de interesses vitais encontra-se implicitamente reconhecido na prioridade atribuída às liberdades civis e políticas[13].

---

11. Isso corresponde à formulação dos dois princípios, e à ordenação serial entre eles, que Rawls vem empregando em seus textos mais recentes (por exemplo em Rawls, 1993a, p. 291).

12. O valor dos arranjos de mercado decorre não só de razões de eficiência alocativa mas sobretudo (da ótica de uma concepção de justiça como a de Rawls) do fato de que parecem ser os únicos compatíveis com a realização de um importante bem moral: a livre escolha da ocupação. O princípio da igualdade eqüitativa de oportunidades exclui, por essa razão, que as pessoas mais talentosas e capacitadas possam ser forçadas a trabalhar pelo bem comum em uma sociedade liberal justa.

13. Barry (1994, p. 67) argumenta que um "princípio de satisfação de interesses vitais" se encontraria entre os princípios escolhidos em uma posição original scanloniana, caso se pretenda que aqueles que se encontram na posição mais desfavorável não tenham nenhuma objeção razoável aos princípios

Como tem sido a regra ao longo deste livro, importa menos interpretar ao pé da letra os textos de Rawls do que precisar – levando em conta outros conhecimentos teóricos ou empíricos que possam ser relevantes – o que deveríamos pensar sobre o problema em discussão. Mas acredito que há apoio textual nas obras de Rawls para a interpretação aqui proposta. "Até que as necessidades básicas dos indivíduos possam ser satisfeitas, a urgência relativa do interesse que eles têm pela liberdade não pode ser firmemente atestada de antemão."[14] Ou então, de forma ainda mais clara:

> O primeiro princípio, que trata dos direitos e liberdades fundamentais e iguais, pode facilmente ser precedido de um princípio lexicamente anterior prescrevendo a satisfação das necessidades básicas dos cidadãos, na medida em que a satisfação dessas necessidades é necessária para que os cidadãos entendam e tenham condições de exercer de forma proveitosa esses direitos e liberdades. É evidente que um princípio desse tipo tem de estar pressuposto na aplicação do primeiro princípio.[15]

Digamos que, conforme as pessoas se tornam livres da pressão que lhes é imposta por necessidades básicas, au-

---

acordados. Pogge (1989, pp. 134-48) argumenta na mesma linha proposta no texto, sustentando ser isso uma "emenda" ao critério de justiça (com a ordenação serial dos dois princípios) de Rawls.

14. Rawls, 1971, p. 543.
15. Rawls, 1993a, p. 7. Leda Paulani observou que, se há um princípio de satisfação de necessidades básicas que é lexicamente prioritário ao primeiro princípio de justiça, então ações como as do Movimento dos Sem-Terra e os saques de famélicos no Nordeste têm de ser vistas como justificadas pela teoria de Rawls. Não se pode perder de vista, no entanto, que essa teoria é de natureza *institucional* – seu objeto são arranjos institucionais e não, diretamente, as ações dos agentes que estão submetidos a esses arranjos. A ocorrência de saques de famélicos, isso sim, evidencia de forma dramática a necessidade de reformar a estrutura institucional da sociedade brasileira. Atrevi-me, em outro texto (Vita, 1996, pp. 316-8), a caracterizar o Movimento dos Sem-Terra como uma forma de desobediência civil. Essa caracterização não tem nada a ver com a auto-identificação de seus participantes mas com a questão de como considerar um movimento dessa natureza da ótica da teoria da justiça social que estamos examinando.

menta o interesse que elas têm em exercer suas liberdades fundamentais iguais. Essa é, acredito, a intuição ética que se encontra por trás da prioridade do primeiro princípio. Como diz Rawls, "conforme melhoram as condições de civilização, diminui o significado marginal para o nosso bem de ulteriores benefícios econômicos e sociais em comparação aos interesses de liberdade, que se tornam mais fortes conforme as condições para o exercício das liberdades iguais são mais plenamente realizadas"[16].

Tenhamos em mente, em segundo lugar, que a prioridade do primeiro princípio, para Rawls, só seria plenamente reconhecida pelos cidadãos de uma "sociedade bem ordenada". E esta é uma sociedade cujas instituições fundamentais satisfazem não somente às necessidades básicas dos indivíduos mas sobretudo o que Rawls denomina "necessidades dos cidadãos"[17]. Estas se definem em relação a um objetivo muito mais ambicioso do que "meramente" garantir um mínimo social adequado para todos. Elas têm a ver com as condições que tornam possível o exercício das duas faculdades morais que constituem a identidade pública das pessoas: a capacidade de constituir e de revisar (se isso for necessário) uma concepção do bem (do seu próprio ou de outros); e a capacidade de ter e de agir de acordo com um senso de justiça. Rawls supõe que, em uma sociedade liberal justa, a distribuição de bens primários[18] segundo os dois princípios de justiça seria realizado de maneira que permitisse a cada cidadão desenvolver e exercitar plenamente essas duas faculdades morais. As credenciais dessa suposição de-

---

16. Rawls, 1971, p. 542.
17. Rawls, 1993a, pp. 187-90.
18. Entre esses bens estão os direitos e liberdades fundamentais, as vantagens e prerrogativas associadas às posições de responsabilidade em instituições econômicas e políticas, a renda e a riqueza e as bases sociais do autorrespeito. Este último é o bem primário que Rawls julga ser o mais importante – e é também o de sentido mais obscuro. Volto a esse ponto adiante. Em seus textos mais recentes, Rawls enfatiza a relação que há entre sua interpretação dos bens primários e a noção, a que fiz referência no texto, de "necessidades dos cidadãos".

vem ser avaliadas sobretudo em relação ao senso de justiça que significa, acima de tudo, a capacidade de conformar a própria conduta às exigências apresentadas por instituições justas. Temos de supor que, em uma sociedade justa, os cidadãos encontrem condições institucionais apropriadas para afirmar seu senso de justiça, isto é, para conformar sua conduta às exigências institucionais sem que a motivação para isso seja o temor da coerção ou a mistificação ideológica.

Para seguir adiante na discussão, há uma distinção importante a ser feita. A prioridade do primeiro princípio se apresenta de forma distinta quando se examina o problema no âmbito do que Rawls denomina "teoria ideal" ou, alternativamente, no âmbito da "teoria não-ideal". Os princípios e a prioridade léxica entre eles fazem parte do que Rawls denomina "teoria ideal", que opera com base em duas suposições cruciais: a de que os dois princípios de justiça são realizados de forma pelo menos aproximada pela estrutura básica da sociedade e a de que há "obediência estrita", isto é, a suposição de que todos aceitam conformar sua conduta aos princípios de justiça publicamente reconhecidos. Quando há sérias injustiças nas instituições sociais ou na conduta dos indivíduos (quer se trate de pessoas privadas ou investidas de autoridade pública, empresas, grupos e associações de todo tipo, igrejas e seitas religiosas), estamos no terreno da "teoria não-ideal" e da "obediência parcial"[19]. Constitui uma questão separada saber como princípios (dispostos em uma ordenação serial) que se justificam com base nas suposições da teoria ideal podem se aplicar a situações caracterizadas por graves injustiças. Além das duas qualificações mencionadas à prioridade das liberdades fundamen-

---

19. A "teoria ideal" e a "teoria não-ideal" são comparadas, por exemplo, em Rawls, 1971, pp. 245-7. Além do problema que estou considerando (o da prioridade das liberdades básicas em situações de injustiça), Rawls examina inúmeros outros objetos que pertencem a uma teoria não-ideal da justiça, como o problema de até que ponto seitas e grupos intolerantes devem ser tolerados em sociedades cujas instituições realizam o valor da tolerância, a guerra justa, a objeção de consciência e a desobediência civil, entre outros.

tais, resta um terceiro ponto a ser apontado no terreno da teoria ideal da justiça. Depois, tratarei da questão da ótica da "teoria não-ideal".

O valor eqüitativo das liberdades políticas

Consideremos a objeção de "formalismo", que pode ser dirigida à ordenação léxica dos dois princípios de justiça, ainda no âmbito da "teoria ideal". Rawls faz uma distinção entre as liberdades fundamentais e o que ele denomina o "valor" dessas liberdades[20]. Essa distinção é importante para perceber que Rawls está comprometido não com uma noção de liberdades formais mas com a concepção (positiva) de liberdade *efetiva*. O que realmente importa, da ótica da justiça social, é o que as pessoas podem fazer com os seus direitos e liberdades. Em uma sociedade liberal justa, as liberdades fundamentais são iguais para todos – elas definem uma estrutura institucional que garante os mesmos direitos, isenções, prerrogativas e oportunidades para todos. Mas o valor disso não é igual para todos. A pobreza e a ignorância incapacitam uma pessoa de se valer desses direitos e oportunidades que lhes são institucionalmente garantidos. E, como Rawls admite, mesmo em uma sociedade bem ordenada os que têm mais renda e riqueza estarão sempre mais bem posicionados para tirar proveito desses recursos institucionais. Diríamos o seguinte aos que se encontram na pior situação sob a estrutura básica de uma sociedade liberal justa: "O princípio de diferença maximiza (em termos absolutos) a parcela de bens primários propiciada aos que se encontrarem mais mal situados sob essa estrutura. Podemos dizer, então, que a distribuição de bens primários de acordo com o princípio de diferença maximiza o valor das liberdades iguais para os que estão menos capacitados a se valer delas. Que essas liberdades tenham um valor igual para to-

---

20. Rawls, 1971, pp. 204-5, e 1993a, pp. 324-31 e 356-68.

dos, isso é algo que jamais poderá ser inteiramente alcançado. Mas o princípio de diferença, mais do que qualquer outro princípio distributivo (e o correspondente arranjo institucional), seria capaz de fazer, assegura que as liberdades políticas tenham um valor *eqüitativo* para todos." Essa resposta constitui uma parte importante da justificação do princípio de diferença para os mais desprivilegiados, uma vez que, para Rawls, maximizar o valor das liberdades iguais para os que estão mais mal posicionados para delas se beneficiar constitui o próprio fim da justiça social[21]. O fim da justiça social, em outros termos, é maximizar a liberdade efetiva de todos. Para avaliar os méritos dessa resposta, temos de examinar a justificação geral do princípio de diferença, em particular a suposição de que os mais desprivilegiados não poderiam almejar nada de melhor do que isso. Examinarei os méritos dessa justificação na segunda parte deste capítulo.

Resta ainda um ponto a ser discutido no presente contexto. Nos dois parágrafos anteriores, ressaltei a importância do princípio de diferença (ou de um princípio similar de justiça distributiva) para garantir o valor eqüitativo das liberdades políticas. Isso é importante para perceber como, a despeito da regra de prioridade, os componentes "liberal" e "igualitário" da teoria de Rawls não podem ser dissociados. Mas note-se que mesmo o princípio de diferença poderia autorizar desigualdades sociais e econômicas que teriam de ser vistas como excessivas à luz de considerações que se impõem precisamente da prioridade das liberdades fundamentais. Uma excessiva concentração da riqueza e da propriedade degrada o valor das liberdades políticas – do governo democrático – para os menos privilegiados. Dois tipos de instituição são sugeridos para lidar com esse problema. Um é a adoção de impostos progressivos sobre as heranças e doações com o sentido não tanto de extrair recursos para o Estado, e sim de "corrigir, gradual e continuamente, a distri-

---

21. Rawls, 1971, p. 205.

buição da riqueza e de impedir concentrações de poder que são nocivas ao valor eqüitativo da liberdade política e da igualdade eqüitativa de oportunidades"[22].

Rawls pensa ainda que instituições mais específicas são também necessárias. Trata-se da adoção de normas de financiamento público dos partidos políticos e da imposição de limites severos às contribuições financeiras que pessoas físicas e empresas podem fazer para campanhas e publicidade políticas e aos gastos dos candidatos em suas próprias campanhas[23]. Sem isso, os que dispõem de mais recursos econômicos e maior capacidade organizacional têm também uma maior capacidade de influenciar os resultados políticos, o que afeta negativamente o valor eqüitativo das liberdades políticas. Os resultados políticos passam a corresponder, em particular, às preferências dos chamados "grandes eleitores"[24]. Muitas vezes se argumenta que disposições desse tipo não conseguiriam impedir a influência do poder econômico sobre as decisões políticas. De fato, não. Mas o financiamento público aos partidos (junto com a propaganda política gratuita nos meios de comunicação de massa) garante condições minimamente eqüitativas de expressão e competição políticas para aqueles que não contam com o apoio dos "grandes eleitores". Ademais, é preciso considerar que esse patamar mínimo de eqüidade política reduziria significativamente o retorno marginal que os financiadores privados poderiam esperar de cada real empregado para influenciar os resultados políticos – sem falar no custo adicional que seria imposto pela ilegalidade.

---

22. Ibid., p. 277.
23. Rawls, 1993a, pp. 356-63. Barry (1995a, pp. 99-111) argumenta que essas e outras instituições (incluindo formas de controle público sobre os meios de comunicação para garantir a diversidade política) fazem parte das condições sob as quais a tomada de decisões políticas (sobre questões de justiça básica) mais provavelmente corresponderia à norma scanloniana de razoabilidade.
24. No Brasil, a lista é encabeçada por grandes construtoras e empreiteiras de obras públicas e pela mídia eletrônica comercial.

Além dessa objeção pragmática ("disposições legais para garantir a eqüidade política são ineficazes, é sempre possível burlá-las"), há ainda uma objeção de princípio. Rawls critica duramente uma decisão de 1976 da Suprema Corte dos Estados Unidos, que considerou inconstitucionais alguns dos limites que uma lei aprovada pelo Congresso em 1974 havia estabelecido sobre as contribuições financeiras a candidatos e partidos políticos e sobretudo aos gastos dos candidatos em campanhas eleitorais[25]. A Corte fundamentou o emprego de seus poderes de "revisão judicial", nesse caso, no argumento de que a imposição de limites aos gastos em campanhas violava a liberdade de expressão política e, por isso, estava em desacordo com a Primeira Emenda da Constituição dos Estados Unidos. Foi alegado que a intervenção prescrita por essas leis para garantir a eqüidade política implicaria dar mais peso à expressão de alguns em detrimento da expressão de outros. Como observa Rawls, a Corte confundiu os esforços para tornar a competição política uma disputa entre iguais com a imposição de restrições ao *conteúdo* da expressão política. Nessa linha, "a Corte corre o risco de en-

---

25. Ver Rawls, 1993a, p. 359, e nota 72. Em 1976, a Suprema Corte (na sentença para o caso *Buckley v. Valeo*) declarou inconstitucionais os limites que uma lei aprovada pelo Congresso em 1974 (o "Electoral Reform Act") havia estabelecido para os gastos em campanhas eleitorais. Dworkin (1996) analisa essa decisão detalhadamente, além de oferecer uma boa descrição do papel cada vez mais decisivo que o dinheiro desempenha na democracia norte-americana. No Brasil, uma grande oportunidade foi desperdiçada, em 1997, de realizar uma reforma institucional que traria avanços significativos em termos de eqüidade política. A nova Lei Eleitoral, aprovada nesse ano pela Câmara Federal, acabou excluindo as normas de financiamento público das campanhas eleitorais que inicialmente estavam previstas no projeto de lei votado. A razão disso foi o cálculo político de curto prazo dos parlamentares tanto da situação quanto da oposição, estes últimos querendo aprovar o financiamento público já para as eleições de 1998 e os primeiros desejando postergá-lo para as eleições de 2002. A lei aprovada, além disso, adota normas extremamente permissivas para regular as contribuições financeiras a campanhas (as empresas podem contribuir com até 2% de seu faturamento bruto no ano anterior ao pleito e as pessoas físicas, com até 10% dos seus rendimentos brutos no ano) e não estabelece limites aos gastos em campanhas eleitorais.

dossar a visão segundo a qual uma representação eqüitativa é o mesmo que a representação de acordo com o montante de influência efetivamente exercida. Para essa visão, a democracia é uma forma de competição regulada entre classes econômicas e grupos de interesse na qual julga-se ser apropriado que o resultado reflita a capacidade e a disposição de cada um de se valer de seus recursos e capacidades financeiros, notoriamente desiguais, para fazer que seus desejos prevaleçam"[26]. Essa visão da democracia, conclui Rawls, não está inscrita na Primeira Emenda, assim como um capitalismo de *laissez-faire*, ao contrário do que supôs a Corte Suprema pré-New Deal, também não estava inscrito na Décima Quarta Emenda[27].

Faço uma última observação sobre esse tema. Note-se que a justificativa para assegurar a eqüidade política não está em um ideal ético "cheio" de cidadania participativa, entendendo-se por isso uma visão da boa vida segundo a qual a vida mais digna de ser vivida é a do cidadão ativo. O ideal de tolerância liberal, que será discutido no capítulo 7, exclui que considerações desse tipo – concepções controversas da boa vida – possam ser invocadas para justificar as instituições de um Estado liberal. A justificativa é outra: a eqüidade política é uma das condições sem as quais muito dificilmente a democracia produzirá resultados justos. Faria sentido questionar até que ponto as instituições mencionadas acima são suficientes para garantir o valor eqüitativo das liberdades políticas. Podemos supor, por exemplo, que normas para garantir a diversidade e a eqüidade políticas nos meios de comunicação de massa também teriam de ser adotadas. Não pretendo entrar nessa discussão aqui. De toda forma, se for possível especificar e justificar normas desse

---

26. Rawls, 1993a, p. 361.
27. Ao longo das três primeiras décadas do século, a Suprema Corte norte-americana declarou sistematicamente inconstitucionais todas as leis trabalhistas e de proteção social aprovadas pelo Congresso por considerar que infringiam a liberdade de contrato que estaria protegida pela Décima Quarta Emenda.

tipo (de acordo com o padrão de não-rejeição razoável), elas poderiam ser defendidas como uma extensão plausível da argumentação desenvolvida anteriormente. Meu propósito no momento restringe-se a mostrar como a prioridade atribuída às liberdades fundamentais não faz o liberalismo igualitário resvalar para uma interpretação formalista dessas liberdades. Essa prioridade só tem lugar, no domínio da teoria ideal, uma vez que dada forma de conciliar as exigências da liberdade e da igualdade, que a teoria da justiça como eqüidade considera ser a mais justificável, pode ser implementada pelas instituições básicas da sociedade. Além disso, como já mostrei, essa própria prioridade oferece uma importante fundamentação normativa para uma ação estatal redistributiva de um considerável alcance.

A concepção geral de justiça

O que dizer da prioridade atribuída ao primeiro princípio diante de situações caracterizadas por graves injustiças? Digamos que se trate de uma situação em que os níveis de desigualdade e de pobreza sejam de tal ordem que o acesso dos mais pobres sobretudo aos direitos civis seja de fato muito precário. Aqui estamos no domínio da "teoria não-ideal", e, nesse caso, a questão que se apresenta "é saber qual é a forma justa de responder à injustiça"[28]. O que vou afirmar a seguir é por minha conta e risco – não pretendo que Rawls endossaria necessariamente essas idéias.

Uma possibilidade é dizer que a prioridade do primeiro princípio diminui à medida que, em dada sociedade, estejam ausentes as "condições de civilização" de que fala Rawls (em citação apresentada acima) e de acordo com a urgência das necessidades básicas que devem ser satisfeitas, até um ponto em que, com certeza, a prioridade se inverteria. Ao passo que as liberdades iguais não têm nenhuma relevân-

---

28. Rawls, 1971, p. 245.

cia prática para populações famintas, o direito de ser adequadamente nutrido, nesse caso, adquire uma relevância moral avassaladora.

Mas também podemos dizer outra coisa. É plausível sustentar que algo da idéia dos dois princípios e da ordem léxica entre eles continua tendo aplicação, mesmo em circunstâncias bastante desfavoráveis, mas de forma mais atenuada. O que diríamos, nesse caso, é que a não-priorização de interesses que são protegidos pelo primeiro princípio pode ser admissível se isso tiver o propósito de produzir as condições sob as quais, em um momento ulterior, o exercício das liberdades fundamentais se torne possível para todos. O próprio Rawls considera os dois princípios em ordem léxica apenas um caso especial da "concepção geral de justiça", segundo a qual:

> Todos os valores sociais – liberdade e oportunidade, renda e riqueza e as bases sociais do auto-respeito – devem ser distribuídos igualmente, a não ser que uma distribuição desigual de quaisquer desses valores, ou de todos eles, beneficie todos.
> A injustiça, então, consiste simplesmente em desigualdades que não se estabelecem em benefício de todos.[29]

Mesmo em circunstâncias muito desfavoráveis, essa concepção geral de justiça continua, por assim dizer, operativa. Se é preciso se afastar de um esquema de liberdades iguais para todos, a única justificativa para fazê-lo é que isso objetive maximizar o benefício daqueles que têm menos liberdade ou estão menos capacitados para exercer essas liberdades. Abre-se mão da prioridade léxica do primeiro princípio se isso for necessário para evitar que injustiças ainda maiores sejam cometidas[30]. Sugiro, a seguir, uma possível

---

29. Ibid., p. 62.
30. Rawls oferece alguns exemplos de como certas liberdades podem ser legitimamente restringidas em benefício do exercício efetivo das liberdades fundamentais por todos. Ver, por exemplo, Rawls, 1971, p. 242. Os preceitos e garantias que fazem parte da noção de "império da lei" são normalmente

aplicação desse critério a uma discussão que é mais freqüente com respeito à interpretação dos direitos humanos, mas que pode ser estendida à forma de conceber a inter-relação entre os direitos individuais de forma geral. Espero com isso esclarecer de que forma devemos entender a prioridade ao primeiro princípio em situações marcadas por graves injustiças, além de esclarecer com base em que considerações determinadas privações são entendidas como "injustiças"[31].

Um argumento libertariano

É comum o argumento de que os únicos direitos humanos genuínos são os direitos civis e políticos, entendendo-se que os direitos econômicos e sociais não seriam mais do que *"direitos-manifesto"*. Supõe-se por trás do uso dessa denominação que um direito não passa de um "manifesto" ou de uma "plataforma" quando não é possível especificar claramente quem está sujeito ao correspondente dever (ou deveres) – isto é, quem tem o dever de fazer que os interesses que são objeto do direito em questão sejam efetivamente protegidos. O artigo 25 da Declaração Universal dos Direitos Humanos, que estabelece o direito de todos "a um padrão de vida capaz de assegurar a si e a sua família saúde e bem-estar", seria um exemplo disso. Esse e outros artigos da Declaração que vão no mesmo sentido parecem dar

---

considerados essenciais ao exercício efetivo e seguro das liberdades fundamentais. Mas há circunstâncias desafortunadas – de proliferação de grupos paramilitares ou de iminência de uma guerra civil, por exemplo – que podem justificar que se coloquem de lado alguns desses preceitos.

31. Com respeito a isso, Maria Hermínia Tavares de Almeida observou que é perigoso abrir a porta para infrações à prioridade do primeiro princípio, ainda mais quando se considera que as restrições às liberdades fundamentais, em situações realistas, nunca têm por objetivo a satisfação de necessidades básicas dos mais destituídos. Estou inteiramente de acordo com ela nesse ponto. A discussão que vem a seguir, no âmbito da teoria não-ideal, objetiva dissociar o liberalismo rawlsiano de um liberalismo que já denominei antes "negativo", isto é, a visão segundo a qual uma concepção de liberdade negativa constitui o único valor político relevante.

a entender que todas as pessoas, incluindo as que vivem em países muito pobres, têm direito a todos os serviços e benefícios de um generoso *welfare state*. Mas, prosseguiria o argumento para desqualificar os direitos econômicos e sociais como direitos genuínos, se os recursos de um país de renda *per capita* baixa são insuficientes (ainda que fossem mais igualmente distribuídos do que de fato são) para prover esses serviços e benefícios, quem estaria sob o dever de garantir o direito do artigo 25? É um preceito da teoria moral e da teoria do Direito o de que não se pode considerar que uma ou mais pessoas estão sujeitas a um dever se não forem capazes de cumpri-lo ("ought implies can"). E, se não é possível identificar o sujeito do correspondente dever, o direito em questão não existe. O artigo 25 não enuncia um direito – é um manifesto dirigido a um destinatário indeterminado[32].

E por que, de acordo com esse ponto de vista, os direitos civis e políticos são "direitos genuínos"? Uma razão freqüentemente apresentada é que são direitos eminentemente exigíveis dos governos, no caso dos direitos humanos, e nos tribunais, no caso dos direitos civis e políticos legalmente reconhecidos em determinado país. São exigíveis porque seriam "direitos negativos", isto é, direitos cujo componente central consistiria na proibição de certas ações e condutas (digamos, cometer assassinatos, submeter as pessoas à tortura ou impedir uma pessoa de exprimir seu pensamento). E um governo abster-se de praticar essas ações não apresenta exigências para os recursos escassos da sociedade. É isso que Paul Streeten tem em mente quando afirma que "os direitos negativos não exigem recursos (abster-se de certas

---

32. É claro que esse argumento não se aplica, pelo menos não inteiramente, ao Brasil, que é um país classificado como de renda média alta. Um estudo do Ipea (Instituto de Pesquisa Econômica Aplicada) demonstrou que uma redistribuição de 8% da renda dos 10% mais ricos seria suficiente para erradicar (mediante um programa de renda mínima de larga escala) a pobreza no Brasil. "Estudo mostra como acabar com a miséria". *Folha de S.Paulo*, 13 de junho de 1999, caderno 1, p. 15.

ações não requer recursos ainda que custos de oportunidade possam estar envolvidos), ao passo que os direitos econômicos e sociais demandam recursos substanciais. Estes últimos podem ser assimilados àqueles permitindo-se que sejam adquiridos e exercidos sem nenhum custo financeiro para o beneficiário. Podemos garantir um direito à educação, à saúde, ao combate a incêndios ou ao estacionamento oferecendo esses serviços gratuitamente, da mesma forma que podemos garantir o direito às liberdades de expressão e de religião. Mas os direitos de voto e às liberdades de expressão e de associação não são somente obtidos e exercidos sem custos financeiros, eles também não custam quantias consideráveis para a comunidade. Não é o que se passa com os 'direitos' econômicos e sociais"[33].

Querendo ou não, essa linha de argumentação implica priorizar a proteção dos direitos de liberdade, uma vez que somente estes retêm a força do imperativo moral que pertence à natureza mesma da linguagem dos direitos, ficando os "direitos" econômicos e sociais na condição de interesses cuja proteção é de natureza opcional[34]. Argumentei antes que não é dessa forma que o liberalismo igualitário concebe a prioridade das liberdades fundamentais. Tratarei, a seguir, de dois tópicos relacionados a essa temática.

Em primeiro lugar, explico com base em que suposição os direitos econômicos e sociais são considerados direitos genuínos em uma perspectiva liberal-igualitária. (O que vou dizer vale tanto para a teoria ideal quanto para a não-ideal.) Os argumentos de Streeten são de teor mais econômico, mas não nos esqueçamos de que é possível apoiá-los em uma fundamentação moral. É precisamente isso o que vi-

---

33. Streeten, 1989, pp. 369-70.
34. É claro que muitas vezes esse é precisamente o ponto ao qual se quer chegar. Streeten não tem escrúpulos em afirmar que "um compromisso formal de garantir uma existência decente a todos não só seria muito dispendioso mas também reduziria o incentivo para o trabalho e a poupança. Em sociedades pobres e em desenvolvimento, é preciso examinar ainda mais cuidadosamente esses 'direitos'" (1989, p. 370).

mos no capítulo dedicado ao libertarianismo[35]. Os únicos direitos genuínos não são, rigorosamente falando, direitos mas deveres de não violar determinadas constrições deontológicas. Somente as violações de tais deveres pelas quais se é diretamente responsável – sobretudo quando praticadas por governos – são consideradas injustiças. Recordemos aqui a noção de responsabilidade negativa que empreguei no capítulo 2 para sustentar uma interpretação muito mais ampla do que são "injustiças". Somos coletivamente responsáveis pela pobreza absoluta, pela fome endêmica, pela mortalidade produzida por doenças evitáveis e pelo bloqueio no desenvolvimento das capacidades dos mais destituídos se há um arranjo institucional (distinto do existente) sob o qual esses danos e privações seriam pelo menos muito mitigados, e se nada fazemos para colocar esse arranjo alternativo em prática. Se contribuímos para preservar as instituições que geram essas injustiças, somos coletiva e positivamente responsáveis por elas. Para determinar que espécie de eventos se qualificam como "injustiças", somos inevitavelmente levados a nos engajar em comparações contrafatuais entre o *status quo* e estruturas institucionais que são alternativas possíveis a ele. Da perspectiva normativa que estou defendendo, esse tipo de comparação contrafatual é um componente crucial dos julgamentos de justiça.

Abro um parêntese para notar que o argumento é similar àquele que Sen emprega para explicar o recurso a "contrafatuais" para estimar o nível do que ele denomina "liberdade efetiva" de uma pessoa. (É mais importante, no momento, perceber de que forma julgamentos contrafatuais entram em uma teoria da justiça do que discutir a concepção de liberdade proposta por Sen.) É um equívoco conceber a liberdade de uma pessoa somente em termos do que ela deseja e é capaz de fazer, sem sofrer interferências arbitrárias por parte de outros, estando ela própria no controle do pro-

---

35. Mais adiante examinarei um argumento moral de teor comunitarista que também é pertinente a essa discussão.

cesso de escolha. Há recursos e benefícios que lhe podem ser providos por outros, sem que ela própria esteja no controle do processo de escolha, e que também deveriam contar como uma ampliação de sua liberdade, porque fazer isso está de acordo com uma "decisão contrafatual" sua. A provisão desses recursos e benefícios promove a liberdade de levar a vida que a pessoa *escolheria* viver, se tivesse essa opção disponível. O exemplo oferecido por Sen é o de uma política pública de combate a epidemias. Mesmo a pessoa não estando ela própria no controle do processo de escolha e implementação de uma política desse tipo, isso amplia sua liberdade de viver a vida que ela, se pudesse, escolheria viver. Inversamente, a ausência de tal política, ainda que interferências arbitrárias em suas próprias escolhas não ocorram, deve ser considerada uma redução de sua "liberdade efetiva"[36]. Fecho o parêntese.

Não é difícil perceber que o reconhecimento da responsabilidade coletiva também pelo que *deixa de ser feito* é essencial à admissão dos direitos econômicos e sociais como direitos humanos genuínos[37]. É com base nessa noção que podemos rejeitar a crítica libertariana de princípio ao artigo 25 da Declaração Universal. Mas ainda resta a objeção de Streeten segundo a qual pode ser tão dispendioso garantir esses direitos a ponto de não ser possível identificar quem está sujeito ao dever de garanti-los. Isso nos leva a uma segunda ordem de considerações sobre o suposto caráter não-genuíno dos direitos econômicos e sociais.

Um argumento comunitarista

Imagine um hipotético país de renda *per capita* baixa, da África Subsaariana ou da Ásia, no qual o Estado é forte o suficiente para extrair uma carga tributária eqüitativa de seus

---

36. Sen, 1992, pp. 64-9.
37. Ver a seção "Responsabilidade negativa coletiva", do capítulo 2.

cidadãos mais privilegiados e para redistribuir titularidades, se isso for necessário, e no qual o próprio governo e a burocracia pública não são excessivamente predatórios. Vamos supor ainda que não existam, no país em questão, barreiras culturais ou religiosas à implementação de programas de planejamento familiar[38]. Mesmo assim, pode não ser possível obter recursos suficientes nem mesmo para colocar em prática uma política apropriada de nutrição, para não falar em políticas de educação e saúde. Quer isso dizer que não é possível identificar, nesse caso, sobre quem deve recair o encargo de garantir o cumprimento do artigo 25 da Declaração Universal? Não, isso pode significar que também há outros que estão sujeitos a esse dever: os cidadãos mais privilegiados dos países mais privilegiados. Essa é uma discussão demasiado complexa para que eu possa desenvolvê-la de forma apropriada no momento. Mas permita-me explicitar pelo menos um ponto em conexão com a noção de responsabilidade negativa já formulada.

Essa noção se aplica a todos aqueles que vivem sob uma mesma rede de instituições. Imagine dois povos indígenas da Amazônia que viva sem contatos entre si e isolados do mundo dos brancos. Imagine ainda que o povo *A* viva na fartura enquanto o povo *B* enfrente severas privações e que os dois grupos se encontrem casualmente em determinado momento. Estamos avaliando a situação de fora, tentando discernir as obrigações dos membros de *A* para com os membros de *B*. De acordo com o repertório normativo que aqui estamos examinando, poderíamos esperar que os primeiros se desincumbissem de seu dever *natural* de ajuda mútua para com os segundos[39]. Esse dever de prestar auxílio é exigido de uma das partes se as necessidades da outra são

---

38. Estipulo essas condições para eliminar complexidades com as quais não teria como lidar neste livro. Isso não quer dizer que, na ausência de uma ou mais dessas condições, nada do que será dito a seguir teria validade.

39. "Deveres naturais", para Rawls, são aqueles que se aplicam às pessoas independentemente da existência de vínculos institucionais entre elas (1971, pp. 114-7).

urgentes e se a primeira pode desincumbir-se disso a custo relativamente pequeno, mas aí não há questões de justiça envolvidas. Os membros de B não poderiam pleitear nenhuma redistribuição dos recursos de A com base na noção de responsabilidade negativa, e isso porque não há nenhuma descrição plausível a partir da qual se possa afirmar que A e B estejam submetidos a um arranjo institucional comum.

Muitos querem fazer crer que a mesma coisa valeria para as relações entre os cidadãos mais privilegiados dos países mais privilegiados e os mais pobres dos países pobres, isto é, fazer crer que nada mais do que um dever natural de ajuda mútua se aplicaria a essas relações[40]. (Esse é o dever que cumprimos quando, por exemplo, oferecemos auxílio às vítimas de catástrofes naturais, como terremotos e furacões.) Mas, para afirmar isso, seria preciso mostrar que as relações entre os mais privilegiados e os mais destituídos do planeta são pelo menos suficientemente similares à situação que imaginamos existir entre os dois hipotéticos grupos indígenas. E isso não é plausível – e se torna cada vez menos plausível conforme os laços de interdependência global se estreitam. No sentido que aqui importa, já vivemos sob um arranjo ins-

---

40. Entre os quais temos de incluir Rawls, pelo menos a julgar por sua *Amnesty Lecture* de 1993. Em textos anteriores, Rawls afirmara que sua concepção de justiça como eqüidade fora concebida para se aplicar a uma sociedade bem ordenada concebida como uma "comunidade nacional auto-suficiente" (1971, p. 457). Um tratamento adequado do problema da extensão dessa teoria às relações internacionais teria de esperar. É o que ele tentou fazer em sua Conferência para a Anistia Internacional. Nesse texto, Rawls sustenta que princípios liberal-igualitários de justiça distributiva não podem ser incorporados ao "direito das gentes" porque as sociedades por ele denominadas "hierárquicas" não reconhecem esses princípios em suas instituições domésticas (1993b, pp. 74-6). Esse tratamento que Rawls dá à justiça global foi fortemente criticado por Barry, 1989, pp. 183-9 (que, obviamente, se remete às breves anotações sobre o tema que aparecem em Rawls, 1971) e sobretudo por Pogge (1994b) – este, uma crítica à *Amnesty Lecture* de Rawls. O principal ponto de discussão diz respeito a se a exclusão do princípio de diferença (ou um princípio similar de justiça distributiva) do direito das gentes é um passo legítimo à luz das considerações normativas invocadas por Rawls – em particular, o argumento da arbitrariedade moral – para dar sustentação a sua concepção de justiça.

titucional de alcance global, graças ao qual os cidadãos mais privilegiados dos países ricos "influenciam dramaticamente as circunstâncias dos pobres por meio de investimentos, empréstimos, ajuda militar, comércio, turismo sexual, exportação de cultura (efeito-demonstração) e muito mais ainda. Uma simples jogada especulativa nos mercados de *commodities* de Chicago pode significar a diferença entre a vida e a morte para muitas pessoas pobres – como no caso em que o emprego delas depende do preço de algum produto exportado no mercado mundial, ou quando o poder de compra de sua renda depende do preço de certos produtos importados no mercado mundial"[41].

Muitas outras evidências empíricas poderiam ser reunidas para demonstrar o mesmo ponto. E, se esse ponto – a existência de um esquema institucional de alcance planetário – pode ser demonstrado, então o alcance da responsabilidade negativa coletiva não pode ser limitado às fronteiras do Estado-Nação e somente aos próprios concidadãos. Vimos antes que o libertarianismo rejeita a existência dos direitos econômicos e sociais. A argumentação que estou desenvolvendo vai de encontro ao comunitarismo de Michael Walzer[42]. Convém explicitar, ainda que de forma breve, os termos da divergência. A teoria da justiça distributiva, para Walzer, principia por (e, temos de acrescentar, termina em) uma interpretação dos direitos de participação dos membros de determinada comunidade política que, da forma como as coisas se apresentam, é sempre co-extensiva ao Estado territorial. "É somente na condição de membros de alguma coisa", diz Walzer, "que homens e mulheres podem ter a expectativa de compartilhar de todos os outros bens sociais – segurança, riqueza, honra, cargos e poder – que a vida comunitária torna possível."[43] É em virtude dos sentimentos que estão associados aos vínculos com uma comunidade específica que o bem-estar dos membros tem uma prio-

---
41. Pogge, 1994a, p. 139.
42. Walzer, 1983, cap. 2.
43. Walzer, 1983, p. 63.

ridade moral sobre o bem-estar dos não-membros. Como a comunidade em questão é o Estado territorial, o sentimento correspondente é o patriotismo. E é com base no sentimento de patriotismo que os detentores do poder político de um Estado territorial têm o direito de priorizar o bem-estar de seus concidadãos:

> Somente se o sentimento patriótico tem certa força moral, somente se a coesão comunitária contribui para gerar obrigações e significados compartilhados, somente se há membros assim como estranhos, as autoridades estatais têm uma razão para se preocupar especialmente com o bem-estar de seu próprio povo (e de *todos* os que são parte desse povo) e com o sucesso de sua própria cultura e política.[44]

Interpretemos o que Walzer está dizendo nessa passagem de *As esferas de justiça*, retomando a distinção entre razões morais com base na qual organizei o debate entre teorias políticas normativas[45]. Walzer concede prioridade a outra forma de "relatividade ao agente", distinta daquelas que ocupam um lugar de destaque nas teorias de Nozick e Gauthier. Aqui se trata de conferir prioridade às *obrigações especiais*, isto é, a deveres e obrigações que temos para com as pessoas com as quais mantemos vínculos específicos e/ou estamos ligados por laços afetivos. Temos obrigações para com os "nossos" – filhos, pais, amigos, membros de uma mesma associação ou comunidade, correligionários, clientes, representados, compatriotas – que não temos para com os "estranhos". Nossos compatriotas têm um direito moral a exigir de nós uma consideração especial pelo seu bem-estar de uma forma que os cidadãos de outros Estados não têm.

Sob pena de me afastar muito do tema deste capítulo, terei de ser breve. O liberalismo igualitário, a despeito das opiniões de Rawls sobre isso, está obrigado a tratar essas obrigações especiais de uma forma similar, quer no âmbito

---
44. Ibid., pp. 37-8.
45. Ver capítulo 1.

de uma unidade política concebida como uma "comunidade nacional auto-suficiente", quer em âmbito global[46]. Tratar de uma forma similar não significa dizer que as implicações serão precisamente as mesmas nos dois casos. Mas a natureza geral da argumentação normativa é a mesma. Se pensamos em uma comunidade política como um sistema auto-suficiente, diremos que só é legítimo cada um de nós devotar uma medida de parcialidade em relação aos "seus" desde que as instituições sociais e políticas sob as quais vivemos garantam a medida necessária de consideração igual pelos interesses de todos. (Os comunitaristas resistem a admitir que a justiça, seja como uma característica das instituições sociais seja como uma virtude da conduta individual, sempre diz respeito às obrigações que temos para com estranhos.) Há um ponto além do qual o empenho em promover o bem dos "nossos" se choca com o reconhecimento da responsabilidade negativa coletiva por nossas instituições comuns. Nossa parcialidade, nesse caso, deve contar como uma forma de injustiça[47].

É preciso estender a mesma argumentação normativa para as relações internacionais, caso se possa razoavelmente sustentar, como sugeri, que uma estrutura institucional de alcance planetário já existe – e existe cada vez mais. De forma similar àquilo que se passa em uma única comunidade política, só podemos legitimamente devotar uma medida de parcialidade em relação aos nossos compatriotas na medida em que fazê-lo não nos compromete com a preservação de um arranjo institucional de alcance planetário que é a fonte de muitas das privações que afligem um grande número dos cidadãos de outros Estados[48]. Tais privações, nes-

---

46. Ver nota 39.
47. O nepotismo e o clientelismo são somente os exemplos mais óbvios disso.
48. Enfatizo de que forma se deve entender esse "legitimamente". É óbvio que se pode dizer que os cidadãos mais privilegiados dos países ricos simplesmente se valem de seu maior poderio econômico e militar para manter um arranjo institucional que lhes permite desfrutar da maior parte dos benefícios da cooperação internacional. De fato, isso ocorre. Mas não é esse o argumento

se caso, devem ser tratadas como injustiças. E a injustiça se torna muito mais gritante quando – supondo-se que nos encontremos entre os cidadãos mais privilegiados dos países ricos – estamos em condições de auxiliar os destituídos de outros países a um custo relativamente baixo para nós.

Que implicações, em termos de reforma institucional, derivam dessa argumentação, é uma questão à qual eu não poderia responder no momento. Mas alguma forma de transferência interpessoal de alcance internacional, sem a qual é certo que os direitos econômicos e sociais da ONU continuarão sendo letra morta para no mínimo os 1,3 bilhão de pessoas (segundo dados recentes da ONU) que vivem em uma condição de pobreza absoluta no mundo, encontra apoio em sólidas considerações normativas[49].

A propósito de qual é a melhor estratégia para implementar esses direitos, Streeten afirma que "um combate mais modesto e parcial contra o analfabetismo, a saúde precária e os padrões insatisfatórios de trabalho provavelmente resultará em mais satisfação de necessidades do que qualquer tentativa de transferir dos países ricos para os países pobres, de uma só vez, princípios supostamente universais"[50]. Podemos até concordar com o gradualismo defendido por Streeten, mas é provável que mesmo um nível modesto de satisfação das necessidades básicas dos pobres globais exigiria que os países ricos transferissem para os países pobres

---

de Walzer. Ele diz que priorizar os nacionais se justifica por considerações *morais*. Minha resposta se mantém nesse plano, da argumentação normativa – como, de resto, ao longo de todo este livro –, ainda que, como se percebe no caso em discussão, essa argumentação se apóie em certas suposições empíricas gerais (em particular: há ou não um esquema institucional de abrangência planetária?).

49. As transferências dos países ricos para os países pobres, a título de "ajuda ao desenvolvimento" ou no financiamento de organizações não-governamentais (tais como a Oxfam, a Care, a War on Want e outras do gênero) são irrisórias. As maiores transferências, de países como a Suécia e a Holanda, não passam de 0,7% do PIB, ao passo que os Estados Unidos transferem somente 0,15% do seu PIB. Esses dados são citados em Singer, 1994, p. 233.

50. Streeten, 1989, p. 372.

muito mais do que "princípios supostamente universais". Ou melhor: a transferência desses princípios, se realmente os levamos a sério, implica muito mais do que fazer pregações aos países pobres – sobretudo quando não estamos (o "nós" em questão são os cidadãos dos países ricos) em condições de dizer: "não temos nenhuma responsabilidade pela pobreza deles". Uma coisa é demonstrar, como resultado de uma argumentação sobre princípios, que determinados direitos não existem porque não é possível identificar quem está sujeito aos correspondentes deveres; outra muito diferente é pretender que esses direitos não existem simplesmente porque nós, que somos pelo menos em parte responsáveis por colocá-los em prática, não nos importamos nem um pouco com isso.

Como já disse, minha intenção foi somente explicitar as considerações normativas com base nas quais os direitos econômicos e sociais são reconhecidos como genuínos por uma teoria política liberal-igualitária. Há um segundo ponto nessa temática sobre o qual há algo a ser dito.

Direitos "negativos" e "positivos"

É bizarra a suposição, expressa por Streeten acima, de que a garantia dos direitos civis e políticos, em virtude da natureza negativa desses direitos, não faz grandes exigências aos recursos sociais escassos[51]. Apesar de bastante utilizada, essa distinção entre "direitos negativos" e "direitos positivos" é equívoca. A garantia efetiva de todo e qualquer

---

51. Essa suposição aparece até onde não seria de esperar que aparecesse. No relatório anual de 1993 do Núcleo de Estudos da Violência, sobre a situação dos direitos humanos no Brasil, afirma-se que "um país não precisa violar os direitos de seus cidadãos somente porque carece de recursos materiais, principalmente em relação aos direitos humanos de 1ª geração, ditos 'direitos negativos', que basicamente só exigem do Estado a obrigação de 'não fazer'" (Universidade de São Paulo, Núcleo de Estudos da Violência e Comissão Teotônio Vilela, 1993, p. 7). Como mostro a seguir, essa afirmação deve ser pesadamente qualificada.

direito impõe à autoridade política deveres de abster-se de praticar certos atos e de (positivamente) praticar outros. O mais correto é dizer que os direitos, incluindo os de primeira geração, impõem o cumprimento de *deveres* negativos e positivos.

Considere, como ilustração, meu direito (civil) de andar em segurança pelas ruas. Imagine que sou pobre, negro e moro no Jardim Ângela, um bairro da periferia de São Paulo que já esteve entre as áreas mais violentas do planeta[52]. Meu direito de andar em segurança é só muito parcialmente respeitado se, ao exercê-lo, minha integridade física não é arbitrariamente agredida por aqueles que agem em nome da autoridade pública. É claro que ninguém vai menosprezar a importância dessa dimensão negativa em um país que tem um assustador retrospecto de violações de direitos humanos decorrentes de atos praticados por agentes do poder público. Mas a abstenção de praticar determinados atos – matar, agredir ou torturar "suspeitos", quase sempre pessoas pobres, de pele negra e/ou moradoras de bairros periféricos – não é suficiente. A garantia efetiva desse meu direito também depende da medida em que as ruas por onde ando estão livres da ação de criminosos. Isso impõe à autoridade política o cumprimento de um dever positivo, a saber, o de fazer o que for necessário para garantir ao menos um nível médio de segurança quando ando pelas ruas do Jardim Ângela – e não há nenhuma razão para supor que isso não custe nada ou custe pouco aos recursos escassos da sociedade[53]. Basta pensar em quanto custaria manter um po-

---

52. Em 1995, a taxa de homicídios no Jardim Ângela foi de 111,52 por 100 mil habitantes, em comparação com os 2,56 homicídios por 100 mil habitantes no bairro de Perdizes (Cedec, 1996, p. 5). No caso específico do Jardim Ângela, os índices de violência despencaram no bairro, entre 1999 e 2005, graças a iniciativas que envolveram o poder público, ONGs como o Instituto Sou da Paz e líderes comunitários. Essa experiência do Jardim Ângela somente confirma aquilo que estou sustentando no texto.

53. Um "nível médio" porque ninguém pode exigir, como uma questão de direito, que a autoridade pública lhe garanta um nível de segurança pessoal absoluta. Se estou andando pelas ruas do bairro de Perdizes, em São

liciamento ostensivo e preventivo de caráter permanente em áreas como o Jardim Ângela.

Mas isso não é tudo. A garantia efetiva dos direitos civis da população exige do poder público muito mais do que manter um policiamento preventivo. A efetivação desses direitos também requer a existência de um poder judiciário equipado quantitativa e qualitativamente para oferecer uma prestação jurisdicional adequada para os mais destituídos (o que inclui a existência de uma polícia com funções judiciárias capacitada a desempenhar suas funções)[54]. Sem isso, o judiciário não é capaz de oferecer nem mesmo a contribuição restrita mas importante para a justiça social que está ao alcance dos tribunais: a de arbitrar de forma imparcial e mutuamente aceitável os conflitos que eclodem entre agentes individuais, e entre estes e o poder público, sob dada estrutura institucional[55]. Finalmente, a efetivação dos direitos ci-

---

Paulo, e sofro algum tipo de agressão à minha integridade física, dificilmente estaria em condições de atribuir esse evento à omissão do poder público. Perdizes ostenta índices "europeus" de segurança pessoal. Mas, se, morando no Jardim Ângela, estou sujeito a todo tipo de violência, posso considerar uma violação a um direito humano meu (e dos demais moradores) a omissão do poder público em fazer o que é preciso para que eu tenha níveis de segurança pessoal mais próximos aos de Perdizes. Em Cedec (1996, pp. 9-10), demonstra-se que os efetivos e as viaturas policiais concentram-se desproporcionalmente em áreas da cidade onde predominam os crimes contra o patrimônio (caso de Perdizes), e não nas áreas de maior ocorrência de crimes contra a pessoa (como é o caso do Jardim Ângela). Seria quase desnecessário dizer, não fosse pela histeria antidireitos humanos cultivada por uma legião de defensores da truculência policial no Brasil, que a linguagem dos direitos humanos se presta tanto para criticar as violências arbitrárias cometidas por agentes públicos no combate à criminalidade quanto para criticar a omissão do poder público em garantir níveis médios de segurança pessoal e de ordem pública para os moradores de favelas e bairros periféricos das grandes cidades.

54. Menciono apenas um dado quantitativo: enquanto no Brasil há em média um juiz para cada 29.542 habitantes – sendo ainda muito desigual a distribuição dos juízes pelo território nacional –, na Alemanha há um juiz para cada 3.448 habitantes e, na Itália, um juiz para cada 7.696 habitantes (Universidade de São Paulo, Núcleo de Estudos da Violência e Comissão Teotônio Vilela, 1995, p. 13).

55. Segundo dados do relatório citado na nota anterior, somente 33% das pessoas envolvidas em algum tipo de conflito no Brasil recorrem ao judiciário para solucionar seus problemas.

vis requer a existência de um sistema prisional que não seja, como é o caso no Brasil, uma instituição devotada à produção sistemática de criminalidade.

Thomas Pogge nos oferece uma ilustração interessante do ponto que ressalto aqui[56]. Nem mesmo um direito como o enunciado no artigo 5º da Declaração Universal, "ninguém será submetido à tortura ou a tratamento ou punição desumana ou degradante", pode ser considerado somente como um direito a não sofrer interferências arbitrárias. Como argumenta Pogge, evitar que os empregados domésticos sejam tratados de forma degradante por seus patrões provavelmente exige, além da abstenção da autoridade pública de praticar atos de tortura, crueldade e degradação, um conjunto coordenado de ações públicas: o reconhecimento legal de direitos e a implementação de políticas necessárias para torná-los efetivos, tais como campanhas de escolarização e de esclarecimento sobre a legislação existente, a garantia de acesso à Justiça para os pobres e a concessão de benefícios aos desempregados.

Não tenho nenhuma pretensão de analisar de uma forma apropriada os problemas substantivos que acabo de mencionar. Meu propósito foi ressaltar quão discutível é a suposição de que a garantia dos direitos de primeira geração, porque conteriam primordialmente componentes de natureza negativa, não faria grandes exigências a recursos públicos escassos. Rejeitando-se essa suposição, também rejeitamos seu corolário inevitável: o de que garantir os direitos ditos "negativos" deveria necessariamente ter uma precedência absoluta sobre a efetivação de direitos mais "onerosos".

Voltemos, agora, ao ponto do qual partimos: como entender a prioridade das liberdades fundamentais em situações desfavoráveis à realização da concepção de justiça social recomendada pelo liberalismo igualitário. Estamos no terreno da "teoria não-ideal" da justiça. Sugeri antes que,

---

56. Pogge, 1995b.

mesmo em situações tão desfavoráveis como as consideradas nesta seção, a prioridade do primeiro princípio de justiça continua tendo pertinência, de forma mitigada, como um componente da "concepção geral de justiça". Também já explicitei a única orientação – para a mudança institucional e para a política pública – que deriva dessa concepção. Se nas circunstâncias presentes não há como evitar uma distribuição desigual de liberdades fundamentais, essa desigualdade só será justificada se tiver por objetivo elevar ao máximo as liberdades – ou a capacidade de exercê-las de forma efetiva – dos que se encontram mais privados delas[57]. Mas isso nada tem a ver com a suposição de que certos direitos são mais "genuínos" do que outros.

Argumentei acima que a efetivação dos direitos civis exige do Estado muito mais do que a abstenção de determinadas ações e condutas: a garantia desses direitos requer uma complexa rede de instituições cujo funcionamento efetivo deve estar em sintonia com esse propósito. Não apresentei números, mas julgo ser razoável supor que a implementação dessa rede institucional (ou uma reforma radical da vigente) imponha um ônus considerável a recursos públicos escassos. (Podemos conjecturar que essa é uma das razões para o registro deprimente de violações dos direitos civis dos pobres no Brasil.) Se as circunstâncias forem muito desfavoráveis, é possível que isso só possa ser feito deixando-se em segundo plano outros objetivos que são desejáveis da ótica da justiça social (digamos, eliminar a fome endêmica, ampliar os níveis de escolarização básica, com-

---

57. É claro que, para avaliar em que medida uma distribuição é igual ou desigual, não olhamos apenas para as normas legais estabelecidas. Quando Rawls afirma que o objeto da justiça é a estrutura básica da sociedade entendida como um "sistema público de normas", não está pensando nas instituições em termos das normas que abstratamente as definem mas em termos "da realização, no pensamento e na conduta de determinadas pessoas e em determinados tempo e lugar, das ações especificadas por essas normas" (1971, p. 55). A despeito do que diz o artigo 5º da Constituição brasileira, o arranjo institucional vigente no Brasil distribui direitos e liberdades protegidos pelo primeiro princípio, sobretudo os direitos civis, de forma profundamente desigual.

bater as epidemias e melhorar o atendimento à saúde). A distinção entre "direitos genuínos" e *"direitos-manifesto"* nos deixa no escuro para decidir qual é o curso de ação que resultará em menos injustiça. Da perspectiva da concepção geral de justiça apresentada acima, devemos escolher o curso de ação que mais provavelmente maximizará os benefícios (incluindo-se aí a capacitação para exercer as liberdades fundamentais) para os mais destituídos sob o estado de coisas vigente. E nem sempre a estratégia recomendada será priorizar de forma direta e imediata a garantia dos direitos de primeira geração, caso sejam entendidos somente como direitos de não sofrer interferência.

Para exemplificar, pensemos em duas estratégias distintas para reduzir a criminalidade violenta e, dessa forma, proteger efetivamente os direitos civis da população em áreas urbanas como o Jardim Ângela. Vamos supor que sejam mutuamente excludentes (o que espero não ser o caso). Uma delas perseguiria esse objetivo por meio de pesados investimentos nas instituições devotadas à provisão de ordem pública. Supondo-se (contra todas as evidências no caso brasileiro) que esse aparato de segurança não viesse a se converter ele próprio em fonte de violações desses direitos, essa talvez fosse a estratégia a ser adotada caso se priorizasse "de forma direta e imediata" alguns dos direitos de primeira geração. Uma segunda estratégia consistiria em combater a criminalidade violenta por meios mais indiretos, por exemplo mediante políticas sociais dirigidas para ampliar as oportunidades educacionais, ocupacionais e de lazer[58] dos moradores e o acesso a serviços de saúde, talvez complementando-se isso com um programa de renda mínima garantida. Não pretendo examinar seriamente essas alternativas de política pública, mas ressaltar que apesar de se direcionar para a garantia de direitos econômicos e so-

---

58. A falta de oportunidades educacionais e de lazer parece ser um dos fatores que contribuem significativamente para o elevado índice de crimes contra a vida e a integridade física nos bairros periféricos de São Paulo.

ciais, essa segunda estratégia poderia muito bem ser a mais recomendada pela forma mitigada de prioridade às liberdades fundamentais contida na "concepção geral de justiça". Conceber uma oposição rígida entre os objetos dos dois tipos de direito não serve à tarefa de construir a prática e uma cultura de cidadania igual. Essa argumentação teve o propósito de evidenciar que a teoria da justiça em exame não empresta legitimidade a tal oposição.

Passo, a seguir, à discussão do segundo princípio de justiça da teoria de Rawls.

Justiça distributiva

Existem três tipos de bens que são relevantes para uma teoria da justiça distributiva: bens que são passíveis de distribuição, como a renda, a riqueza, o acesso a oportunidades educacionais e ocupacionais e a provisão de serviços; bens que não podem ser distribuídos diretamente, mas que são afetados pela distribuição dos primeiros, como o conhecimento e o auto-respeito; e bens que não podem ser afetados pela distribuição de outros bens, como as capacidades físicas e mentais de cada pessoa[59]. A teoria de Rawls tem implicações claras para os dois primeiros tipos de bens[60]. A realização dos dois princípios de justiça pela estrutura básica da sociedade cria as "bases sociais" do auto-respeito, que Rawls entende ser o bem primário mais importante. As li-

---

59. Essa classificação é de Elster, 1992, p. 186.
60. Não deixa de ser problemático incluir, como faz Elster, as capacidades mentais entre os bens do terceiro tipo. A inteligência (e os talentos naturais de modo geral) certamente tem um componente genético que é irredutível à distribuição de outros bens. Entretanto, há hoje uma crescente percepção da importância de fatores ambientais, nos dois primeiros anos de vida, para o desenvolvimento físico do cérebro. Ao que parece, um ambiente mais estimulante faz diferença para o desenvolvimento neurológico do bebê. Esses fatores ambientais são, é claro, passíveis de ser alterados pela distribuição de outros bens. A teoria rawlsiana da justiça distributiva passa ao largo dessa questão e, ao que parece, há boas razões para fazê-lo.

nhas da argumentação, muito sucintamente, são as seguintes. A prioridade das liberdades fundamentais tem o sentido de exprimir, na estrutura básica da sociedade, o respeito mútuo que os cidadãos devem ter pelas formas de vida e pelas concepções do bem uns dos outros. Desde que essas formas de vida e concepções do bem não sejam incompatíveis com os princípios de justiça[61], as instituições de uma sociedade liberal justa não podem se fundar em julgamentos sobre o valor das atividades e objetivos nos quais os indivíduos se empenhem ou das associações e comunidades das quais façam parte. Do ponto de vista da justiça básica, não há mais valor (moral) nos bens que norteiam as atividades das universidades do que aqueles promovidos, digamos, pelas escolas de samba. "Essa democracia, ao julgar os objetivos de cada um, constitui o fundamento do auto-respeito em uma sociedade bem ordenada."[62] A discussão do auto-respeito da ótica das liberdades fundamentais tem conexão com o tema da tolerância liberal, que será objeto do próximo capítulo.

Para a questão que estamos examinando no momento, importa ressaltar que a justificação do princípio de diferença também se apóia, em larga medida, na idéia de propiciar as condições institucionais que permitiriam a cada um desenvolver um sentido do valor dos próprios objetivos, sentimento este que está na base da noção de auto-respeito. Uma distribuição eqüitativa do primeiro tipo de bens mencionado acima tem somente um valor instrumental para a realização daquilo que tem um valor intrínseco – o auto-respeito. Rawls diz que "as pessoas mostram o respeito que têm umas pelas outras na própria constituição de sua sociedade, quando fazem as desigualdades reverter para o benefício recíproco e se abstêm, dentro de um quadro de liberdade igual, de tirar proveito de contingências naturais e sociais"[63].

---

61. Como é o caso, entre muitos exemplos possíveis, de uma seita religiosa cujo bem associativo só pode ser alcançado pelo suicídio coletivo de seus adeptos.
62. Rawls, 1971, p. 442.
63. Ibid., p. 179.

"As pessoas" a que Rawls se refere nessa passagem parecem ser sobretudo os mais privilegiados. Ele sugere que é razoável que elas abram mão de parte dos benefícios que obteriam explorando as contingências naturais e sociais que as favorecem, porque assim mostram, nos arranjos básicos da sociedade, o respeito que têm pelos que se encontram na extremidade inferior. E, somente quando os arranjos institucionais básicos dão um suporte efetivo para o auto-respeito daqueles que têm mais a perder com esses arranjos, podem os mais privilegiados esperar a cooperação voluntária dos menos privilegiados.

A linha argumentativa que expus nos dois últimos parágrafos é parte da defesa da razoabilidade do princípio de diferença[64]. É sobre esse ponto que incide a principal objeção de Nozick (ecoada por Gauthier[65]) à justiça distributiva rawlsiana:

> Não há dúvida de que o princípio de diferença oferece os termos com base nos quais os menos dotados de recursos estariam dispostos a cooperar. (Que termos *melhores* do que esses poderiam eles propor para si próprios?) Mas será isso um acordo eqüitativo com base no qual esses que têm a pior dotação poderiam esperar a cooperação *voluntária* da parte de outros?[66]

---

64. Note-se, ademais, que a inclusão do auto-respeito no índice de bens primários também tem o sentido de limitar as desigualdades de renda e riqueza que poderiam ser autorizadas até mesmo pelo princípio de diferença. Disparidades muito grandes de renda e riqueza, ainda que pudessem ser justas, teriam um impacto negativo sobre o auto-respeito dos mais desprivilegiados. A reação a essa perda de auto-respeito seria a difusão de um sentimento de "inveja desculpável" (Rawls, 1971, pp. 534 e 546) pela posição daqueles que, sob as desigualdades permitidas pelo "maximin", teriam um quinhão maior de bens primários.

65. Para Gauthier (1986, pp. 245-57), o princípio de diferença permite aos que estão na pior situação pegar uma carona nos esforços daqueles – os mais talentosos e produtivos – que contribuem mais para a geração do excedente produzido pela cooperação. De acordo com a reconstrução que Gauthier faz do argumento de Rawls, os mais privilegiados podem se apropriar de uma parcela maior dos recursos sociais escassos, não porque tenham direito a isso, mas porque permitir que se assenhorem de benefícios maiores é uma forma de instrumentalizá-los para o bem-estar dos menos privilegiados. Trata-se essencialmente da mesma objeção de Nozick.

66. Nozick, 1974, p. 192.

Traduzindo essa questão para o critério de universalização de Scanlon, teríamos: poderiam os mais privilegiados rejeitar rezoavelmente o princípio de diferença como parte dos termos eqüitativos da cooperação social? Embora essa questão aparentemente apresente desafios maiores, a concepção de justiça distributiva de Rawls também é criticada por ser insuficientemente igualitária. Se essa segunda crítica fosse pertinente, aqueles que se encontrassem na pior situação sob as instituições de uma sociedade liberal justa também teriam uma queixa razoável a fazer contra o princípio de diferença. (Na verdade, acredito que essa última crítica merece ser levada mais a sério do que a objeção de Nozick.)

Às vezes se afirma que o princípio de diferença sanciona vastas desigualdades socioeconômicas, uma vez que, se nele nos baseássemos, teríamos de considerar justo um estado de coisas em que enormes melhorias nas expectativas dos mais privilegiados produzissem apenas melhorias mínimas no bem-estar dos que se encontram na pior posição. Se fosse esse o caso, quaisquer níveis de desigualdade poderiam ser justificados com base nesse princípio. Poder-se-ia invocá-lo, por exemplo, para justificar um capitalismo de *laissez-faire* argumentando-se que a concentração de vastos recursos produtivos e benefícios sociais nas mãos dos indivíduos mais empreendedores e talentosos é a longo prazo mais benéfica para os que estão na pior posição do que uma situação em que essas vantagens são vedadas aos primeiros[67]. Em outro trabalho, mostrei que o princípio de diferença só pode ser empregado como critério de justiça distributiva se o que Rawls denomina "justiça de *background*" encontra-se realizado pelas instituições básicas de uma sociedade[68]. Complementarei essa argumentação mostrando que o grau de igualitarismo da concepção de justiça de Rawls só pode ser corretamente percebido se damos o peso devido às con-

---

67. Com alguns ajustes (para acomodar a cláusula lockiana e princípios de justiça na transferência de titularidades), esse é o ponto de vista de Nozick.

68. Vita, 1993a, pp. 77-9.

siderações que justificam o princípio de diferença. E é também com base nessas considerações que podemos rejeitar a objeção de Nozick a que fiz menção antes.

Da liberdade natural à igualdade democrática

Acompanhemos passo a passo a argumentação que leva ao princípio de diferença[69]. Note-se que essa argumentação é desenvolvida sem que seja preciso recorrer ao dispositivo da posição original[70]. Rawls confronta três princípios distintos de acordo com os quais a distribuição de benefícios sociais e econômicos poderia ocorrer: a liberdade natural, a igualdade liberal de oportunidades e a igualdade democrática. Eles podem ser entendidos como princípios rivais, mas a ambição de Rawls é combiná-los em uma concepção única de justiça que dê o peso apropriado a cada um desses ideais.

O "sistema de liberdade natural" é o que mais se aproxima da visão de Nozick de uma sociedade liberal justa. De acordo com esse princípio, considerado isoladamente, um complexo institucional justo será aquele que combinar uma economia competitiva de mercado com uma igualdade *formal* (ou legal) de oportunidades. As únicas instituições necessárias, além das de mercado, são aquelas que objetivam garantir a todos os mesmos direitos legais de ter acesso às posições sociais privilegiadas. Apesar de Rawls não dizer isso, podemos supor que uma única forma de desigualdade moralmente significativa é excluída pela igualdade formal de oportunidades: a discriminação *institucionalizada* justificada por diferenças adscritas (como as desigualdades raciais, de gênero e étnicas) ou religiosas. Enfatizo a palavra

---

69. Rawls, 1971, cap. 2.
70. Essa argumentação deve ser entendida como uma interpretação da idéia de igualdade humana fundamental. Como sustentei no capítulo 5, a posição original é que deve ser concebida para levar à escolha de princípios para uma sociedade bem ordenada, entre os quais um princípio de justiça distributiva com as características do princípio de diferença.

"institucionalizada" porque o alvo da igualação, nesse caso, restringe-se à eliminação de barreiras legais ao exercício dos próprios talentos e capacidades que têm por base diferenças desse tipo. É possível que a liberdade formal de oportunidades possa ser interpretada de forma que exclua ainda o nepotismo em instituições públicas e semipúblicas.

A objeção ao princípio de liberdade natural é permitir que a distribuição de riqueza, renda e de benefícios sociais de modo geral seja influenciada por uma distribuição inicial de recursos que, por sua vez, é determinada por fatores naturais e sociais que estão fora do alcance da escolha individual. Vejamos o argumento da "arbitrariedade moral", ao qual já fiz menção antes[71]:

> A distribuição existente de renda e riqueza, digamos, é o efeito cumulativo de distribuições prévias de dotes naturais – isto é, de talentos e capacidades naturais – tal como se desenvolveram ou foram deixados em estado bruto, e conforme seu emprego foi favorecido ou prejudicado, ao longo do tempo, por circunstâncias sociais e contingências fortuitas como o acaso e a boa sorte. Intuitivamente, a mais óbvia injustiça do sistema de liberdade natural está em permitir que os quinhões distributivos sejam impropriamente influenciados por fatores que são tão arbitrários de um ponto de vista moral.[72]

Os efeitos da combinação de contingências naturais e sociais, que têm livre curso sob o princípio de liberdade natural, geram um estado de coisas injusto, ainda que, note-se, produzi-lo não faça parte da intenção de nenhum dos agentes e ainda que todas as transações, consideradas uma a uma, se conformem, digamos, aos princípios de aquisição e de transferência de titularidades propostos por Nozick.

O princípio de igualdade liberal de oportunidades vai além do primeiro ao estabelecer as condições para uma meritocracia eqüitativa. Aqui já não se trata somente de uma

---

71. Ver capítulo 5.
72. Rawls, 1971, p. 72.

igualdade legal de oportunidades, mas também de assegurar um ponto de partida igual para aqueles que têm talentos e capacidades semelhantes e estão similarmente motivados a empregá-los. Não é pouca coisa que está envolvida nessa segunda forma de igualação. Ela requer instituições e políticas que tenham por objetivo neutralizar, tanto quanto possível, as contingências sociais e culturais que condicionam as perspectivas que cada pessoa tem de cultivar seus próprios talentos. Isso implica reduzir as vantagens herdadas, tanto de riqueza quanto de meios para a obtenção das qualificações mais valorizadas, e combater os efeitos da discriminação racial e de gênero praticada de forma sistemática. As exigências mínimas, que se apresentam à estrutura institucional de uma sociedade comprometida com a igualdade eqüitativa de oportunidades, são as de impedir uma excessiva concentração da propriedade e da riqueza, garantir oportunidades educacionais e de acesso a serviços básicos de saúde eqüitativas para todos.

A realização dessa segunda forma de igualdade já envolve obstáculos que não podem ser facilmente transpostos. Não é preciso pensar em uma sociedade como a brasileira, na qual as contingências sociais têm livre curso para determinar a que espécie de escola, médico e hospital as pessoas têm acesso. (No caso do Brasil, o ideal de igualdade liberal de oportunidades tem implicações quase revolucionárias.) De forma simplificada, podemos considerar que a igualdade liberal, como interpretada no parágrafo anterior, exclui como moralmente arbitrários todos os fatores *ambientais* que interferem nas perspectivas de vida de uma pessoa, como a classe social e o *background* social e cultural. A classe social de uma pessoa não deveria determinar, em uma sociedade liberal justa, o quinhão que lhe cabe dos benefícios da cooperação social. Entretanto, uma vez que diferenças de classe são permitidas, é muito difícil garantir *plenamente* que todos tenham um ponto de partida igual. Nem mesmo um imposto confiscatório sobre a riqueza herdada seria capaz de impedir que as vantagens sociais e culturais decorrentes da desigualdade de classe sejam passadas de uma geração para outra e resultem em oportunidades profundamente desiguais de obter as qualificações mais valorizadas. Isso se torna mais relevante, do ponto de vista da justiça social, quanto mais as diferenças de qualificação se tornam importantes – e talvez mais importantes do que a riqueza herdada – para gerar a desigualdade social.

Algumas evidências empíricas serão úteis para esclarecer o que está em questão. Em um livro do início da década de 1990, *The End of Equality* [O fim da igualdade], Mickey Kaus mostra que, apesar de a desigualdade de renda estar crescendo nos Estados Unidos, esse fato, por si só, não é capaz de explicar um aumento, que deveríamos considerar muito mais significativo, da desigualdade social[73]. Não se trata de um problema doméstico norte-americano. Mais do que olhar para as curvas de distribuição de renda, Kaus sugere que importa saber *por que* alguns estão se tornando mais afluentes ao passo que outros – muito mais numerosos – estão sofrendo perdas em seu padrão de vida, engrossando o contingente de pobres (cerca de 31 milhões de pessoas, segundo Kaus) e mesmo o da chamada *underclass*[74]. A razão para isso é a meritocracia, isto é, a tendência a aumentar não somente a renda mas o quinhão de benefícios sociais daqueles que têm os talentos e as qualificações profissionais mais valorizados no mercado. Kaus os denomina (a denominação, na verdade, é do economista Robert Reich) "analistas simbólicos"[75]. Além disso, os trabalhadores não-

---

73. Kaus, 1992.

74. Este termo é empregado, nos Estados Unidos, para descrever a situação das pessoas que estão submetidas a várias formas de destituição simultaneamente: são membros de famílias uniparentais, têm um vínculo débil com a escola e com a força de trabalho e dependem, para sobreviver, de programas de assistência social. Quando essas pessoas se concentram em áreas segregadas geograficamente – os guetos –, os fatores de exclusão se reforçam mutuamente de tal forma que nem mesmo períodos de crescimento econômico intenso podem tirá-las da pobreza. Em termos sociológicos, parece claro que, no caso da sociedade norte-americana, a *underclass* corresponde à posição social mais desfavorável.

75. A lista inclui, como diz Kaus, os "suspeitos de sempre": advogados, consultores de bancos comerciais e de investimento, consultores gerenciais,

qualificados ou semiqualificados do setor produtivo – os *blue collars* – enfrentam a competição dos trabalhadores não-qualificados de todo o planeta. Com a redução de postos de trabalho *blue collars*, os trabalhadores produtivos são empurrados para as ocupações dos serviços pessoais – o que contribui para reduzir os salários nesse setor. Mas dizer que os empregos do setor de serviços pessoais são de má qualidade – eles são muitas vezes insuficientes para elevar o padrão de vida do trabalhador para cima da linha da pobreza – porque a qualificação exigida é baixa não é uma explicação suficiente. Embora também exijam pouca ou nenhuma qualificação, os empregos *blue collars* possibilitam aos trabalhadores uma vida decente e um sentido de auto-respeito. O que está ocorrendo é uma dramática elevação na desigualdade de distribuição de benefícios sociais entre aqueles que têm as qualificações profissionais mais valorizadas – os "analistas simbólicos" – e os trabalhadores não-qualificados. É esse o sentido que o termo "meritocracia" transmite.

Do ponto de vista do liberalismo igualitário, não há nada a festejar nessas tendências. Para os que têm sentimentos igualitários, a desigualdade social fundada em diferenças de talento e qualificação é ainda mais odiosa do que as desigualdades de renda e de riqueza consideradas em si mesmas[76]. O talento e a qualificação, diversamente da propriedade dos meios de produção ou de bens imobiliários, são recursos que cada um carrega dentro de si mesmo – em seu cérebro. Por isso, torna-se mais fácil e natural aos mais qualificados sustentar que, se eles se apoderam de quinhões distributivos maiores, isso se deve a atributos que são irredutivelmente individuais – e, possivelmente, até mesmo inatos. Daí é pequena a distância para se considerar, do lado

---

programadores de computador, pesquisadores científicos, acadêmicos, executivos de relações públicas, editores e escritores, músicos, produtores de cinema e televisão (1992, p. 38).

76. O que está ocorrendo, evidentemente, é que as diferenças de talento e qualificação estão se convertendo na fonte das desigualdades de renda e riqueza.

dos ganhadores, que essas vantagens são "merecidas" e refletem um valor individual maior, e, do lado dos perdedores, que o insucesso é reflexo de um valor intrínseco mais baixo. Como diz Kaus:

> Uma coisa é existir uma distribuição desigual de renda. Outra muito diferente é ter a mesma distribuição de renda rigorosamente determinada pela escolarização e pelas qualificações. Nessa última situação, aqueles que têm mais dinheiro estarão em condições de sustentar que têm não somente mais dinheiro, mas algo mais, o conhecimento, que os torna mais valiosos. A tendência ao pagamento-por-qualificações confere a todas as diferenças de renda, grandes ou pequenas, um cunho meritocrático detestável.[77]

A meritocracia descrita por Kaus está muito distante da igualdade liberal de oportunidades concebida por Rawls. Uma "meritocracia eqüitativa" exigiria a neutralização de todos os fatores ambientais que condicionam as oportunidades que cada um tem de adquirir as qualificações mais valorizadas. Como disse antes, é muito difícil realizá-la plenamente. Detenhamo-nos um pouco mais nesse ponto. Consideremos, por exemplo, a garantia de oportunidades educacionais iguais. Não seria impossível – por mais extraordinário que isso possa parecer para nós, brasileiros, na situação vigente[78] – reduzir sensivelmente os desníveis na qualidade da escolarização oferecida pelas escolas de nível fundamental e médio. Isso, entretanto, não seria suficiente para nivelar as oportunidades educacionais. O problema não se resume à influência da condição social e cultural da família no desempenho escolar das crianças. Brian Barry aponta outro fator que potencializa os efeitos desse problema: "A um custo de alguns milhões de dólares, os sociólogos des-

---

77. Kaus, 1992, p. 37.
78. Um número expressivo de crianças brasileiras entre 7 e 14 anos, 2,7 milhões (9,02% das crianças nessa faixa etária) segundo dados do IBGE, está fora da escola – boa ou ruim. "17 cidades têm mais de 50% fora da escola". *Folha de S.Paulo*, 17 de janeiro de 1998.

cobriram o fato um tanto óbvio de que uma grande parte do ambiente educacional de uma criança é constituída pelas demais crianças da escola. Dada a tendência, em qualquer cidade, de as pessoas de uma mesma vizinhança terem uma formação educacional e cultural semelhante, a implicação disso é que (pelo menos nas áreas urbanas) os efeitos que os pais exercem sobre seus filhos serão multiplicados pela probabilidade de que as outras crianças tenham pais nas mesmas condições. Nada menos do que espalhar as crianças aleatoriamente por toda a área metropolitana poderia evitar isso."[79]

A possibilidade mencionada por Barry nesta última frase dificilmente pode ser considerada uma alternativa viável. Para que uma política desse tipo pudesse ser efetiva, seria preciso, além de distribuir as vagas nas escolas por sorteio, proibir a existência de escolas particulares. Uma "meritocracia verdadeira" de fato exigiria políticas desse teor. Mas, sem falar na resistência política que teria de ser vencida, o custo disso para outros valores que também prezamos poderia ser muito elevado. A partir de determinado ponto, o esforço de neutralizar os fatores ambientais esbarra na preocupação que os pais têm de fazer o melhor possível para os seus filhos. E é essa preocupação que faz os fatores ambientais, aqui considerados, produzirem seus efeitos sociais mais importantes. Já nesse ponto da argumentação, o liberalismo igualitário – e qualquer variante de igualitarismo que mereça ser levada a sério – se vê diante da dificuldade de conciliar as duas motivações para agir que foram discutidas no capítulo 1. As instituições e as políticas que têm por objetivo igualizar os pontos de partida são exigidas pela consideração igual e imparcial que devemos ter pela vida de cada pessoa. Mas, ainda que os beneficiários das vantagens de classe e de *background* cultural se disponham a apoiar instituições dessa natureza – a provisão de serviços públicos de educação e saúde de boa qualidade, por exemplo –, eles

---

79. Barry, 1989, pp. 220-1.

também se empenharão em beneficiar seus filhos de forma diferenciada. Só seria possível garantir uma genuína meritocracia se fosse possível *impedir* as pessoas de agir com base em razões e interesses pessoais[80].

Outra terapêutica muitas vezes recomendada como antídoto para os efeitos socialmente regressivos da meritocracia é o treinamento profissional. Já que a "capacidade simbólica" é cada vez mais o que determina o quinhão distributivo de cada um, por que não oferecer a todos um treinamento profissional dirigido para desenvolver as aptidões relevantes? Por que não oferecer oportunidades iguais para que todos se tornem "analistas simbólicos"? Novamente, recorro a Kaus para evidenciar por que essa estratégia, ainda que seja praticável, está condenada ao fracasso *como estratégia de promoção da igualdade social*. (Pode ser recomendável fazê-lo, em uma escala mais limitada, por razões de eficiência econômica.) O argumento de Kaus é simples e, pelo menos até onde vejo, difícil de ser contestado: "Conforme as capacidades se tornam mais importantes e são recompensadas financeiramente, as diferenças de desempenho entre os indivíduos que formalmente têm as mesmas 'capacidades' ou o mesmo treinamento também se tornam mais importantes e são recompensadas financeiramente. Quanto mais im-

---

[80]. Nagel, 1991, pp. 109-12. A experiência norte-americana recente mostra como razões para agir "relativas ao agente" podem frustrar os propósitos de instituições igualitárias. Nos anos 1970, a Suprema Corte, como parte do esforço para colocar efetivamente em prática a célebre decisão de 1954 (para o caso *Brown vs. Board of Education*) que pôs fim à segregação racial nas escolas norte-americanas, determinou a instituição de uma política de transporte escolar (*busing*) para levar as crianças negras às escolas freqüentadas por brancos e vice-versa. O resultado prático do *busing*, segundo Kaus (1992, p. 54), foi acelerar a fuga dos mais afluentes para os "subúrbios", onde pudessem estar seguros de que seus filhos – que, obviamente, são "mais espertos e inteligentes" do que os filhos de trabalhadores de baixa qualificação profissional – não seriam misturados a crianças de famílias da *underclass*. Ainda de acordo com Kaus, a tendência parece ser a da segregação geográfica (por local de moradia) e escolar ocorrer muito mais por categorias de renda – acompanhando a tendência meritocrática antes mencionada – do que por discriminação racial.

portante se torne o treinamento, maior será a desigualdade de renda entre aqueles que têm o mesmo treinamento."[81] Kaus denomina isso "efeito Hollywood". Se todos são treinados para ser "analistas simbólicos", as diferenças de ganho logo serão imensas entre os que têm as "capacidades simbólicas" valorizadas – isto é, as aptidões intelectuais relevantes – e os que, quer por circunstâncias sociais quer por fortuna genética, são destituídos delas. Nem todos, afinal de contas, podem ser treinados para ser competentes criadores de *software*. Quanto mais uma política social de treinamento profissional extensivo e generalizado for implementada com êxito, mais o "efeito Hollywood" se fará sentir. No limite, um abismo social se abriria entre uma elite de alta qualificação profissional e um proletariado de analistas simbólicos de segunda classe. Do ponto de vista da justiça social, não se trata de criar as condições para que todos possam se tornar profissionais altamente qualificados; o problema mais difícil – e urgente – é dissociar a distribuição das vantagens sociais da posse de capacidade e talento superiores.

Meu propósito, ao evidenciar as dificuldades envolvidas na realização de uma meritocracia eqüitativa, não é argumentar que nenhum progresso substancial possa ocorrer nessa direção. Como sempre é o caso na discussão de concepções normativas, a impossibilidade de realização plena de um ideal não significa que aproximações maiores ou menores a ele não sejam possíveis. Mas perceber essas dificuldades ajuda a entender por que Rawls acredita que é preciso dar um passo além da igualdade liberal de oportunidades, em direção ao que ele denomina "igualdade (ou concepção) democrática". Depois de dizer que essa concepção liberal, "mesmo funcionando à perfeição para eliminar a influência de contingências sociais, ainda permite que a distribuição da riqueza e da renda seja determinada pela distribuição na-

---

81. Kaus, 1992, p. 64 (a primeira frase dessa citação está em itálico no original).

tural de talentos", Rawls apresenta um argumento que julgo ser muito importante:

> O princípio de igualdade eqüitativa de oportunidades só pode ser realizado de forma imperfeita, pelo menos enquanto a instituição da família existir. O grau em que as capacidades naturais se desenvolvem e encontram fruição é afetado por todos os tipos de condição social e de atitude de classe. Mesmo a própria disposição de realizar um esforço, de se empenhar, e por isso ter mérito no sentido ordinário do termo, depende de circunstâncias sociais e familiares afortunadas. Como é impossível, na prática, assegurar oportunidades iguais de realização e cultura para aqueles que têm aptidões semelhantes, podemos querer adotar um princípio que reconheça esse fato e mitigue também os efeitos arbitrários da própria loteria natural.[82]

Esse é o passo mais controverso da argumentação de Rawls, que vai de encontro a percepções muito arraigadas nas sociedades liberais sobre como levar em conta o mérito individual. Minha interpretação desse último passo é a seguinte. Se uma igualdade eqüitativa de oportunidades fosse plenamente realizável, seria possível atribuir as desigualdades remanescentes às decisões e escolhas individuais – ao mérito e ao esforço de cada um –, o que, pelo critério da "arbitrariedade moral", as tornaria não-objetáveis do ponto de vista da justiça social. Uma igualdade desse cunho inteiramente à prova de objeções morais, no entanto, é inatingível porque, como vimos anteriormente, não há como neutralizar os efeitos das contingências sociais sobre as condições em que os talentos são exercidos. Mesmo a seleção de *que* aptidões serão recompensadas, e em que medida, deve ser considerada uma contingência social. Ninguém escolhe nascer com um fator genético x, seja lá qual for, que predispõe a pessoa a ter mais facilidade para cultivar as qualificações profissionais premiadas pelos arranjos socioeconô-

---

82. Rawls, 1971, p. 74.

micos vigentes. Não há mérito individual – ou "contribuição individual" – que possa ser estimado fazendo-se abstração de contingências sociais e arranjos institucionais já dados; por isso, pretender justificar estes tomando aquele por fundamento constitui uma inversão que uma teoria aceitável da justiça não pode admitir. Essas considerações nos levam ao componente crucial da "concepção democrática", isto é, a idéia de que também a distribuição de talentos naturais deve ser vista como arbitrária de um ponto de vista moral e, por essa razão, não oferece um fundamento aceitável para a distribuição de quinhões distributivos.

É comum o adepto de posições políticas de esquerda dar ênfase maior aos fatores ambientais que condicionam o desempenho de cada cidadão na vida política, econômica e social, ao passo que o direitista típico gosta de enfatizar a capacidade genética herdada. Esta é a cidadela última para onde os políticos e os economistas conservadores recuam quando querem justificar as desigualdades sociais existentes. Rawls sugere outra estratégia argumentativa para criticar essas desigualdades: importa pouco determinar qual desses dois fatores pesa mais para gerá-las; na prática, é impossível dissociar um do outro e ambos são igualmente arbitrários de um ponto de vista moral. Note-se que não são as diferenças naturais de talento que geram *desigualdades*, no sentido em que isso importa para uma teoria da justiça social. Desigualdades são sempre geradas por instituições sociais. O que está em questão aqui são arranjos institucionais que valorizam determinados talentos e premiam seus portadores desigualmente na distribuição de bens primários.

A igualdade democrática enfrenta a arbitrariedade moral de forma inteiramente distinta da igualdade eqüitativa de oportunidades. O que está em questão já não é (ou não é só) igualizar as condições sociais e culturais para cada um cultivar e exercer seus talentos, e sim alterar o fundamento moral a partir do qual é legítimo reivindicar os benefícios produzidos pelo exercício dos talentos. Como afirmei, criar as condições para que todos possam competir, em termos eqüitativos, pelas posições mais valorizadas não é a mesma coisa que promover a justiça social. A concepção democrática supõe que os mais afortunados, pela genética ou pelas circunstâncias sociais, são capazes de reconhecer que o talento superior, ainda que seja sempre merecedor de admiração, não constitui um fundamento moral legítimo a partir do qual exigir uma parcela maior dos benefícios da cooperação social. O momento é oportuno para enfatizar um ponto a que fiz menção no capítulo anterior. Não há, nessa afirmação, nenhuma tese sobre o que é essencial e o que é contingente na identidade pessoal[83]. O argumento não é o de que, sendo os talentos naturais meros "atributos contingentes" de uma pessoa, nada de essencial seria afetado na identidade pessoal de seus portadores se os colocássemos a serviço do bem-estar de outros. Suponhamos que eu seja um criador brilhante de novos *softwares*. O exercício desse meu talento pode ser tão importante para mim a ponto de eu não ser capaz de conceber quem eu sou à parte desse meu "atributo". Constitui uma questão inteiramente distinta, no entanto, que *benefícios* posso legitimamente esperar do exercício desse talento. Possuir um talento incomum, e também a sorte de ser um talento especialmente valorizado pelos arranjos econômicos vigentes, não constitui meu direito a exigir uma renda, digamos, cem vezes maior do que a obtida por um trabalhador de baixa qualificação, ou a colocar meus filhos em escolas nas quais só conviverão com crianças tão abastadas e espertas quanto eles. Posso me dispor a compartilhar com outros os benefícios e os azares da distribuição de talentos. Não há nenhuma razão para ser otimista, nas circunstâncias atuais, com respeito a uma disposição dessa natureza vir a se tornar amplamente difundida. Mas

---

83. Estou me referindo a uma crítica de Sandel (1989) à justiça igualitária à qual já fiz referência no capítulo anterior. Sandel, na verdade, ecoa uma crítica similar feita por Nozick (1974, pp. 213-28). Este afirma que "é duvidoso que qualquer concepção coerente de pessoa reste quando a distinção [entre um homem e seus talentos, capacidades e traços especiais] é levada tão longe" (p. 228).

tenhamos claro que, no argumento em favor da concepção democrática, há uma tese sobre a *motivação moral* e não uma tese sobre a identidade pessoal. Por trás da rejeição ao argumento de Rawls sobre a arbitrariedade moral não está a reação a uma teoria filosófica da justiça – e à concepção metafísica de pessoa que nela estaria implícita – mas uma atitude, bastante difundida em todas as democracias liberais, de considerar legítimas as vantagens obtidas do exercício de talentos e capacidades mais valorizados.

O princípio de igualdade democrática requer que os mais privilegiados abram mão de tirar proveito das circunstâncias sociais e naturais que os beneficiam, a não ser quando fazê-lo beneficia também os que têm o menor quinhão de bens primários. O remédio que Rawls propõe para enfrentar a arbitrariedade moral da ótica da concepção democrática – na verdade, trata-se mais de uma idéia de fraternidade do que de igualdade[84] – é o princípio de diferença. É hora de enfrentar as objeções ao princípio de diferença já mencionadas neste capítulo.

O princípio de diferença

Recordemos que, de acordo com o princípio de diferença, só são moralmente legítimas as desigualdades sociais e econômicas estabelecidas para melhorar a sorte daqueles que se encontram na posição inferior da escala de quinhões distributivos[85]. Teriam eles uma objeção razoável

---

84. Rawls, 1971, p. 105.
85. Respeito à prioridade aos que estão na pior situação, há um esclarecimento a ser feito. O que para Rawls (1971, p. 64) deve ser priorizado são as perspectivas de vida na posição mínima, e não as expectativas dos que se encontram na posição mínima. Considere duas estruturas institucionais: *A*, o *status quo, e B*, uma alternativa ao *status quo* na qual as expectativas dos que se encontram na pior situação em *A* seriam significativamente elevadas. Se a posição mínima em *B* (que passaria a ser ocupada por outros) for pior do que a posição mínima em *A*, passar de *A* para *B* representa um *aumento* de injustiça. Os que estão na posição mais desfavorável sob determinado arranjo institu-

a fazer a um arranjo institucional que objetivasse colocá-lo em prática? Como afirmei, no início desta discussão, a objeção de que o princípio de diferença autoriza desigualdades excessivas, desde que pequenas melhorias ocorram nas expectativas dos que se encontram na posição mais desfavorável, não tem nenhum fundamento. Esse equívoco, muito ao gosto dos economistas, decorre de considerar a justiça maximin à parte da concepção da qual ela é apenas um de seus componentes.

Vimos, neste capítulo, que a prioridade das liberdades fundamentais já oferece a justificação para uma significativa redistribuição da riqueza e da propriedade de recursos produtivos. Quando, ademais disso, levamos em conta o percurso que vai da liberdade natural à concepção democrática – um percurso que consiste em retirar a legitimidade moral de mais e mais formas de desigualdade –, percebemos que o maximin é a última coisa que pode ser proposta antes de se defender alguma versão de estrita igualdade de resultados. Resumindo a discussão da seção anterior, podemos dizer que todos os fatores que em geral respondem por uma capacidade produtiva maior são arbitrários de um ponto de vista moral. A implicação disso é que, no nível mais fundamental da argumentação normativa, nada que não seja uma distribuição igual dos bens primários se justifica. Esse é o ponto crucial na justificação do princípio de diferença.

O que se diria para aqueles que se encontrassem na posição mais desfavorável, em uma sociedade cujas instituições básicas colocassem em prática a justiça maximin, é algo do seguinte teor. É preferível um arranjo institucional que garanta um quinhão maior *em termos absolutos*, ainda que não igual, de bens primários para todos, a outro no qual uma igualdade de resultados é assegurada à custa de reduzir as expectativas de todos. É essa consideração que nos

---

cional podem razoavelmente rejeitá-lo caso seja possível colocar em prática um arranjo alternativo sob o qual as expectativas na posição mínima seriam mais elevadas.

permite passar da defesa de uma igualdade estrita na distribuição de bens primários para a defesa do princípio de diferença. Os que estão na posição mais desfavorável não têm nenhuma queixa razoável a fazer a desigualdades que elevam seu quinhão distributivo. A preocupação fundamental, quando o que está em questão são as bases institucionais para uma convivência em termos mutuamente aceitáveis, não é quanto cada um possui – de renda, riqueza e bens materiais. O que importa é avaliar se o quinhão de recursos que cabe a cada um é suficiente para que cada pessoa possa se empenhar na realização de seu próprio plano de vida e concepção do bem e, dessa forma, desenvolver um sentido de auto-respeito[86]. Desde que as diferenças relativas de renda e riqueza não sejam excessivas, não constitui uma objeção razoável ao princípio de diferença dizer que ele não satisfaz às expectativas geradas por sentimentos de rancor e de inveja pela parcela distributiva mais favorável que coube a outros[87]. Esses são os sentimentos – assim como os que lhes são correlatos na psicologia moral dos mais privilegiados: a avareza e o desprezo pelos que têm menos – que não devem desempenhar nenhum papel na justificação de uma forma de convivência coletiva fundada no *status* da cidadania igual. O princípio de diferença (ou uma concepção similar de justiça distributiva) oferece a única interpretação possível para um igualitarismo não-invejoso.

Há ainda outra forma, que mencionei antes, pela qual o reconhecimento público do maximin traz um reforço ao

---

86. Como vimos no capítulo 4, supõe-se que cada pessoa é capaz de ajustar seus próprios objetivos à parcela de oportunidades e recursos que ela pode legitimamente esperar das instituições de sua sociedade. Quando o que se procura assegurar são as "bases sociais do auto-respeito", não se supõe que o auto-respeito de uma pessoa dependa da satisfação de gostos excêntricos ou dispendiosos.

87. Rawls admite que disparidades relativas muito grandes, mesmo quando parecem satisfazer ao princípio de diferença, podem gerar um sentimento de "inveja desculpável" (1971, p. 536). Ele acredita, e também é isso que estou tentando evidenciar, que uma estrutura básica que satisfaça os dois princípios de justiça não dará lugar a disparidades excessivas.

auto-respeito dos que estão na posição mínima. Estes sabem que os mais privilegiados, aceitando os termos de uma estrutura institucional criada para satisfazer a justiça maximin, estão abrindo mão de tirar todo o proveito das circunstâncias naturais e sociais que, sob outro arranjo institucional, lhes permitiriam elevar muito mais ainda seu (dos mais privilegiados) quinhão distributivo. Ao abrir mão disso, os mais privilegiados mostram respeito pelos que têm menos fortuna e, dessa forma, contribuem para que estes desenvolvam um sentido de seu próprio valor[88]. Em uma sociedade justa, os que têm menos sorte sabem que os mais afortunados renunciam a uma parte de tudo aquilo que poderiam almejar, não porque tenham pena deles, mas porque se dispõem a viver com eles com base em princípios de justiça política.

Qual é o alcance da redistribuição exigida pelo princípio de diferença? Isso é difícil de responder. Disse antes que a prioridade das liberdades fundamentais pressupõe um princípio de satisfação de necessidades vitais. A primeira coisa a notar, nesta discussão, é que a exigência de dar prioridade aos que se encontram na posição mais desfavorável não é satisfeita *somente* pela garantia de um mínimo social decente para todos. Uma consideração igual e imparcial pelo bem-estar de todos requer mais do que garantir que o padrão de vida de ninguém cairá abaixo de determinado nível mínimo. As desigualdades acima do mínimo ainda seriam demasiado significativas para serem ignoradas por uma concepção de justiça que pretende fornecer os termos de um acordo unânime. Os menos privilegiados de recursos poderiam razoavelmente rejeitar uma estrutura institucional que lhes impusesse sacrificar suas perspectivas de vida para garantir benefícios muito acima do mínimo para os mais privilegiados[89].

Recordemos um ponto que já foi mencionado. Na teoria de Rawls, o referencial para avaliar os sacrifícios que a implementação de uma estrutura institucional justa impõe a cada um é uma distribuição igual de todos os bens primários.

---

88. Cohen, 1989, p. 739.
89. Nagel, 1991, p. 81.

Qualquer afastamento em relação a essa distribuição igual deve poder ser justificado àqueles que ficarão com o quinhão menor de bens primários na nova situação. Os que sustentam que a prioridade aos que estão na posição mais indesejável é satisfeita garantindo-se um mínimo social a todos estão arbitrariamente tomando esse mínimo, e não um hipotético estado inicial de igualdade, como o referencial para avaliar os sacrifícios e as expectativas legítimas de cada cidadão. Para exprimir a idéia de que não há um patamar máximo à redistribuição exigida por razões de justiça – isto é, um patamar acima do qual é legítimo, moralmente falando, ignorar as exigências derivadas da imparcialidade igualitária –, podemos recorrer a uma formulação um pouco modificada que Rawls propõe para o maximin. O "princípio léxico de diferença" (denominado, às vezes, "leximin") é formulado da seguinte forma: "Em uma estrutura básica na qual há representantes a serem considerados, maximize primeiro o bem-estar do homem representativo que se encontra na pior posição; a seguir, para um mesmo nível de bem-estar deste último, maximize o bem-estar do homem representativo na segunda pior situação, e assim por diante até o último caso que consiste em maximizar, mantendo-se o mesmo nível de bem-estar para todos os representantes n-1, o bem-estar do homem representativo que se encontra na posição mais favorável."[90]

A democracia de cidadãos-proprietários

O princípio de diferença, portanto, opera sobre as desigualdades sociais e econômicas que permaneceriam mesmo que as necessidades básicas de todos fossem atendidas. É importante ressaltar esse ponto porque a teoria de Rawls é muitas vezes interpretada como uma justificativa moral para o tipo de redistribuição praticada pelos *welfare states* que,

---

90. Rawls, 1971, p. 83.

essencialmente, consiste em um sistema de taxação da *renda* dos mais abastados para subsidiar direta ou indiretamente a renda dos mais pobres[91]. Não é isso que Rawls tem em mente como modelo institucional mais apropriado para colocar em prática sua concepção de justiça. Em um texto mais recente, Rawls dedica certa atenção à comparação de diferentes regimes socioeconômicos, sobretudo nos casos em que a propriedade privada de meios de produção é admitida[92]. "O capitalismo de bem-estar social", diz ele, "também rejeita o valor eqüitativo das liberdades políticas, e, embora tenha certa preocupação com a igualdade de oportunidades, as políticas públicas necessárias para garanti-la não são implementadas. Esse regime permite desigualdades muito grandes de propriedade de bens não-pessoais (meios de produção e recursos naturais), de forma que o controle da economia e, em grande medida, também da vida política, permanece em poucas mãos. Embora, como o nome 'capitalismo de bem-estar social' sugere, as providências para o bem-estar possam ser bastante generosas e garantir um mínimo social decente que cubra as necessidades básicas (§ 38), não há o reconhecimento de um princípio de reciprocidade que regule as desigualdades econômicas e sociais."[93]

Para Rawls, o arranjo institucional que mais se aproximaria da realização de sua concepção de justiça como eqüidade é a "democracia de cidadãos-proprietários" (*property-owning democracy*), um modelo de arranjo de mercado proposto pelo economista britânico James Meade como uma *alternativa* ao capitalismo[94]. Acredito que vale a pena se deter um pouco no exame desse modelo, já que isso ajuda a per-

---

91. Vou considerar, a seguir, o *welfare state* somente desse ponto de vista muito geral, ignorando as importantes diferenças institucionais existentes entre os três tipos de *welfare state* analisados por Esping-Andersen (1991 e 1995).
92. Rawls, 2003.
93. Ibid., pp. 194-95.
94. Meade (1993) apresenta uma formulação atualizada, e consideravelmente modificada, do modelo institucional que antes propusera em um livro publicado em 1964.

ceber quão equivocado é considerar que o princípio de diferença poderia ser invocado para justificar as desigualdades produzidas pelo capitalismo. O ponto essencial do modelo é que, mais do que a igualização da renda, as instituições e políticas igualitárias deveriam ter por objetivo uma distribuição eqüitativa da propriedade entre todos os cidadãos.

O que há de errado nas políticas dos *welfare states* dirigidas para a igualização da renda real dos cidadãos? Meade menciona dois tipos de problema[95]. Um deles é que, dadas as tendências de mudança tecnológica (a automação) e de emergência da meritocracia – esta última, comentada anteriormente –, a igualização da renda real exigirá níveis excepcionalmente elevados de taxação da renda dos mais abastados. E uma taxação fortemente progressiva afetará negativamente os incentivos para trabalhar, poupar, inovar e assumir riscos. Kaus calcula que, para fazer a participação do 1% mais rico na renda nacional dos Estados Unidos voltar aos níveis de 1977, seria preciso elevar a taxa *efetiva* de tributação sobre sua renda de 27% (em 1990) para 57%[96]. A desigualdade de renda, no caso dos Estados Unidos, não aumentou somente por conta da política fiscal regressiva dos governos Reagan. A distribuição da renda *pré*-tributação está se tornando mais desigual, em benefício dos que se encontram entre os 10% e 30% mais ricos na escala da renda[97]. O segundo tipo de problema que Meade vê nas políticas de igualização da renda decorre de uma preocupação similar àquela que Rawls tem com o "valor eqüitativo" das liberdades políticas: "Um homem que possui bens em excesso tem um grande poder de barganha e um forte sentido de segu-

---

95. Meade, 1993, p. 41.
96. Kaus, 1992, p. 60. Como esclarece Kaus, uma taxa marginal de tributação elevada (isto é, a taxa de tributação que incide sobre o último dólar que uma pessoa ganha no ano) não é a mesma coisa que a taxa efetiva de tributação (isto é, a porcentagem sobre todos os dólares ganhos ao longo de um ano que uma pessoa paga em impostos).
97. Ibid., p. 61. A tendência à desigualdade de renda, portanto, não seria detida somente por meio de uma taxa "sueca" de tributação sobre os 1% mais rico.

rança, independência e liberdade; e ele usufrui desses benefícios não somente *vis-à-vis* seus concidadãos destituídos de propriedade mas também *vis-à-vis* as autoridades públicas [...]. Uma distribuição desigual de propriedade, ainda que se possa impedi-la de gerar uma distribuição demasiado desigual da renda, significa uma distribuição desigual de poder e de *status*."[98]

As instituições e as políticas igualitárias de uma "democracia de cidadãos-proprietários" objetivariam distribuir amplamente a propriedade de capital com o mínimo de interferência possível sobre os incentivos econômicos e sobre a iniciativa privada. Ainda que me falte competência técnica para discutir esse modelo de forma mais apropriada, parece-me indispensável mencionar suas características gerais. O ideal, para Meade, seria atingir um estado no qual todos os cidadãos, além da renda que obtêm no mercado, tivessem algum tipo de renda derivada de participação em lucros, juros, aluguel ou dividendos[99]. Para isso seria necessário, em primeiro lugar, redirecionar o foco principal do sistema tributário da taxação da renda para a taxação da riqueza excessiva e da propriedade privada de capital. Para isso, Meade (e também Rawls[100]) pensa em dois tipos de instituição de natureza fiscal: um imposto progressivo "moderado" que incidiria anualmente sobre a propriedade total adquirida pelo contribuinte ou sobre o total de bens e serviços consumidos acima de determinado limite; e uma pesada taxação sobre as transferências de riqueza, também acima de certo limite, por herança ou por doação *inter vivos*[101]. A progressividade desse segundo imposto seria aplicada do lado do recebedor, isto é, com base em quanta riqueza e propriedade tem o beneficiário da doação ou da herança e con-

---

98. Meade, 1993, p. 41.
99. Na "Agathotopia" de Meade, ainda faria parte do quinhão distributivo de cada um uma renda básica paga incondicionalmente, e de forma não relacionada à capacidade produtiva, a todos.
100. Rawls, 1990, pp. 130-1.
101. Meade, 1993, pp. 92-4.

forme o conjunto de doações e heranças recebidas ao longo de sua vida inteira. A taxação progressiva da renda só seria empregada de forma marginal, para evitar a concentração da riqueza. Para Meade, essas formas de tributação têm menos efeitos adversos sobre os incentivos para trabalhar, poupar e assumir riscos do que as formas usuais de tributação da renda empregadas pelos *welfare states*.

Rawls acredita que um arranjo institucional tal como antes descrito seria suficiente para dispersar a propriedade sobre os meios de produção e recursos naturais e para garantir um mínimo social adequado para todos os cidadãos[102]. Podemos duvidar que esse arranjo seja praticável ou que as medidas mencionadas no parágrafo anterior sejam suficientes para implementá-lo. De toda forma, acredito que vale a pena acentuar uma vez mais por que Rawls considera a "democracia de cidadãos-proprietários" um arranjo institucional mais apropriado à concretização dos dois princípios de justiça de sua teoria do que um capitalismo de *welfare state*. Ao passo que este último permite a uma pequena classe praticamente monopolizar os meios de produção, "a democracia de cidadãos-proprietários evita isso, não pela redistribuição da renda àqueles que têm menos ao *fim* de cada período, por assim dizer, mas garantindo a difusão da propriedade de recursos produtivos e de capital humano (isto é, educação e treinamento de capacidades) no *início* de cada período, tudo isso contra o pano de fundo de uma igualdade eqüitativa de oportunidades. A idéia não é simplesmente dar assistência àqueles que levam a pior em razão do acaso ou da má sorte (ainda que isso tenha de ser feito), e sim fazer que todos os cidadãos sejam capazes de conduzir seus próprios assuntos em um pé de igualdade social e econômica apropriada"[103].

O mais sério defeito do *welfare state* está em seu sistema de tributação e de transferências ser organizado para corrigir *ex-post* – "ao fim de cada período", como diz Rawls – as desigualdades geradas por uma economia capitalista

---

102. Rawls, 1990, p. 131.
103. Ibid., p. 143.

de mercado[104]. Embora isso não esteja dito explicitamente na passagem anterior, o *welfare state* vai de encontro à idéia de que deveríamos conceber uma estrutura básica justa como uma modalidade de "justiça procedimental pura"[105]. As compensações *ex-post* exigem precisamente aquilo que deveria estar ausente de um arranjo institucional justo, isto é, "levar em conta a infindável variedade de circunstâncias e as posições relativas de pessoas específicas"[106]. "Ao fim de cada período" é preciso apurar a renda de cada um e as circunstâncias da vida de cada um dos candidatos aos benefícios condicionais do *welfare state*. É preciso haver um grande aparato burocrático para averiguar se os beneficiários estão realmente desempregados (e empenhados em encontrar trabalho ou pelo menos em se qualificar profissionalmente) ou incapacitados para o trabalho, ou ainda se não dispõem de nenhuma outra fonte de renda. Como observa Van Parijs, as formas de renda mínima garantida que vários países europeus introduziram em seus *welfare states* após a Segunda Guerra Mundial são fortemente condicionais e, quanto mais condicional o benefício, maior a necessidade de investigar a vida privada dos beneficiários[107]. A concessão do benefício é condicional a um "teste de trabalho" (o beneficiário deve se mostrar disposto a aceitar um trabalho ou um treinamento profissional, caso uma das duas coisas lhe seja oferecida), a um "teste de meios" (o beneficiário deve demonstrar que não tem outras fontes de renda além do benefício pleiteado) e até a uma averiguação da renda da pessoa – o cônjuge – ou das pessoas com quem o beneficiário viva[108].

---

104. Van Parijs, 1997, p. 74.
105. Ver capítulo 1 para a noção de "justiça procedimental pura".
106. Rawls, 1971, p. 87.
107. Van Parijs, P. "Basic Income Capitalism". *Ethics*, abril de 1992, v. 102, pp. 465-84. Estou me valendo da edição brasileira deste texto. Ver Van Parijs (1994). A renda mínima garantida, diversamente dos direitos previdenciários, é um benefício em dinheiro que não depende de contribuição anterior para ser obtido.
108. Van Parijs, 1994, pp. 76-7. Os benefícios condicionais têm outro grave inconveniente, apontado tanto por Van Parijs quanto por Meade: eles

Embora seja preferível a um capitalismo de *laissez-faire*, o arranjo institucional do *welfare state* está muito distante da forma de justiça procedimental pura que o ideal de democracia de cidadãos-proprietários procura captar[109]. Esse ideal supõe que seja possível organizar as instituições de propriedade e tributação de forma que constituam, junto com as instituições necessárias para garantir o maior grau possível de igualdade de oportunidades, uma estrutura básica que é *ex-ante* justa. Se uma estrutura básica com essas características pudesse ser colocada em prática, estaríamos em condições de ignorar, para efeitos de justiça social, as circunstâncias de vida e as posições relativas de pessoas específicas. Argumentei, nos capítulos 1 e 2, que o liberalismo igualitário é uma modalidade de reflexão normativa conseqüencialista; agora estamos percebendo os limites desse conseqüencialismo: se o arranjo institucional básico satisfaz às exigências da justiça, quaisquer titularidades, estados de coisas e perfis distributivos que sob ele se produzam deverão também ser considerados justos. Esse é o ponto central da idéia de justiça procedimental pura aplicada à estrutura básica da sociedade. Ainda que não seja esse o foco da discussão no momento, vale a pena ressaltar que essa visão da justiça distributiva como forma de justiça procedimental permite rebater uma das objeções centrais de Nozick ao princípio de diferença. Como uma variante daquilo que ele denomina princípios "estruturais" ou "padronizados" de justiça, o princípio de diferença implicaria interferências contínuas em transa-

---

tendem a criar uma "armadilha da pobreza". Uma vez que os benefícios em dinheiro de caráter condicional são retirados conforme a pessoa obtém outra forma de renda, os beneficiários não têm um incentivo para aceitar um trabalho com o qual ganharão (após as deduções) igual ou menos do que ganham vivendo dos benefícios pagos pelo Estado.

109. Dizer isso de modo algum significa menosprezar o fato (ressaltado por Maria Hermínia Tavares de Almeida ao comentar essa afirmação e outras no mesmo sentido) de que o *welfare state* (em sua versão escandinava) é o arranjo socioeconômico que mais se aproximou de colocar em prática uma concepção de justiça social similar à "justiça como eqüidade".

ções específicas¹¹⁰. Vemos, agora, que a idéia é outra. Uma vez que a justiça de *background* é garantida, não há mais nenhuma razão, da ótica da teoria, para interferir em transações específicas ou para redistribuir titularidades legitimamente adquiridas.

O problema é que Rawls parece relutante em admitir as implicações radicais da concepção de igualdade distributiva que está embutida no modelo da democracia de cidadãos-proprietários. As mudanças institucionais defendidas por Meade para as economias industriais avançadas vão muito além das mencionadas acima e que Rawls explicitamente endossa. O arranjo institucional socioeconômico de sua "Agathotopia" consiste em um tripé formado pelas instituições tributárias para promover a dispersão da propriedade e da riqueza produtiva; pela introdução de incentivos fiscais que encorajem a substituição, em uma parte considerável do setor privado, da empresa capitalista existente nos moldes atuais – que funciona mediante a contratação de trabalhadores em troca de um salário fixo – por uma forma institucional que ele denomina "parceria do capital com o trabalho"; e pela gradual introdução de uma renda básica incondicional em substituição aos benefícios condicionais do *welfare state*. Com respeito ao segundo elemento do tripé, Meade imagina, em sua forma pura, uma estrutura composta por parceiros que arriscam seu capital (um ou mais capitalistas) e por parceiros (os trabalhadores) que arriscam investir seu trabalho em um empreendimento comum¹¹¹. A remuneração do capital e do trabalho é constituída pelos dividendos obtidos, respectivamente, com certificados de participação no capital e no trabalho distribuídos a todos àqueles que têm algum direito na receita líquida da empresa que é passível de distribuição. A preocupação maior de Meade é a de conceber disposições institucionais que eliminem uma debilidade que a empresa autogerida pelos trabalhadores

---

110. Nozick, 1974, pp. 160-4.
111. Meade, 1993, pp. 107-8.

tem diante da empresa capitalista convencional: ao passo que os proprietários desta última sempre têm um incentivo para contratar novos trabalhadores desde que fazê-lo aumente o lucro *total* da empresa, o incentivo para admitir novos sócios, em uma cooperativa de trabalhadores, desaparece quando isso faz decair o lucro *per capita* do empreendimento[112]. Em uma economia de mercado de empresas autogeridas, em suma, o desemprego poderia ser até maior do que é hoje, sob o império da empresa capitalista de salários fixos. Esse problema só pode ser contornado, acredita Meade, abandonando-se o princípio da "remuneração igual para trabalho igual" para os trabalhadores novos e antigos de um mesmo empreendimento. O último elemento do tripé – a introdução de uma renda básica garantida a todos com base em nada mais do que o *status* igual da cidadania –, além de simplificar o *welfare state*, teria o propósito de facilitar a aceitação de formas mais flexíveis de remuneração do trabalho[113].

Qual seria a concretização institucional mais apropriada para o princípio de diferença é, evidentemente, objeto de controvérsia[114]. Também é da própria natureza de todo prin-

---

112. Ibid., p. 89.

113. A garantia de uma renda básica adequada, paga incondicionalmente a todos, exigiria "medidas fiscais heróicas". Meade pensa em coisas como a tributação de atividades poluidoras e da publicidade comercial, além de um imposto sobre a primeira fatia da renda que cada pessoa obtivesse de outras fontes que não a própria renda básica (o que equivale a tornar o benefício parcialmente condicional: uma parte da renda básica seria subtraída conforme a pessoa obtivesse outras fontes de renda). Uma renda básica num nível realmente adequado, acredita Meade, só se tornaria viável quando fosse possível dar o último e mais radical passo nas reformas institucionais por ele propostas: a socialização de perto de 50% de toda a riqueza produtiva do país. Meade imagina uma nacionalização pela qual o Estado adquiriria uma crescente participação acionária nas empresas privadas deixando, porém, o controle gerencial dessas empresas nas mãos da iniciativa privada. O objetivo seria o Estado obter uma participação nos lucros, mas não no gerenciamento, de empreendimentos produtivos privados (Meade, 1993, pp. 94-6).

114. Infelizmente, no momento não tenho como examinar cuidadosamente o "capitalismo de renda básica" que Van Parjis (1995a) apresenta de forma mais completa. Limitei-me à democracia de proprietários-cidadãos por ser a alternativa explicitamente mencionada por Rawls.

cípio de justiça deixar uma considerável latitude para o julgamento sobre suas implicações específicas. Mas a referência que Rawls faz à democracia de cidadãos-proprietários não pode ser gratuita. A estrutura institucional que satisfaria, ainda que de forma aproximada, ao critério de justiça procedimental pura não corresponde a nada que conheçamos até o momento.

O eu dividido

Creio ser possível dar uma resposta incisiva, que já está implícita na discussão desenvolvida nas duas últimas seções, à objeção de Nozick ao princípio de diferença. Teriam os mais privilegiados uma objeção razoável a fazer a um arranjo que colocasse a justiça distributiva maximin em prática? A resposta a essa pergunta, como já foi dito, depende do referencial que se considera apropriado para julgar o que são benefícios e sacrifícios "razoáveis". Caso se considere que o referencial apropriado é a distribuição de encargos e benefícios que se verifica nas sociedades injustas nas quais vivemos, ou a distribuição de recursos e dotações de um hipotético estado de natureza lockiano, a resposta será "sim". Tanto um quanto o outro, no entanto, são rejeitados pela teoria de Rawls. O único referencial apropriado para estimar a aceitabilidade das posições e dos quinhões distributivos gerados por determinado complexo de instituições básicas, como vimos ao seguir o percurso argumentativo que conduz à concepção democrática, é uma distribuição igual de bens primários. Como no nível mais fundamental da argumentação, nada, exceto a igualdade, se justifica, Rawls supõe que basta se concentrar na aceitabilidade da posição mínima que resultaria da aplicação do princípio de diferença. Aqueles que se encontrassem na posição mais desfavorável, digamos que sob uma "democracia de cidadãos-proprietários", seriam também os que mais razões teriam para apresentar uma queixa razoável ao arranjo implementado – afinal, seriam eles que ganhariam menos, em termos relativos, em comparação à situação inicial de igualdade. Se, no entanto, podemos supor que os menos beneficiados por esse arranjo nada teriam do que se queixar, muito menos motivos ainda teriam os que se encontrassem nas posições acima da mínima para se considerarem alvo de alguma injustiça. Se a posição mínima é satisfatória, então *a fortiori* as posições que estão acima dela também o são[115]. O objetivo do acordo razoável sobre princípios de justiça não é assegurar que todos satisfaçam às suas expectativas na medida em que o desejarem; trata-se, isso sim, de encontrar termos eqüitativos para a cooperação social entre pessoas que se concebem como livres e iguais.

Todo o peso recai, portanto, no referencial a partir do qual se avalia o que são "termos eqüitativos" de cooperação que poderiam receber o assentimento voluntário de todos. Se partirmos de um estado de natureza não-igualitário, tenderemos, como Gauthier, a ver no maximin um princípio que permite aos menos talentosos e capacitados pegar uma carona nos esforços daqueles que têm uma capacidade produtiva maior e que contribuem mais para a geração do excedente produzido pela cooperação[116]. Se partirmos, como Rawls, de um *status quo* inicial de igualdade, entenderemos que uma estrutura básica que implemente o princípio de diferença autoriza os que têm uma capacidade produtiva maior a obter, embora não tenham nenhum título moral a isso, um quinhão dos benefícios da cooperação social ainda maior do que aquele que está ao alcance dos que estão na posição mínima. O arranjo como um todo continua, de todo modo, mais

---

115. Cohen (1989, pp. 226-34) e Barry (1989, pp. 393-400) desenvolvem argumentos similares a esse em favor do maximin.

116. Beira à esperteza a forma como Gauthier (1986, pp. 10-1) manipula em seu favor a frase de Rawls de que a sociedade, em uma visão contratualista, é um "empreendimento cooperativo para o benefício mútuo" entre pessoas que se concebem como "mutuamente desinteressadas". Ver capítulo 3, nota 2. A caracterização do *status quo* inicial é decisiva para avaliar que termos de cooperação são mutuamente benéficos.

vantajoso para os que possuem os talentos e capacidades mais valorizados. Eles não têm, em conclusão, uma objeção razoável a fazer ao princípio de diferença. As razões de eficiência não desempenham, ao contrário do que muitas vezes se supõe, o papel mais importante na justificação do maximin. Rawls considera a distribuição que resultaria da aplicação desse princípio como *justa* e não como uma forma de compromisso necessária para comprar o apoio dos mais privilegiados a instituições que lhes seriam desfavoráveis[117]. Mas é claro que também há a expectativa de preservar uma medida suficiente dos incentivos econômicos usuais para os que têm talentos e capacidades superiores.

Aceitaremos o argumento em favor do princípio de diferença se aceitarmos a presunção em favor da igualdade. Aceitando-se essa presunção, o problema de uma teoria da justiça distributiva passa a ser justificar as desigualdades. O critério adotado por uma teoria contratualista como a de Rawls é que são aceitáveis as formas de desigualdade que se estabelecem para o benefício de todos. Essa exigência é, a seguir, simplificada de uma forma que nos leva até a formulação do maximin: só são justificadas as desigualdades socioeconômicas que beneficiam os que têm menos a ganhar com elas.

Haveria algum argumento teórico decisivo em favor da presunção à igualdade? Com certeza, não. Essa não é uma questão que possamos esperar resolver mediante argumentação teórica. O contratualismo rawlsiano, como argumentei no capítulo 5, não faz muito sentido se recusamos de pronto suas premissas morais substantivas. Mas o fato de esbarrarmos em compromissos morais últimos não significa que não possamos considerar, levando-se tudo em consideração, que dada teoria normativa é mais defensável do que outras. É preciso ter em mente que o maximin é somente um dos

---

117. O princípio de diferença não é concebido como um compromisso prudencial entre razões de justiça e incentivos econômicos. É verdade que ele permite tal compromisso. Mas as desigualdades admitidas pelo maximin são *moralmente* justificadas porque são estabelecidas em benefício dos que estão na posição mínima.

componentes de uma concepção de justiça política que, em seu conjunto, tem o propósito de acomodar nossos "julgamentos ponderados de justiça" e "estendê-los de forma aceitável"[118]. A presunção à igualdade, que desempenha um papel tão importante na justificação do maximin, também se encontra por trás de convicções como as de que a intolerância religiosa e a discriminação racial são injustas ou a crença no direito de toda pessoa adulta de participar – exceto em circunstâncias excepcionais – da tomada das decisões de cumprimento obrigatório que afetarão sua vida[119]. A justiça distributiva não é um departamento à parte de outras convicções que são fundamentais em nossa autopercepção como cidadãos livres e iguais. Esse tipo de consistência global razoável – o emprego desse adjetivo é mais pertinente do que nunca – está inteiramente ausente do tratamento que Gauthier e Nozick dispensam à justiça distributiva. A estratégia de Rawls de "procurar as bases possíveis de acordo onde nenhuma base para isso parece existir"[120], como observa Joshua Cohen, "difere daquela que é adotada por Nozick e Gauthier, por exemplo, que não explicam como suas concepções de direitos e de barganha racional podem acomodar convicções sobre a liberdade de expressão e as liberdades políticas, ou sobre os direitos à igual proteção das leis; e difere da estratégia adotada em inúmeros outros enfoques sobre questões de distribuição que não incorporam explicitamente esse problema na estrutura mais ampla de um argumento institucional e normativo que também acomode convicções fundamentais"[121].

Para finalizar essa discussão, retomo o tema da partição de motivações que, seguindo Nagel, considero o mais

---

118. Rawls, 1971, p. 19.
119. Como observa Dahl (1989, pp. 83-8), a idéia do valor intrínseco igual dos seres humanos, que é apenas outra forma de denominar a presunção de igualdade, constitui a consideração normativa que fundamenta o direito de se autogovernar por meio do processo democrático.
120. Rawls, 1971, p. 582.
121. Cohen, 1989, p. 731.

difícil problema a ser enfrentado por toda variante não-autoritária de pensamento político igualitário. Em mais de um momento, ao longo deste capítulo, ressaltei as dificuldades que há em conciliar as exigências da imparcialidade igualitária – para as quais, pelo menos é isso que defendo, é mais apropriado dar um reconhecimento de natureza institucional – e as razões que cada agente tem, de seu ponto de vista, para agir. Se as instituições e políticas igualitárias não forem capazes de tornar compatíveis esses dois pontos de vista, tampouco serão capazes de gerar as atitudes que lhes podem conferir estabilidade. Já discutimos, note-se, a estabilidade de uma sociedade *justa*. É com esse problema que lidamos quando perguntamos se determinado princípio de justiça passa pelo teste da não-rejeição razoável. Perguntar pelo que pessoas de carne e osso, conhecedoras de suas posições, vantagens e preferências, não poderiam razoavelmente rejeitar, não nos levaria a parte alguma. O que estamos fazendo é um exercício do seguinte tipo: vamos supor que, fazendo uso de uma varinha mágica, pudéssemos nos transportar para uma sociedade cujas instituições básicas implementam o princípio que está em discussão. Teria algum dos "homens representativos" dessa sociedade uma objeção razoável a fazer a sua posição sob o arranjo institucional colocado em prática? Essa pergunta não diz respeito a "como chegar lá" – a uma sociedade justa; o que está em questão é: se a ela chegássemos, lá permaneceríamos? As instituições que colocariam o princípio proposto em prática seriam capazes de gerar atitudes e motivações necessárias para lhes dar apoio?

Para as mentes mais pragmáticas, parecerá perda de tempo tentar responder a perguntas desse tipo. Não é o que penso. Os socialistas clássicos empenharam-se muito em responder à questão "como chegar lá?" e muito pouco em oferecer uma descrição adequada das instituições da sociedade socialista e de como elas poderiam operar sem que exigências motivacionais heróicas fossem feitas às pessoas que nelas viessem a assumir papéis instrumentais. Para os que compartilham de convicções igualitárias, o caminho a ser trilhado hoje é o inverso. Somente se formos capazes de conceber um arranjo institucional (alternativo à economia de mercado de tipo capitalista) que satisfaça a um critério exigente de justiça e que, ademais, seja compatível com as motivações que se podem razoavelmente esperar – agora sim – de pessoas de carne e osso, poderemos ter alguma esperança de que a agência necessária para nos fazer ir "daqui até lá" venha a se constituir.

Uma sociedade democrática regulada pelos dois princípios de justiça propostos por Rawls poderia ser estável do ponto de vista motivacional? Reapresentemos os termos do problema. O componente mais controverso dessa concepção, quando não é interpretado de forma trivial, é o princípio de diferença[122]. É indiscutível que o maximin impõe, sobretudo aos que são mais afortunados pelas circunstâncias sociais e pela natureza, um ônus motivacional considerável. Supõe-se que eles seriam capazes, em uma sociedade liberal justa, de fazer o máximo que podem (no mercado) com seus talentos e capacidades ao mesmo tempo que, do ponto de vista público, considerariam moralmente objetável reter todos os benefícios que poderiam obter exercendo-os. A concepção liberal do eu não é, como Sandel supõe, a de um "eu desencarnado" – uma concepção de pessoa moral esvaziada dos atributos que são essenciais à personalidade individual – mas a de um eu *dividido*. Supõe-se que as pessoas sejam capazes de agir de forma auto-interessada no mercado, e a partir de razões relativas ao agente em suas vidas privadas[123], ao mesmo tempo que, na condição de cidadãs, dão apoio a instituições sociais que objetivam realizar uma visão do bem comum.

---

122. Essa opinião, devo admitir, não é a mais popular hoje entre os *scholars* rawlsianos. A grande maioria, com as notáveis exceções mencionadas ao longo deste capítulo, prefere se concentrar na agenda de problemas suscitada pelo que Rawls, em seus textos mais recentes, vem denominando "liberalismo político".

123. Excetuando, evidentemente, as constrições deontológicas que normalmente já se encontram reconhecidas no direito positivo.

É difícil imaginar que isso seja possível quando pensamos nas motivações e aspirações individuais que os arranjos socioeconômicos vigentes promovem. É fora de dúvida que uma estrutura institucional que implemente um princípio de justiça distributiva semelhante ao maximin só será estável supondo-se que a imparcialidade igualitária penetre muito mais no caráter individual do que hoje é o caso em quaisquer das democracias liberais existentes. Essa é uma afirmação propícia para despertar suspeitas. Estou tratando de uma concepção de justiça distributiva que sustentei ser parte de uma visão política liberal e, de forma inesperada, pareço estar recorrendo a um argumento que lembra a desacreditada idéia socialista da criação do "Homem Novo"[124]. As expectativas de progresso moral expressas aqui não têm nenhuma afinidade com tal idéia. Admitindo que os fundamentos dessas expectativas são frágeis, farei duas rápidas considerações.

Retomemos, por um instante, o argumento da arbitrariedade moral examinado. Esse argumento emprega um critério normativo preciso (ainda que suas aplicações nem sempre possam ser tão precisas) para distinguir formas de desigualdade que deveríamos ver como injustiças de formas de desigualdade não-objetáveis do ponto de vista moral. Injustiças, como vimos, são as desigualdades que resultam de fatores que estão fora do alcance das escolhas individuais. Não se trata de uma idéia arbitrária. Esse critério normativo é precisamente o mesmo que, ao longo dos últimos cem anos, esteve por trás da deslegitimação das desigualdades que resultam dos fatores com respeito aos quais a arbitrariedade moral é mais facilmente reconhecível – aquelas que derivam de diferenças de raça, de gênero e, de forma mais parcial e ambígua, de classe[125]. A estabilidade motivacional de

---

124. Maria Hermínia Tavares de Almeida apresentou essa objeção.
125. Não vou retomar argumentos discutidos antes, mas vale enfatizar que se o fator classe não fosse considerado moralmente arbitrário os esforços para garantir uma igualdade liberal de oportunidades não teriam nenhum sentido.

um arranjo socioeconômico com as características da democracia dos cidadãos-proprietários depende, como foi visto, de esse processo de deslegitimação de desigualdades arbitrárias ser levado adiante. Aqui só posso temperar o pessimismo especulando que um mecanismo de psicologia moral funcione possivelmente de modo que determinadas formas de desigualdade só venham a ser percebidas como injustiças quando se tornar patente, para um grande número de pessoas, que aquilo que as torna objetáveis é precisamente o mesmo critério normativo que desempenhou um papel crucial na deslegitimação das desigualdades que já são rejeitadas com muito mais indignação. Se isso é assim, as inovações institucionais propostas, que objetivam aprofundar o processo de igualação esboçado anteriormente, jamais poderão escapar do gradualismo. Pode-se acusar essa visão de ser reformista, mas não de flertar com alguma variante de stakhanovismo ou de ser parte de uma teoria "condenada a permanecer no plano ideal"[126].

A segunda consideração tem a ver, novamente, com a natureza institucional da perspectiva normativa em exame. Ao falar em ampliação do componente de imparcialidade igualitária no caráter individual, não estou pensando em conversão pessoal. Assim como as instituições so-

---

126. A objeção que aparece na frase entre aspas me foi feita por Leda Paulani. Em vez disso, penso que a concepção rawlsiana de justiça distributiva e o critério normativo que emprega para identificar injustiças retiram sua plausibilidade dos valores, das práticas e até mesmo das instituições das democracias liberais ocidentais. Não falta contextualização histórica e nem a teoria é desesperadamente idealista simplesmente porque a sociedade bem ordenada concebida não se encontra em radical descontinuidade com os arranjos institucionais existentes nas democracias liberais. Esses arranjos são criticados por realizarem de forma insuficiente um critério normativo que não pode ser descartado quando se trata de justificá-los moralmente. Quanto à visão de indivíduo liberal que acabo de apresentar, note-se que a partição de motivações já se verifica sob os arranjos socioeconômicos produzidos pelos *welfare states*, que têm sido atacados muito mais por razões ideológicas do que por exibirem uma instabilidade crônica do ponto de vista motivacional. Mesmo sendo um ideal, essa visão do eu é bem mais realista do que uma utopia igualitarista para a qual essa tensão entre motivações distintas teria de desaparecer.

ciais hoje funcionam para enfraquecer esse componente, parece razoável supor que elas também poderiam funcionar no sentido inverso. Essa expectativa está por trás dos esforços de James Meade ao conceber o desenho institucional de sua "Agathotopia":

> Os agathotopianos inventaram instituições que em larga medida se apóiam na conduta empreendedora egoísta em um mercado competitivo livre, mas que, ao mesmo tempo, colocam uma grande ênfase na cooperação entre os indivíduos para produzir o melhor resultado possível e em uma atitude compassiva para com aqueles que de outro modo levariam a pior. O agathotopiano típico tem uma atitude mais cooperativa e compassiva em seu comportamento social do que hoje é o caso na Grã-Bretanha, onde, infelizmente, estivemos por tantos anos submetidos a um regime de "a-melhor-parte-vai-para-o-demônio" e de "aposse-se-de-tanto-dinheiro-que-for-possível-o-quanto-antes". Isso sugere a existência de um *feedback* positivo entre as instituições sociais e as atitudes sociais.[127]

Pode-se duvidar que essa integração de motivações distintas seja possível. É preciso ficar claro, de todo modo, que não só o liberalismo rawlsiano mas *qualquer* concepção igualitária que considere inadmissível a conscrição ao trabalho e a abolição do mercado de trabalho enfrentará uma dificuldade similar de conciliar as duas motivações para agir. Levar a sério esse problema representa o primeiro passo para o pensamento social de esquerda recuperar sua capacidade de propor mudanças institucionais.

---

127. Meade, 1993, p. 106.

Capítulo 7
A tolerância liberal

O ideal de legitimidade política que estou considerando central ao contratualismo rawlsiano exige imparcialidade *demais* da conduta dos indivíduos? Essa foi uma das questões que examinamos, no capítulo anterior, da ótica da justiça distributiva. Vamos agora examiná-la da ótica da tolerância. Isso diz respeito à forma como a versão de liberalismo aqui apresentada lida com o problema da existência de visões incomensuráveis do que é valioso na vida humana. Trata-se do pluralismo moral, a que já fiz menção ao discutir o enfoque rawlsiano. As grandes religiões mundiais são, obviamente, as principais candidatas a visões dessa natureza, mas de modo algum são as únicas. Também há visões morais e políticas – incluindo versões clássicas de liberalismo, como a concepção, a que farei uma rápida referência adiante, segundo a qual a vida digna de ser vivida é uma vida de autonomia individual[1] – que se qualificam como "concepções controversas do bem".

A questão da tolerância liberal pode ser formulada da seguinte forma. Uma vez que as instituições básicas de uma sociedade liberal justa devem ser justificadas, a cada um de seus cidadãos, por razões que ninguém poderia razoavel-

---

1. Entre as quais Rawls inclui a concepção do bem como autonomia individual que é energicamente defendida por Stuart Mill em *Sobre a liberdade*. Ver, por exemplo, Rawls, 1993a, pp. 37-8 (n. 39).

mente rejeitar, essa justificação não pode se fundamentar em convicções e valores que são aceitos somente por uma parte dos cidadãos. Se esse tipo de parcialidade ocorre, os cidadãos que têm os seus valores ignorados podem argumentar que o poder político – a coerção coletiva – está sendo empregado *contra* o que julgam ser mais verdadeiro. É utópico imaginar que todas as concepções permissíveis do bem poderiam encontrar condições favoráveis para florescer e ganhar adeptos em uma sociedade liberal justa. Rawls gosta de dizer (atribuindo a idéia a Isaiah Berlin) que "não há mundo social sem perda"[2]. Mas os méritos relativos do liberalismo – considerando-o sempre na versão que estamos estudando – perante outras teorias políticas devem ser avaliados tendo em vista sua pretensão a ser a doutrina que, se consistentemente aplicada, garantiria o maior espaço possível para o florescimento de diferentes visões sobre o que torna a vida digna de ser vivida.

Acordo unânime e discussão pública

Uma vez que o pluralismo de valores é quase intratável do ponto de vista político, só podemos ter alguma esperança de chegar a uma forma não-arbitrária de lidar com o pluralismo moral reduzindo drasticamente o âmbito de questões com respeito às quais podemos esperar que um acordo razoável possa ser alcançado. Essa é a estratégia que vou analisar a seguir. Ela implica qualificar de várias maneiras o padrão scanloniano de não-rejeição razoável.

A primeira qualificação a fazer volta a um ponto que já foi objeto de discussão antes, mas que convém retomar[3]. O contratualismo rawlsiano preocupa-se com os princípios que devem reger a estrutura básica da sociedade e não com os princípios que podem ser invocados para justificar as esco-

---

2. Ibid., p. 197.
3. Ver o capítulo 4.

lhas em um âmbito da conduta individual que deveríamos ver como puramente privado. Por "estrutura básica da sociedade", devemos entender o seguinte: as normas que distribuem os direitos legais fundamentais, as que determinam as formas de acesso às posições de poder e autoridade; as normas e instituições, incluindo as educacionais, que determinam o acesso a profissões e a posições ocupacionais em organizações econômicas; e o complexo de instituições, incluindo as normas que regulam a propriedade, o direito de herança e o sistema tributário e de transferências, que determinam a distribuição da renda e da riqueza na sociedade. Esse conjunto de normas e instituições constitui o objeto de uma teoria da justiça social.

Os julgamentos de valor sobre os objetivos, as escolhas e as atividades que os indivíduos empenham-se em realizar em sua vida estão fora do escopo de uma teoria desse tipo. O liberalismo igualitário nada tem a dizer sobre como os indivíduos devem viver sua vida e não fornece preceitos para a conduta individual, a não ser no que se refere a injunções que decorrem do que Rawls denominou "dever natural de justiça"[4]. Podemos interpretar isso como a exigência de que cada um faça o que se espera de si em instituições cujos princípios e normas constitutivos poderiam receber o assentimento de todas as pessoas que se dispusessem a chegar a um acordo em termos razoáveis. As exigências da imparcialidade, portanto, recaem diretamente sobre a justificação de princípios para a estrutura básica da sociedade e só de forma indireta sobre a conduta individual, na medida em que "a existência de instituições envolve certos padrões de conduta individual em conformidade com normas publicamente reconhecidas"[5]. À parte isso, cada um deve ter autonomia para viver sua própria vida de acordo com sua própria concepção do bem.

"Ter autonomia – ou liberdade – para praticar sua concepção do bem" não deve ser confundido com praticar uma

---
4. Rawls, 1993a., pp. 333-7.
5. Ibid., p. 335.

concepção do bem como autonomia individual. Uma concepção do bem como autonomia individual, para caracterizá-la em termos muito breves, coloca uma forte ênfase na capacidade de a pessoa escolher seus próprios fins. Trate-se, como diz Brian Barry, de uma concepção do bem de segunda ordem, já que não são os fins do agente que são considerados valiosos; o que se valoriza é a capacidade do agente de escolhê-los – quaisquer que sejam (dentro de certos limites que possibilitam a cada um exercer sua autonomia)[6]. Por mais atraente que tal visão possa nos parecer, ela é demasiado controversa para servir de fundamento para as instituições de um Estado liberal. Se fosse empregada como fundamento das instituições sociais ou da política pública, essa concepção poderia ser discriminatória em relação a pessoas que se sentem perfeitamente à vontade vivendo de acordo com os preceitos da verdade revelada ou de formas tradicionais de autoridade. Os direitos liberais estão sempre presentes, por assim dizer, como recursos institucionais de que uma pessoa pode se valer caso queira revisar seus compromissos valorativos ou sua identidade como membro desta ou daquela comunidade. Mas não podemos justificar esses direitos com base em uma noção controversa de indivíduo liberal. Somente esse entendimento dos fundamentos normativos do liberalismo permite evitar que os membros de minorias culturais ou religiosas se vejam pressionados a optar entre o compromisso que têm com uma concepção tradicional do bem e a lealdade ao Estado liberal-democrático. Para ilustrar com um caso que já provocou debates acrimoniosos na França, o ideal de tolerância liberal de forma alguma requer que se exija das garotas muçulmanas que tirem o véu para freqüentar a escola pública.

Uma segunda qualificação importante a ser feita é a seguinte. Há inúmeros conflitos de valor com respeito aos quais uma deliberação coletiva terá de ser alcançada sem que se torne preciso justificar as decisões tomadas pelo cri-

---

6. Barry, 1995a, pp. 128-33.

tério de Scanlon de não-rejeição razoável. A imparcialidade moral, tal como a estou entendendo, só entra em cena quando é preciso solucionar os conflitos que dizem respeito ao que Rawls, em seus textos mais recentes, denomina "fundamentos constitucionais" e "questões de justiça básica"[7]. Essa formulação reinterpreta ou mesmo abandona algumas posições defendidas em *Uma teoria da justiça*, como se verá adiante, já que nem todas (e nem sequer a maior parte) das decisões políticas dizem respeito a essas "questões de justiça básica". Em conexão com esse ponto, menciono uma mudança bastante significativa na forma como Rawls entende sua própria teoria. Se em *Uma teoria da justiça* Rawls tivesse feito a distinção a que estou me referindo, tudo aquilo que dissesse respeito à distribuição de bens primários de acordo com os dois princípios de justiça deveria fazer parte das "questões de justiça básica". Em *O liberalismo político*, entretanto, ele exclui, ao que parece, o princípio de diferença das questões sobre as quais o problema de chegar a justificações mutuamente aceitáveis para as normas e as instituições comuns se apresenta. Em outros termos, parece ter desistido de justificar o princípio de diferença apelando à idéia de acordo razoável. Acredito que faz sentido avaliar essas mudanças na forma como Rawls interpreta sua própria teoria da seguinte forma: podemos aceitar que é importante circunscrever as questões com respeito às quais devemos perseguir uma unanimidade razoável, sem por isso aceitar a exclusão da justiça distributiva do âmbito das "questões de justiça básica"[8]. A interpretação que estou propondo

---

7. Entre as questões desse tipo, Rawls menciona: "Quem tem o direito de voto, ou que religiões devem ser toleradas, ou a quem se deve garantir a igualdade eqüitativa de oportunidade ou o direito de possuir propriedade" (1993a, p. 214).

8. Rawls (1993a) é ambíguo sobre esse ponto. Explicitamente, o que ele diz (ver, por exemplo, pp. 228-9) é que o princípio de diferença não pode figurar em um "consenso constitucional". Sobre isso, creio que ele tem razão. Constitucionalizar o princípio de diferença seria inócuo. A realização de uma concepção de justiça distributiva que, como vimos no capítulo 6, é bastante exigente, é uma questão para a política, não para os tribunais. Mas o problema é

do contratualismo rawlsiano aceita a primeira mudança e rejeita a segunda.

Voltemos à especificação dos conflitos de valor em relação aos quais o liberalismo igualitário nada propõe, exceto que sejam solucionados por uma estrutura legal que, esta sim, possa ser justificada por razões que ninguém poderia razoavelmente rejeitar[9]. Para se valer de uma distinção proposta por Dworkin, há inúmeras decisões coletivas que não envolvem questões de princípio mas somente de política (entendida como *policy*)[10]. Não necessitamos de uma concepção de justiça social guiada pelo ideal de unanimidade razoável para avaliar os resultados de processos decisórios (de legistativos ou governos) que tratam de questões de *policy*. Com respeito a essas questões, a justiça nada tem a dizer sobre os resultados das decisões tomadas, exceto que os resultados alcançados tenham sido produzidos por procedimentos decisórios eqüitativos. É uma questão de *policy*, por exemplo, determinar que setores da economia deverão se beneficiar de renúncias fiscais; e é uma questão de princípio negar às escolas públicas ou privadas, e às associações privadas de forma geral, o direito de selecionar seus membros de acordo com critérios de segregação racial, étnica ou por região de origem.

Por decisões de *policy*, que devem ser tomadas por procedimentos democráticos eqüitativos, Dworkin tem em mente sobretudo aquelas que objetivam elevar a utilidade geral.

---

que o princípio de diferença tem um lugar incerto também no *overlapping consensus* entre "concepções razoáveis do bem" do qual, pelo que Rawls hoje pensa, dependeria a estabilidade de sua concepção de justiça. Ao explicitar o alcance do *overlapping consensus* em comparação ao consenso constitucional, que é de natureza mais superficial, Rawls diz que os princípios do primeiro vão além dos procedimentos democráticos e "também estabelecem certos direitos substantivos tais como as liberdades de consciência e de pensamento, assim como a igualdade eqüitativa de oportunidade e princípios que protegem certas necessidades básicas" (p. 164). Nenhuma referência é feita, como se vê, ao princípio de diferença.

9. Um argumento semelhante a este é desenvolvido em De Marneffe, 1990.
10. Dworkin, 1986, pp. 221-4.

Mas podemos ampliar de forma considerável o argumento e incluir nisso todas as decisões políticas que só podem ser justificadas da ótica de determinadas concepções do bem. O argumento contratualista desenvolvido até aqui só é pertinente, para repetir o que foi dito acima, ao arranjo institucional básico. É somente com respeito a esse âmbito circunscrito de questões que somos impelidos a procurar um terreno *neutro* de justificações mutuamente aceitáveis para as decisões políticas pertinentes. O ideal de unanimidade razoável nos conduz a uma norma de neutralidade de justificação de princípios de justiça para a estrutura básica da sociedade. Esperamos ser capazes de justificar esses princípios e suas configurações institucionais de forma que não pressuponha o valor intrínseco superior de nenhuma concepção específica do bem. Mas não há por que supor que essa norma de neutralidade deva incidir sobre um sem-número de decisões que não colocam em questão a distribuição básica de direitos e deveres da sociedade.

Podemos incluir entre as decisões que estão fora do escopo da justiça, e, portanto, da norma de justificação neutra, as que têm por objeto – além daquelas que se justificam pela utilidade geral – medidas como a proteção ao meio ambiente e ao patrimônio histórico ou a subvenção pública às artes. Faz sentido considerar "justo" ou "injusto" o emprego de recursos obtidos por meio de taxação compulsória para subvencionar, digamos, pesquisas sobre filosofia medieval – um bem que um número reduzido de pessoas reconheceria como tal e de que um número ainda mais reduzido é capaz de usufruir? Sugiro que a resposta seja "não". Neste ponto discordo da forma como Rawls tratou da questão (do fomento público às artes e à ciência) em *Uma teoria da justiça*. Nesse texto, ele argumentou que a taxação compulsória para subvencionar essas atividades só seria justificada se fosse possível demonstrar que isso era o melhor a ser feito do ponto de vista dos interesses de longo prazo dos mais desafortunados[11]. Caso

---

11. Rawls, 1971, p. 332.

contrário, a questão teria de ser tratada no âmbito da liberdade de associação: "As pessoas se associam para fomentar seus interesses culturais e artísticos da mesma forma como constituem comunidades religiosas. Elas não se valem do aparato coercitivo do Estado para conquistar para si próprias uma liberdade maior, ou quinhões distributivos maiores, sob a alegação de que suas atividades têm um valor intrínseco superior."[12] Esse tratamento dado à questão foi pertinentemente criticado por inúmeros *scholars*[13].

A consideração de ordem mais geral a ser feita aqui é a seguinte: a norma de neutralidade que deriva do ideal de unanimidade razoável não exclui que um grande número de decisões políticas sejam tomadas com base em razões que só o são – razões – da ótica de concepções específicas e mais "cheias" da boa vida. Uma sociedade pode decidir, por meio de seus procedimentos de deliberação coletiva, que formas de excelência artística, cultural ou científica quer e está a seu alcance promover. Vale a pena enfatizar esse ponto por duas razões.

Em primeiro lugar, as decisões políticas de qualquer tipo, e não somente as que contribuem para a configuração institucional básica da sociedade, inevitavelmente impõem restrições à conduta e à autonomia individuais. Vamos supor que por uma decisão majoritária se decida que o Estado subvencionará determinadas companhias de dança. E digamos também que se eu tivesse de decidir sozinho, e sem sofrer nenhuma interferência política, em que atividade investir meus recursos, escolheria contribuir – supondo-se que estivesse disposto a contribuir para algum empreendimento que julgo ser valioso – para a criação de escolas de futebol (não vejo nenhum valor em companhias de dança). Nesse sentido pode-se dizer que a decisão coletiva, na medida em que me obriga a fazer algo que voluntariamente eu não fa-

---

12. Ibid., pp. 328-9.
13. Ver, por exemplo, Nagel, 1991, pp. 133-8; Gutmann, 1995, pp. 32-3; Barry, 1989, pp. 355-7; e Da Silveira 1995, pp. 159-79.

ria (contribuir para a subvenção a companhias de dança), restringe minha autonomia individual. Mas, de acordo com a interpretação que estou propondo, nada tenho a objetar a isso desde que a decisão política que limita minha autonomia tenha sido tomada por procedimentos decisórios que todos podem aceitar. Em decisões desse tipo, não posso apelar diretamente ao ideal de unanimidade razoável ou à norma de neutralidade liberal – como poderia no caso de uma decisão coletiva que, digamos, restringisse arbitrariamente minha liberdade de consciência. Diversamente de um liberalismo que Amy Gutmann denomina "negativo", o contratualismo rawlsiano – se a interpretação proposta aqui é correta – não é obcecado pelo valor da não-interferência na autonomia individual e, com respeito à maior parte das questões que normalmente constituem o estofo do processo democrático de tomada de decisões, não vê com desconfiança as deliberações coletivas[14].

Em segundo lugar, se minha argumentação faz sentido, a concepção de razão pública empregada pelo contratualismo rawlsiano é muito menos restritiva do que às vezes se afirma[15]. O fato de que as questões pertinentes à estrutura básica da sociedade devam ser solucionadas com base em um padrão estrito de razão pública – isto é, com base em razões que todos podem, em princípio, compartilhar – não significa que tudo o mais seja subtraído da discussão pública. Há um sem-número de questões políticas importantes, como as que mencionei antes, com respeito às quais os argumentos que se farão representar, *na discussão pública*, necessariamente se fundamentarão em concepções específicas sobre o que é valioso na vida humana. E certamente precisaremos aperfeiçoar o processo democrático para que nos tornemos capazes de decidir essas questões pesando os méritos relativos de razões que são articuladas a partir de con-

---

14. Gutmann, 1995, pp. 5-37.
15. Essa objeção à concepção de Rawls (1993a, pp. 212-54) de razão pública é feita, por exemplo, por Da Silveira, 1998.

cepções controversas do bem. Para exemplificar, queremos ouvir as razões – e, quando for o momento, deliberar de modo informado as questões que se apresentarem – dos que defendem um estilo de vida baseado no consumo e no conforto material e as razões dos que defendem um estilo de vida mais austero e em conformidade com a sustentabilidade ecológica. Essas questões envolvem conflitos de valor para os quais não há nenhum terreno neutro possível além daqueles propiciados pelos procedimentos de deliberação democrática. Mas dizer isso é muito diferente de dizer que a concepção de razão pública de Rawls empurra questões dessa natureza – as que não dizem diretamente respeito à justificação das instituições básicas – para a "cultura de fundo"[16].

Consenso moral e acordo razoável

Vamos invocar, uma vez mais, as duas premissas morais substantivas que considero inseparáveis de um empreendimento contratualista como o de Rawls para perceber como elas se conectam no tratamento da tolerância. Não é razoável eu pretender que você aceite, para regular a distribuição básica de direitos e de deveres sob a qual ambos teremos de viver, princípios que conferem uma posição privilegiada ao meu poder superior de barganha ou, alternativamente, à minha visão abrangente do bem (que é distinta da sua). Você poderia razoavelmente rejeitar um acordo nesses termos

---

16. Para Rawls, a cultura de fundo "é a cultura do social, não do político. É a cultura da vida cotidiana, das muitas associações da sociedade civil: igrejas e universidades, sociedades científicas e literárias, dos clubes e associacões esportivas, para mencionar algumas poucas" (1993a, p. 14). Discordo de Da Silveira quando ele diz que "a cultura de fundo é o âmbito no qual os indivíduos apresentam e confrontam suas convicções religiosas, filosóficas e morais" (Da Silveira, 1998, p. 7). É portanto o lugar de onde podemos aspirar modificar as concepções abrangentes dos demais membros da sociedade. Mas para Rawls é vital que essa argumentação não-pública se mantenha diferenciada da discussão a propósito dos "fundamentos constitucionais e das questões básicas de justiça" (Rawls, 1993a, pp. 214-5 e 251).

sob a alegação de estar recebendo um tratamento desigual; e corretamente argumentaria que você e eu só podemos alcançar um acordo se os termos propostos garantirem um tratamento igual a ambos, isto é, se não exprimirem desigualdades que são arbitrárias de um ponto de vista moral. Para o acordo ser alcançado, há uma condição prévia, portanto, a ser satisfeita: a de que ambos concordemos em deixar de lado as pretensões que têm por base desigualdades arbitrárias. Mas somente pessoas para quem a motivação moral for suficientemente forte aceitarão deixar de lado, ao argumentar com outros sobre questões fundamentais de justiça, os fatores que normalmente considerariam importantes de seu ponto de vista individual. Em suma, a motivação moral é o que faz que um acordo sobre princípios comuns de justiça possa ser alcançado. É com base na suposição de que essa motivação se encontra presente em um grau suficiente na conduta humana que podemos afirmar que as partes contratantes aceitarão as restrições impostas por esses princípios às formas pelas quais cada um poderá empenhar-se em realizar seus fins, quer se trate do interesse próprio de indivíduos ou de grupos, quer se trate de determinada visão abrangente do bem.

Consideremos um assunto freqüentemente examinado nesse contexto. Trata-se de uma questão que, pelo menos superficialmente, hoje poucos – nos Estados liberal-democráticos, é claro – considerariam controversa. Vamos supor que temos de justificar um princípio de tolerância religiosa[17], e as correspondentes instituições e normas que tipicamente lhe dão substância em um Estado liberal-democrático (tais como as garantias legais às liberdades de consciência e de culto, a norma de igual proteção das leis a todos e a separação Estado–Igreja), aos partidários de diferentes doutrinas religiosas. Se minha interpretação de um contratualismo como o de Rawls é correta, o que *não* deveríamos dizer a cada um deles é o seguinte: "Você tem de aceitar um princípio de to-

---

17. Trata-se de um princípio de justiça que, na teoria de Rawls, entra como um componente importante do primeiro princípio de justiça.

lerância religiosa (e todas as suas implicações institucionais) porque isso é consistente com uma interpretação razoável de sua própria visão da verdade religiosa."[18] Essa congruência entre a justiça e o bem – algo que o contratualismo hobbesiano, à sua maneira, tenta reter, com a ressalva de que o bem, no caso, é concebido em termos do interesse próprio –, entretanto, pode não se verificar. O problema não diz respeito somente às visões abrangentes do bem que, como os fundamentalismos religiosos de vários matizes, rejeitam frontalmente a tolerância religiosa. Como afirma Brian Barry, "as concepções inerentemente injustas do bem são importantes mas muito menos freqüentes do que as concepções do bem que, ao se tentar realizá-las além de determinado ponto, tornam-se contingentemente injustas"[19].

---

18. Não pretendo aprofundar a questão no momento, mas essa é a forma como o próprio Rawls concebe a congruência entre a justiça e o bem em seus textos mais recentes. Cedendo demasiadamente à crítica comunitarista dos anos 1980, em *Political Liberalism,* Rawls sustenta que a justificação e a estabilidade de sua concepção de "justiça como eqüidade" ficam na dependência da possibilidade de essa concepção (sem o princípio de diferença) constituir o objeto de um *overlapping consensus* entre as concepções abrangentes do bem "razoáveis" que existem em uma democracia constitucional. Não está claro qual é a contribuição que a noção de *overlapping consensus* traz para a teoria de Rawls além da obviedade de que é mais fácil defender princípios liberais de justiça quando a cultura política e a cultura de fundo já são liberais. Sobre isso, creio que é pertinente a crítica de Habermas à ausência de uma distinção clara, na estratégia argumentativa do *overlapping consensus*, entre aceitabilidade razoável (uma idéia normativa) e aceitação (uma suposição de natureza empírica, que pode ou não se confirmar) (Habermas, 1995, pp. 119-26). Essa "abstinência epistêmica" do último Rawls, isto é, sua hesitação em defender de forma mais militante, por assim dizer, as pretensões de validade de seus princípios de justiça, já fora criticada antes por Raz (1990).

19. Barry, 1995b. Há inúmeros exemplos disso na agenda política brasileira atual. Um deles, que discutirei adiante, diz respeito à resistência à legalização da união entre homossexuais por parte daqueles que consideram essa forma de união incompatível com o ideal de família cristã que julgam ser correto. Outro exemplo é um projeto de emenda à Constituição que tem o propósito de estabelecer que o direito à vida é garantido "desde o momento da concepção". Se aprovada, a emenda excluiria as únicas possibilidades em que o aborto pode ser hoje legalmente praticado no Brasil: no caso de a gravidez resultar de estupro e no caso de haver risco de vida para a mãe. Semelhante proposta de emenda constitucional baseia-se na crença eminentemente controversa,

Teríamos de dizer algo do gênero: "Considerando-se que não há e nem pode haver uma única doutrina da verdade religiosa que seja consensualmente considerada correta, a aceitação mútua de um princípio de tolerância religiosa (e seus desdobramentos institucionais) é a única forma de assegurar que a estrutura básica da sociedade dispensará um tratamento igual aos adeptos de diferentes visões religiosas (e aos agnósticos). Qualquer coisa diferente disso poderá ser razoavelmente rejeitada por uma parte das pessoas que terá de viver sob essa estrutura institucional." A *validade* desse argumento não se apóia no fato contingente de já existirem, no que Rawls denomina "cultura de fundo" de uma sociedade, doutrinas abrangentes do bem "razoáveis", a saber, que já são marcadas por uma cultura política de tolerância. Mas é claro que esse argumento, como afirmei anteriormente, só terá apelo àqueles que julgam que chegar a um acordo sobre princípios de justiça constitui uma razão suficiente para aceitar restrições às formas pelas quais cada um se empenha em realizar sua própria visão do bem.

Menciono outro exemplo, tirado da experiência brasileira, do qual me ocuparei no restante desta seção. Um argumento como o que rejeitei anteriormente foi utilizado pelo então presidente da Anistia Internacional do Brasil, Ricardo Bressola, para justificar a legalização da união entre homossexuais, em um depoimento (em outubro de 1996) à comissão especial da Câmara Federal que examinava um projeto de lei relativo à questão. O projeto concedia aos homossexuais o direito de receber a herança do(a) companheiro(a) e o acesso aos benefícios previdenciários aos quais uma pessoa é elegível na condição de cônjuge. Bressola sustentou,

---

e portanto passível de rejeição razoável por parte daqueles que dela não compartilham, de que o óvulo fecundado já está investido do *status* moral que atribuímos a um ser humano. Em meu entender, a questão do aborto não deve ser tratada constitucionalmente. Trata-se de um problema para ser resolvido mediante deliberação e decisão majoritárias, da mesma forma que as demais questões com respeito às quais, como já argumentei, o padrão de aceitabilidade universal não se aplica.

suponho que por razões de eficácia retórica mais do que por qualquer outro motivo, que "a proposta da união entre homossexuais é coerente com a Dele [Jesus Cristo] pois é 'includente', não exclui pessoas ou categorias". E foi imediatamente contestado por um deputado evangélico que, aos gritos, dizia que sua interpretação (de Bressola) não encontrava apoio na Bíblia[20].

O que pode ser dito sobre isso da ótica do contratualismo que estou discutindo?[21] O exame de uma questão substantiva como essa é proveitoso para esclarecer melhor e submeter à prova a perspectiva contratualista que defendo. É esse o sentido do exercício que faço a seguir. Em primeiro lugar, parece-me claro que o problema deve ser localizado entre as questões de justiça básica com respeito às quais o ideal de unanimidade razoável se aplica. Com certeza trata-se de uma questão de princípio – para novamente fazer referência à distinção de Dworkin –, e não de uma questão de *policy*. Os homossexuais podem razoavelmente rejeitar uma distribuição de direitos e deveres que os trata desigualmente por conta da concepção que têm de seu próprio bem sexual e matrimonial. Acredito que a estrutura institucional da sociedade brasileira se tornaria um pouco menos injusta se essa forma de tratamento desigual fosse eliminada.

Note-se que não estou dizendo que ninguém pode razoavelmente rejeitar a legalização da união civil entre homossexuais porque o direito de herança é tão importante que ninguém deveria ser excluído dele. A idéia de acordo razoável desempenha o seu papel na justificação de princípios primeiros de justiça; por essa razão, ela não pode retirar sua plausibilidade de direitos que terão de ser derivados dos princípios que se mostrarem ser mais justificados precisamente por serem capazes de fornecer os termos de um acordo ra-

---

20. *Folha de S.Paulo*, 9 de outubro de 1996.
21. Poucos discordariam de que a sociedade brasileira está entre as mais injustas do planeta. Isso não nos impede, entretanto, de empregar o dispositivo de construção que estamos examinando para avaliar normativamente instituições específicas, existentes ou propostas, dessa sociedade.

zoável. Substanciar a idéia de acordo razoável apelando diretamente a determinados direitos tornaria o argumento circular. Mas as partes contratantes poderiam acordar de antemão que, qualquer que seja a estrutura institucional específica que se julgue mais adequada à implementação dos princípios escolhidos, ninguém deve ser excluído de seus benefícios e encargos por razões moralmente arbitrárias. Não vejo circularidade alguma nessa argumentação. Um critério de não-exclusão arbitrária do acesso a quaisquer recursos e direitos considerados importantes pode ser objeto de um acordo unânime *antes* que se examinem direitos específicos.

Passemos, pois, para outra linha de objeção. Pode-se sustentar que a delimitação entre o que é e o que não é razoável rejeitar, no caso em exame (e em muitos outros similares), está longe de ser nítida. Uma maioria dos cidadãos, prosseguiria a objeção, pode razoavelmente rejeitar a união homossexual, não sob o argumento de que a heterossexualidade é uma forma intrinsecamente superior de prática sexual, e sim sob o argumento de que, se essa forma de união for admitida, criar-se-á um ambiente menos hospitaleiro aos valores familiares que essa maioria julga verdadeiros[22]. Pode-se sustentar, nessa linha, que a legalização de uniões homossexuais teria efeitos – sobre a posição da família e sobre o ambiente social em que as crianças são educadas – que não estão circunscritos somente à vida das pessoas envolvidas nesses relacionamentos. Não pretendo que a aplicação do critério de não-rejeição razoável nos leve sempre a uma única solução correta para os conflitos de valor – essa é a razão pela qual é importante restringir sua aplicação às questões de justiça básica. Mas acredito que a pertinência do critério para o caso que estamos analisando pode ser defendida com base em várias considerações.

Um primeiro ponto: nenhuma das partes dessa controvérsia tem o direito de defender sua posição alegando

---

22. Van Parijs apresentou essa objeção a uma versão preliminar deste texto.

estar simplesmente traduzindo com fidelidade um consenso moral vigente na sociedade – consenso este que as instituições políticas não deveriam afrontar. São pertinentes, nesse contexto, as críticas que Ronald Dworkin dirigiu à posição de Lord Devlin sobre o Relatório Wolfenden, publicado na Inglaterra em 1957[23]. O Relatório propôs a descriminalização dos atos homossexuais entre adultos consencientes com base em argumentos fundamentados no *harm principle* de John Stuart Mill. Uma das objeções de Lord Devlin ao Relatório consistiu precisamente na linha de objeção à legalização da união entre homossexuais que sumariei no parágrafo anterior. Lord Devlin foi levado a crer que o compromisso com princípios democráticos exigia dos legisladores o respeito pelo consenso moral vigente na sociedade, mesmo nos casos em que esse consenso viesse de encontro ao princípio de liberdade de Mill. Conclusão (de Devlin): se uma grande maioria dos cidadãos comuns acha que a homossexualidade é moralmente abominável, então nada há de errado em vê-la como uma prática imoral da ótica da lei e para o que diz respeito à lei. Essa maioria tem o direito, em uma democracia, de preservar o ambiente moral e social que prefere.

Muitos democratas recuariam diante dessa conclusão. O que há de errado com ela? Um dos problemas consiste em exagerar o grau de homogeneidade que é legítimo enxergar no consenso moral passível de traduzir-se em decisões políticas. A forma de levar em conta um consenso de fato pode entrar em choque com outras convicções às quais poucos democratas negariam um lugar central em uma moralidade política liberal-democrática. A existência de uma atitude majoritária, e mesmo amplamente majoritária, favorável à criminalização da homossexualidade ou, no caso que estamos considerando, contrária à extensão de determinados direitos aos homossexuais, pode não ter nenhuma outra justificativa que não o preconceito, a aversão pessoal

---

23. Dworkin, 1977, pp. 240-58.

ou uma crença religiosa ("a homossexualidade é pecado"). "Se isso é assim", diz Dworkin, "os princípios democráticos que seguimos não exigem que esse consenso seja legalmente imposto, pois a crença de que os preconceitos, as aversões pessoais e as racionalizações não servem de justificativa para restringir a liberdade de outro ocupa ela própria uma posição decisiva e fundamental em nossa moralidade pública... O que é chocante e errado não é a suposição de Lord Devlin de que a moralidade da comunidade conta, e sim sua idéia sobre o que se deve contar como a moralidade da comunidade."[24]

O segundo ponto: manter os homossexuais excluídos de direitos garantidos aos cônjuges em casamentos heterossexuais implica impor um ônus pessoal aos primeiros que a alternativa contrária – a legalização da união civil entre homossexuais – não impõe aos partidários dos valores familiares dominantes. Estes últimos não terão de se sujeitar a nenhum ônus extra em decorrência de se garantir o direito de herança aos parceiros de uniões homossexuais. Apesar de Dworkin ter posteriormente abandonado a idéia, creio que aqui temos um exemplo nítido do que ele tentou captar com a noção de "preferências externas"[25]. Essas são as preferências de uma pessoa que têm por objeto os recursos e oportunidades que serão propiciados não a sua própria vida, e sim à vida de outros. "Preferências pessoais", em contraste, têm por objeto os recursos e oportunidades a que uma pessoa pode aspirar para sua própria vida. Dworkin argumentou que a igualdade de respeito e de consideração pelo bem-estar de todos – a idéia normativa central do liberalismo igualitário – seria corrompida caso se permitisse que as decisões majoritárias sempre contassem da mesma forma os dois tipos de preferência. A distinção é problemática, uma vez que a própria preferência pela justiça social pode ser considerada "externa". Mas a noção de Dworkin mantém sua pertinên-

---
24. Ibid., p. 254.
25. Ibid., pp. 234-8.

cia para pelo menos uma categoria de preferências: as que envolvem um sentimento de desprezo ou de aversão por determinado grupo de pessoas ou por seu modo de vida[26]. As instituições que criamos para viver juntos não serão igualitárias caso permitam que sentimentos e atitudes dessa natureza de uma maioria tenham livre curso para determinar que direitos, recursos e oportunidades serão garantidos à vida das pessoas que pertencem à minoria (ou minorias) desprezada(s). No que diz respeito à questão substantiva que estamos discutindo, é difícil perceber a que convicções morais justificadas os partidários da não-legalização da união civil entre homossexuais poderiam recorrer para nos persuadir de que aquilo que estão propondo é alguma outra coisa que não fazer prevalecer suas preferências externas em relação aos adeptos de um modo de vida que consideram inferior.

Duas concepções de neutralidade

Há ainda uma terceira consideração a ser feita, também indispensável à compreensão das posições liberal-igualitárias. A neutralidade que deriva do ideal de unanimidade razoável é a neutralidade de *justificação* e não a neutralidade de *resultados*[27]. Essa distinção já está implícita na discussão desenvolvida na seção anterior sobre o escopo limitado do ideal de acordo razoável. É hora de explicitá-la. Se a concepção de neutralidade de resultados é adotada, só seriam justificadas, da ótica de uma concepção de justiça imparcial, as *políticas* de um Estado liberal das quais se pudesse afirmar

---

26. Trata-se das preferências ofensivas, às quais fiz referência na seção "A maleabilidade das preferências", do capítulo 4.

27. Essa distinção corresponde essencialmente à distinção que Rawls (1993a, pp. 193-4) faz entre "neutralidade de propósito" e "neutralidade de efeito (ou de influência)". Ver também Raz, 1986, caps. 5 e 6. Da Silveira (1994) faz um cuidadoso estudo das diferentes concepções de neutralidade liberal, mas tira, como já afirmei (ver nota 17), implicações excessivamente restritivas das posições de Rawls sobre a questão.

que não privilegiam nenhuma concepção do bem em particular. Nessa linha, quaisquer limitações à liberdade individual impostas por decisões políticas que se justificam em nome de uma concepção específica da boa vida deveriam ser consideradas ilegítimas (pois os adeptos dessa concepção teriam um tratamento privilegiado em relação àqueles que acreditam em valores e ideais distintos). Um Estado liberal só poderia ser neutro nesse sentido se excluísse do alcance das decisões coletivas boa parte das questões controversas que dão sentido à existência de procedimentos eqüitativos de tomada de decisões políticas.

Não é essa, entretanto, a forma de neutralidade que decorre do ideal liberal de legitimidade política. A norma de neutralidade liberal é de segunda ordem, isto é, não se aplica diretamente à escolha de políticas e aos resultados do processo político mas somente às justificações que são invocadas para os fundamentos constitucionais[28]. Espera-se que as divergências com respeito aos fundamentos constitucionais e às questões de justiça básica possam ser resolvidas com base em valores que pessoas razoáveis, independentemente da concepção do bem que cada uma julgue ser verdadeira, reconheceriam como o fundamento de pretensões morais[29]. As liberdades de consciência e de expressão, por exemplo, são candidatas fortes a valores neutros nesse sentido. Elas não são valores neutros se por isso se entender que todas as pessoas, de todas as culturas e tradições morais, as reconhecerão como tais. Mas são neutras no único sentido que importa ao ideal liberal de legitimidade política: se divergimos sobre qual é a religião verdadeira, e sobre os ideais morais e políticos que julgamos importante exprimir

---

28. É claro que há decisões majoritárias que podem ser injustas da ótica da norma de neutralidade de justificação que estou propondo. Mas, mesmo nesse caso, não seria necessário se afastar da concepção de neutralidade de segunda ordem: bastaria dizer que essas decisões entram em choque com os fundamentos constitucionais e instituições justificados por referência a valores neutros.

29. De Marneffe, 1990.

a outros, essas duas formas de liberdade (entre outros valores também qualificados como neutros) se constituem na única base possível para um acordo razoável sobre os princípios que devem reger nossa vida em conjunto.

As críticas ao liberalismo político rawlsiano muitas vezes confundem essas duas formas de neutralidade. Não constitui uma objeção à justiça igualitária afirmar que as instituições e as políticas adotadas por um Estado liberal têm efeitos sobre as diferentes concepções do bem que não são e não podem ser neutros. A idéia não é a de que a liberdade de consciência se qualifica como um valor neutro porque os efeitos de uma política de tolerância religiosa são neutros entre as diferentes concepções da verdade religiosa. Esses efeitos *não* são neutros. Para os que acham que sua visão religiosa só pode ser adequadamente promovida se os mecanismos de coerção coletiva estiverem sob seu controle, os resultados de uma política de tolerância não são neutros. Mas assim é como deve ser. Tudo o que a norma de neutralidade liberal requer é que seja possível justificar a validade do princípio em questão, no caso o de tolerância religiosa, de forma que não pressuponha a superioridade intrínseca de nenhuma concepção religiosa específica[30].

E por que essa distinção entre os dois tipos de neutralidade é relevante para a questão substantiva que examinamos na seção anterior? É que estou imaginando um argumento em favor da rejeição razoável da legalização da união homossexual com base na norma de neutralidade. Um partidário da não-legalização poderia argumentar que, "se as uniões homossexuais ganham um *status* legal, o modelo de vida familiar que julgamos ser mais correto encontrará con-

---

30. Reencontramos aqui as conclusões a que chegamos: se a neutralidade de justificação é respeitada no que se refere ao arranjo institucional básico e aos fundamentos constitucionais, somente recorrendo à deliberação democrática podemos esperar que as demais questões controversas possam ser solucionadas. E nesse estágio (no estágio legislativo) não há nenhuma razão, da ótica do liberalismo igualitário, para excluir as concepções abrangentes do bem da discussão pública.

dições institucionais e logo também sociais menos favoráveis para prosperar e prevalecer. A política pública adotada seria enviesada contra nossa concepção da boa vida familiar. Uma vez que isso fere a norma de neutralidade liberal, nossa posição contrária a essa política pode justificadamente apelar ao padrão de rejeição razoável que figura como o componente central do contratualismo que está sendo proposto".

O problema dessa argumentação está em supor, de forma equivocada, que do ideal de acordo razoável deveríamos derivar uma norma de neutralidade de resultados. Como já foi dito, o fato de que uma decisão política vá de encontro a determinados valores ou ideais morais não representa, por si mesmo, uma violação à neutralidade de justificação. Para saber se a norma de neutralidade liberal é violada por uma decisão política, é preciso deslocar a discussão dos efeitos possíveis dessa decisão para a discussão dos fundamentos constitucionais. E foi nesse plano da justificação dos fundamentos constitucionais que sustentei que a legalização da união homossexual passa pelo teste de não-rejeição razoável. Não argumentei que as decisões políticas devem ser neutras com respeito a valores homo e heterossexuais e que, por isso, se deveria garantir um espaço "eqüitativo" para a concepção homossexual do bem familiar se realizar e encontrar adeptos. O que argumentei é que, do ponto de vista de uma posição original rawlsiana-scanloniana, é arbitrário excluir determinadas pessoas, em razão da concepção que tenham de seu próprio bem, de direitos distribuídos pela estrutura básica da sociedade.

Validade universal

Encerro o exame do ideal de tolerância liberal com um comentário sobre um tema que exigiria mais discussão. Os princípios liberal-igualitários de justiça não têm um alcance universal porque todos, em todas as partes, os vêem como verdades evidentes por si mesmas, algo como as leis morais que Deus inscreveu no coração dos homens. A argumentação que desenvolvi interpreta a validade universal desses princípios em termos da noção de acordo razoável; e é compatível com qualquer dose de realismo e de ceticismo que se julgue apropriada para avaliar até que ponto estão dadas as condições, como uma questão de contingência histórica e cultural, para que um acordo possa ser alcançado.

Pensemos um instante no que se passou em um país como a Argélia, que mergulhou em uma guerra civil de indescritível violência em 1992. Evidentemente, nesse país é nulo o reconhecimento de princípios liberal-igualitários de justiça. Mas esse fato terrível não nos diz nada sobre a possibilidade de se oferecer uma justificação universal a esses princípios, assim como não nos diz nada sobre a possibilidade de oferecer uma justificação de alcance universal para a superioridade do processo democrático sobre formas autocráticas de exercício do poder político. E nos diz, isso sim, que as condições desse país são tão desfavoráveis a ponto de nenhum acordo que se funde em termos mutuamente aceitáveis de convivência comum ser possível. Vamos supor que, em algum momento, a exaustão das partes envolvidas no conflito e o horror disseminado pelas milhares de vidas inocentes ceifadas façam que a disposição de chegar a um acordo finalmente prevaleça sobre a disposição de cada uma das partes de fazer valer sua própria concepção abrangente do bem a qualquer custo. Talvez um *modus vivendi* que garanta um tratamento eqüitativo às partes envolvidas no conflito possa, então, ser alcançado. Algum tipo de acordo constitucional torna-se praticável, mas seus termos não são aceitos inicialmente por razões morais mas por considerações que derivam de uma avaliação da correlação de forças vigente. Cada uma das partes aceita os termos eqüitativos do acordo como uma opção *second best*. Podemos especular que, se um acordo desse tipo perdura por um tempo suficiente, é possível que as pessoas se acostumem a tratar umas às outras como iguais. As idéias de valor intrínseco igual dos seres humanos e de motivação moral, tal como as que caracterizei nos outros capítulos deste livro, começam então a desempenhar o seu papel. E, se realmente se dispuserem a chegar a um acordo cujos termos sejam mutuamente aceitáveis, as partes envolvidas terão de se voltar para princípios liberal-igualitários como as liberdades de consciência, de associação, de expressão e o direito de não sofrer punição sem um julgamento justo e sem culpa formada. Esses princípios têm alcance universal tendo em vista que são os únicos que podem fornecer os termos de um acordo que ninguém pode razoavelmente rejeitar. Isso explica por que esses princípios são, como diz Brian Barry, "idéias contagiosas" e por que sempre há, em todas as sociedades, pessoas que com elas se identificam[31]. Não há nada, nessa argumentação, que faça a defesa de princípios liberal-igualitários de justiça, tais como os direitos humanos, depender da interpretação das idéias e dos valores compartilhados em dada sociedade ou em dada cultura política. Penso que dei uma ênfase suficiente, neste e nos dois capítulos anteriores, às exigências motivacionais que a realização de princípios liberal-igualitários de justiça apresenta à conduta dos indivíduos. Mas não leva a parte alguma fazer a defesa das pretensões de validade desses princípios depender de consensos morais *de facto* dessa ou daquela sociedade.

---

31. Barry, 1995a, p. 6.

REFERÊNCIAS BIBLIOGRÁFICAS

ARAUJO, C. "As virtudes do interesse próprio". *Lua Nova*, 1996, v. 38, pp. 77-95.
ARNESON, R. "Liberalism, Distributive Subjectivism, and Equal Opportunity for Welfare". *Philosophy and Public Affairs*, 1990, v. 19, pp. 158-94.
____. "A Defence of Equal Opportunity for Welfare". *Philosophical Studies*, 1991, v. 62, pp. 187-95.
ARROW, K. "Some Ordinalist-Utilitarian Notes on Rawls's Theory of Justice". *Journal of Philosophy*, 1973, v. 70, n. 9, pp. 245-63.
BARRY, B. *Theories of Justice*. Londres: Harvester-Wheatsheaf, 1989.
____. "How Not to Defend Liberal Institutions". In: DOUGLASS, R. B., MARA, G. M., RICHARDSON, H. S. (orgs.). *Liberalism and the Good*. Nova York e Londres: Routledge, 1990.
____. "Justice, Freedom, and Basic Income". In: SIEBERT, H. (org.). *The Ethical Foundations of the Market Economy*. Tübigen: J. C. B. Mohr, 1994.
____. *Justice as Impartiality*. Oxford: Claredon Press, 1995a.
____. "John Rawls and the Search for Stability". *Ethics*, 1995b, v. 105, pp. 874-915.
BERLIN, I. *Quatro ensaios sobre a liberdade*. Brasília: UnB, 1981.
BINMORE, K. *Playing Fair*. Game Theory and the Social Contract. Cambridge-Mass.: The MIT Press, 1994, v. 1.
BUCHANAN, J. *The Limits of Liberty*. Between Anarchy and Liberty. Chicago: The University of Chicago Press, 1975.
CARVALHO, M. C. M. de. "John Stuart Mill acerca das relações entre justiça e utilidade". In: FELIPE, S. (org.). *Justiça como eqüidade. Fundamentação e interlocuções polêmicas*. Florianópolis, Insular-Núcleo de Estudos em Ética e Filosofia Política, UFSC, 1998, pp. 279-90.

CEDEC. *Informações Cedec*, v. 1, 1989.

_____. *Mapa de risco da violência*. Cidade de São Paulo, 1996.

COHN, G. "Durkheim. A busca da unidade num mundo dividido". *Folha de S.Paulo*, São Paulo, 16 de novembro de 1997, 5º caderno, pp. 10-1.

COHEN, G. "Nozick on Appropriation". *New Left Review*, 1985, v. 150, pp. 89-105.

_____. "Equality of What? On Welfare, Goods and Capabilities". In: NUSSBAUM, M., SEN, A. (orgs.). *The Quality of Life*. Oxford: Clarendon Press, 1993.

COHEN, J. "Democratic Equality". *Ethics*, 1989, v. 99, pp. 727-51.

DA SILVEIRA, P. *Neutralité et enseignement dans une societé pluraliste*. Louvain-La-Neuve, 1994. Tese de dourado na Universidade Católica de Louvain.

_____. "Pode um liberal apoiar a subvenção à arte?" *Lua Nova*, 1995, v. 36, pp. 159-79.

_____. "La teoría rawlsiana de la estabilidad: *overlapping consensus*, razón pública y discontinuidad". In: FELIPE, S. (org.). *Justiça como eqüidade*. Fundamentação e interlocuções polêmicas. Florianópolis, Insular-Núcleo de Estudos em Ética e Filosofia Política, UFSC, 1998, pp. 345-63.

DAHL, R. *Democracy and Its Critics*. New Haven, Londres: Yale University Press, 1989.

DAVIDSON, D. "Judging Interpersonal Interests". In: ELSTER, J., HYLLAND, A. *Foundations of Social Choice Theory*. Cambridge: Cambridge University Press, 1986.

DANIELSON, P. "The Lockean Proviso". In: VALLENTYNE, P. (org.). *Contractarianism and Rational Choice*. Essays on David Gauthier's *Morals by Agreement*. Cambridge: Cambridge University Press, 1991.

DE GREGORI, T. R. "Market Morality: Robert Nozick and the Question of Economic Justice". *American Journal of Economic and Sociology*, 38 (1), 1979, pp. 17-30.

DE MARNEFFE, P. "Liberalism, Liberty, and Neutrality". *Philosophy and Public Affairs*, 1990, v. 19, pp. 253-74.

DOUGLASS, R. B., MARA, G., RICHARDSON, H. S. (orgs.). *Liberalism and the Good*. Nova York, Londres: Routledge, 1990.

DOYAL, L., GOUGH, I. "O direito à satisfação das necessidades". *Lua Nova*, 1994, v. 33.

DWORKIN, R. *Taking Rights Seriously*. Londres: Duckworth, 1977. [Trad. bras. *Levando os direitos a sério*. São Paulo: Martins Fontes, 2002.]

DWORKIN, R. "What is Equality?" (Parte 1: Equality of Welfare. Parte 2: Equality of Resources). *Philosophy and Public Affairs*, 1981, v. 10, ns. 3 e 4.
____. "Lights as Trumps". In: WALDRON, J. (org.). *Theories of Rights*. Oxford: Oxford University Press, 1985, pp. 153-67.
____. *Law's Empire*. Cambridge-Mass.: Harvard University Press, 1986. [Trad. bras. *O império do direito*. São Paulo: Martins Fontes, 1999.]
____. "Foundations of Liberal Equality". *The Tanner Lectures on Human Values XI*. Salt Lake City: University of Utah Press, 1990.
____. "The Curse of American Politics". *The New York Review of Books*, 1996, v. XLIII, n. 16, pp. 19-25.
ELSTER, J. *Explaining Technical Change*. Cambridge: Cambridge University Press, 1983.
____. *Sour Grapes*. Studies in the Subversion of Rationality. Cambridge: Cambridge University Press, 1987.
____. *Solomonic Judgments*. Studies in the Limitations of Rationality. Cambridge: Cambridge University Press, 1990a.
____. "Reflexões sobre a transição para o socialismo". *Lua Nova*, 1990b, v. 22.
____. *Local Justice*. Nova York: Russel Sage Foundation, 1992.
____, MOENE, K. (orgs.). *Alternatives to Capitalism*. Cambridge: Cambridge University Press, 1989.
ESPING-ANDERSEN, G. "As três economias do *welfare state*". *Lua Nova*, 1991, v. 24, pp. 85-116.
____. "O futuro do *welfare state* na nova ordem mundial", *Lua Nova*, 1995, v. 35, pp. 73-111.
EVANS, P. "O Estado como problema e solução". *Lua Nova*, 1993, v. 28/29.
FREEMAN, S. "Democracia e controle jurídico da constitucionalidade". *Lua Nova*, 1994, v. 32.
FRIEDMAN, M. *Capitalismo e liberdade*. São Paulo: Abril Cultural, 1984.
GAERTNER, W., KLEMISCH-AHLERT, M. "Gauthier's Approach to Distributive Justice and Other Bargaining Solutions". *Contractarianism and Rational Choice*. In: VALLENTYNE, P. (org.). Essays on David Gauthier's *Morals by Agreement*. Cambridge: Cambridge University Press, 1991.
GAUTHIER, D. *Morals by Agreement*. Oxford: Oxford University Press, 1986.
____. *Moral Dealing*. Contract, Ethics, and Reason. Ithaca, Londres: Cornell University Press, 1990.

GAUTHIER, D. "Why contractarianism?" In: VALLENTYNE, P. (org.). *Contractarianism and Rational Choice*. Essays on David Gauthier's Morals by Agreement. Cambridge: Cambridge University Press, 1991.

GIBBARD, A. "Constructing Justice". *Philosophy and Public Affairs*, 1991, v. 20, n. 3, pp. 264-79.

____, GUTMANN, A. "A desarmonia da democracia". *Lua Nova*, 1995, v. 36, pp. 5-37.

HABERMAS, J. "Reconcilation through the Public Use of Reason: Remarks on Rawls's Political Liberalism". *The Journal of Philosophy*, 1995, v. XCII, n. 3, pp. 109-31.

HAMPTON, J. "Two Faces of Contractarian Thought". In: VALLENTYNE, P. (org.). *Contractuarianism and Rational Choice*. Essays on David Gauthier's Morals by Agreement. Cambridge: Cambridge University Press, 1991.

HARE, R. M. "Ethical Theory and Utilitarianism". In: SEN, A., WILLIAMS, B. (orgs.). *Utilitarisnism and Beyond*. Cambridge: Cambridge University Press, 1982.

HARSANYI, J. "Can the Maximin Principle Serve as a Base for Morality? A Critique of John Rawls's Theory". *American Political Science Review*, 1975, v. 69, pp. 594-606.

____. *Rational Behavior and Bargaining Equilibrium in Games and Social Situations*. Cambridge: Cambridge University Press, 1977.

____. "Morality and the Theory of Moral Behaviour". In: SEN, A., WILLIAMS, B. (orgs.). *Utilitarianism and Beyond*. Cambridge: Cambridge University Press, 1982.

____. "A Case for a Utilitarian Ethic". In: SIEBERT, H. (org.). *The Ethical Foundations of Market Economy*. Tübigen: J. C. B. Mohr, 1994.

HAYEK, F. A. *Law, Legislation and Liberty*. Chicago: The University of Chicago Press, 1976, 3 vols.

HILL, T. E. Jr. *Dignity and Practical Reason in Kant's Moral Theory*. Ithaca, Londres: Cornell University Press, 1992.

HOBBES, T. *Leviathan*. Middlesex, Nova York: Penguin Books, 1968. [Trad. bras. *Leviatã*. São Paulo: Martins Fontes, 2003.]

HUME, D. *An Enquiry Concerning the Principles of Morals*. Oxford: Claredon Press, 1957 (1751).

KAUS, M. *The End of Equality*. Nova York: Basic Books, 1992.

KUNTZ, R. "Os direitos sociais em xeque". *Lua Nova*, 1995, v. 36, pp. 149-57.

KYMLICKA, W. *Liberalism, Communitty and Culture*. Oxford: Cambridge-Mass.: Harvard University Press, 1989.

LUCE, D., RAIFFA, H. *Games and Decisions*. Nova York: Wiley, 1957.

MACINTYRE, A. *After Virtue.* Londres: Duckworth, 1985.
MACKIE, J. *Ethics.* Inventing Right and Wrong. Londres: Penguin Books, 1977.
MEADE, J. E. *Liberty, Equality and Efficiency.* Nova York: New York University Press, 1993.
MARX, K. *O capital.* Crítica da Economia Política. São Paulo: Abril Cultural, 1984, 2 vols. (col. "Os economistas").
MILL, J. "Utilitarianism". In: COHEN, M. (org.). *The Philosophy of John Stuart Mill.* Nova York: The Modern Library, 1961. [Trad. bras. *A liberdade/Utilitarismo.* São Paulo: Martins Fontes, 2000.]
MOE, T. "The New Economics of Organization". *American Journal of Political Science,* 1984, v. 28, n. 4, pp. 739-77.
MORROW, J. D. *Game Theory for Political Scientists.* Princeton: Princeton University Press, 1994.
NAGEL, T. *The View from Nowhere.* Oxford: Oxford University Press, 1986. [Trad. bras. *Visão a partir de lugar nenhum.* São Paulo: Martins Fontes, 2004.]
____. *Equality and Partiality.* Oxford: Oxford University Press, 1991.
NASH, J. The Bargaining Problem. *Econometrica,* 1950, v. 18, n. 2, pp. 155-62.
NORTH, D. C. *Custos de transação, instituições e desempenho econômico.* Rio de Janeiro: Instituto Liberal, 1992.
NOZICK, R. *Anarchy, State, and Utopia.* Nova York: Basic Books, 1974.
NUSSBAUM, M., SEN, A. (orgs.). *The Quality of Life.* Oxford: Claredon Press, 1993.
OLSON, M. *The Logic of Collective Action.* Cambridge-Mass.: Harvard University Press, 1965.
O'NEILL, O. "Justice Gender, and International Boundaries". In: NUSSBAUM, M., SEN, A. (orgs.). *The Quality of Life.* Oxford: Claredon Press, 1993.
ORDESHOOK, P. C. *Game Theory and Political Theory.* Cambridge: Cambridge University Press, 1988.
OSTROM, E. *Governing the Commons.* The Evolutions of Institutions of Collective Action. Cambridge: Cambridge University Press, 1990.
PARFIT, D. *Reasons and Persons.* Oxford: Oxford University Press, 1991.
POGGE, T. *Realizing Rawls.* Ithaca: Cornell University Press, 1989.
____. "Uma proposta de reforma: um dividendo global de recursos". *Lua Nova,* 1994a, v. 3, pp. 135-61.
____. "An Egalitarian Law of Peoples". *Philosophy and Public Affairs,* 1994b, v. 23, n. 3, pp. 195-224.

POGGE, T. "Three Problems With Contractarian – Consequentialist Ways of Assessing Social Institutions". *Social Philosophy and Policy*, 1995a, v. 12, n. 2, pp. 241-66.

____. "How Should Human Rights Be Conceived?" *Jahrbuch für Recht und Ethik*, 1995b, v. 3, pp. 103-20.

PRZEWORSKI, A. "A falácia neoliberal". *Lua Nova*, 1993, v. 28/29.

____. *Estado e economia no capitalismo.* Rio de Janeiro: Relume Dumará, 1995.

RAWLS, J. *A Theory of Justice.* Cambridge-Mass.: Harvard University Press, 1971. [Trad. bras. *Uma teoria da justiça*. São Paulo: Martins Fontes, 2002.]

____. "Social Unity and Primary Goods". In: SEN, A., WILLIAMS, B. *Utilitarianism and Beyond.* Cambridge: Cambridge University Press, 1982.

____. *Justiça como eqüidade. Uma reformulação.* São Paulo: Martins Fontes, 2003.

____. "Justiça como eqüidade: uma concepção política, não metafísica". *Lua Nova*, 1992, v. 25.

____. *Political Liberalism.* Nova York: Columbia University Press, 1993a.

____. "The Law of Peoples". In: SHUTE, S., HURLEY, S. (orgs.). *On Human Rights. The Oxford Amnesty Lectures 1993.* Nova York: BasicBooks, 1993b.

____. "Reply to Habermas". *The Journal of Philosophy*, 1995, v. XCII, n. 3, pp. 132-80.

RAZ, J. *The Morality of Freedom.* Oxford: Claredon Press, 1986.

____. "Facing Diversity: The Case of Epistemic Abstinence". *Philosophy and Public Affairs*, 1990, v. 19, pp. 3-46.

SANDEL, M. *Liberalism and the Limits of Justice.* Cambridge: Cambridge University Press, 1989.

SCANLON, T. "Preferences and Urgence". *Journal of Philosophy*, 1975, v. 72, pp. 655-69.

____. "Contractualism and Utilitarianism". In: SEN, A., WILLIAMS, B. (orgs.). *Utilitarianism and Beyond*. Cambridge: Cambridge University Press, 1982.

____. "The Moral Basis of Interpersonal Comparisons". In: ELSTER, J., ROEMER, J. (orgs.). *Interpersonal Comparisons of Well-Being.* Cambridge: Cambridge University Press, 1991.

____. "Value, Desire and Quality of Life". In: NUSSBAUM, M., SEN, A. (orgs.). *The Quality of Life*. Oxford: Claredon Press, 1993.

SEN, A. *Collective Choice and Social Welfare*. San Francisco: Holden-Day, 1970.
____. *Poverty and Famine*. Oxford: Claredon Press, 1981.
____. "Rights and Agency". *Philosophy and Public Affairs*, 1982, v. 6, n. 4.
____. *Resources, Values, and Development*. Oxford: Basil Blackwell, 1984.
____. *On Ethics and Economics*. Oxford: Basil Blackwell, 1987.
____. *Inequality Reemaxined*. Cambridge-Mass.: Harvard University Press, 1992.
____. "O desenvolvimento como expansão de capacidades". *Lua Nova*, 1993, v. 28/29.
____, WILLIAMS, B. (orgs.). *Utilitarianism and Beyond*. Cambridge: Cambridge University Press, 1982.
SIEBERT, H. (org.). *The Ethical Foundations of the Market Economy*. Tübigen: J. C. B. Mohr, 1994.
SINGER, P. *Ética prática*. São Paulo: Martins Fontes, 1994.
SMITH, H. "Deriving Morality from Rationality". In: VALLENTYNE, P. (org.). *Contractarianism and Rational Choice*. Cambridge: Cambridge University Press, 1991, pp. 229-53.
STIGLITZ, J. E. *Whither Socialism?* Cambridge-Mass.: Harvard University Press, 1994.
STREETEN, P. *Development Perspectives*. Londres: Macmillan, 1989.
SUNSTEIN, C. "Preferences and Politics". *Philosophy and Public Affairs*, 1991, v. 20, n. 1, pp. 3-34.
THERBORN, G. "O continente cético: a Europa e a modernidade". *Lua Nova*, 1997, v. 40/41.
TORRE, J. "O encaminhamento político das reformas estruturais". *Lua Nova*, 1996, v. 37.
UNIVERSIDADE DE SÃO PAULO, Núcleo de Estudos da Violência e Comissão Teotônio Vilela. *Os direitos humanos no Brasil*/1993 e 1995.
VALLENTYNE, P. (org.). *Contractarianism and Rational Choice*. Essays on David Gauthier's *Morals by Agreement*. Cambridge: Cambridge University Press, 1991.
VAN PARIJS, P. "Competing Justifications of Basic Income". In: ____. (org.). *Arguing for Basic Income*. Londres, Nova York: Verso, 1992, pp. 3-43.
____. "Capitalismo de renda básica". *Lua Nova*, 1994, v. 32, pp. 69-91.
____. *Real Freedom for All*. Oxford: Claredon Press, 1995a.
____. "A democracia e a justiça são incompatíveis?". *Revista de Estudos Avançados*, 1995b, v. 32.
____. *O que é uma sociedade justa?* São Paulo: Ática, 1997.

VIEIRA, O. V. *Supremo Tribunal Federal*. Jurisprudência política. São Paulo: Revista dos Tribunais, 1994.

____. "A Constituição como reserva de justiça". *Lua Nova*, 1997, v. 42, pp. 53-97.

VITA, A. de. *Justiça liberal. Argumentos liberais contra o neoliberalismo*. São Paulo: Paz e Terra, 1993a.

____. "O lugar dos direitos na moralidade política". *Lua Nova*, 1993b, v. 30.

____. "Preferências individuais e justiça social". *Revista Brasileira de Ciências Sociais*, 1995, v. 29.

____. "Direito e moralidade política liberal". In: ASSOCIAÇÃO DOS MAGISTRADOS BRASILEIROS (org.). *Justiça: promessa e realidade*. Rio de Janeiro: Nova Fronteira, 1996.

____. "Pluralismo moral e acordo razoável". *Lua Nova*, 1997, v. 39, pp. 125-48.

____. "Uma concepção liberal-igualitária de justiça distributiva". *Revista Brasileira de Ciências Sociais*, 1999, v. 14, n. 39, pp. 41-59.

WALDRON, J. (org.). *Theories of Rights*. Oxford: Oxford University Press, 1985.

WALZER, M. *Spheres of Justice*. Oxford: Blackwell, 1983. [Trad. bras. *Esferas da justiça*. São Paulo: Martins Fontes, 2003.]

WEIKARD, H.-P. "Fairness as Mutual Advantage? A Comment on Buchanan and Gauthier". *Economics and Philosophy*, 1994, v. 10, pp. 59-72.

WORLD BANK. *World Development Report*, 1990.

____. *World Development Report, 2000/2001: Attacking Poverty*. Oxford: Oxford University Press, 2001.